글로벌
금융위기 이후의
중국과 한반도

글로벌
금융위기 이후의
중국과 한반도

박동훈 지음

　이 책은 크게 다음의 세 가지 문제의식으로부터 출발했다. 첫째, 2008년 세계를 강타한 미국발 금융위기가 국제체제 변화에 미치는 영향이다. 이번 글로벌 금융위기는 세계경제시스템에 충격을 주었을 뿐만 아니라, 초강대국 미국과 급격하게 부상하고 있는 중국의 국제적 위상을 변화시켰다. 일반적으로 국력의 상대적 분포에 의해 국제체제가 구성된다고 가정할 때, 체제 내 국력의 상대적 변화는 국가의 지위 및 국제체제 자체의 변화를 가져올 수 있다. 실제로 미국은 동아시아 지역에서의 패권 상실에 대한 위기의식에서 나오는 초조함(覇權焦慮)을 갖게 되었고, 중국 또한 국력 증대와 변화된 국제위상에 부응하는 새로운 전략구상이라는 필요성 때문에 상대적으로 곤혹스러운 상황(戰略焦慮期)에 직면하게 되었다. 미국은 '스마트 파워'(smart power)에 기반을 둔 '아태 귀환' 전략을 펼치기 시작했고, 중국도 이에 대한 대응이 필요하다. 양자관계로부터 글로벌 이슈에 이르기까지 외교적 지혜가 총동원된 중미 간 경합은 이제 시작에 불과하다.

　둘째, 특유의 지정학적 특성을 갖고 있는 한반도는 강대국 경합 과정의 한 축을 구성한다. 한반도는 해양세력과 대륙세력의 각축의 장인 이른바 림랜드(rimland) 지대에 위치하고 있다. 따라서 역사적으로도 한반도는 줄곧 미국, 중국, 러시아, 일본 등 강대국들의 각축의 장이 되었었다. 그러나 오늘날 한반도 특성을 보았을 때, 한반도와 주변 강대국 간의 관계는 단지 강대국과 약소국 간의 관계로만 보기 어렵다. 전통적 사회주의체제를 고집하고 있는 북한이나 중견국가로 부상하는 남한, 그리고 이들 양자관계는 강대국 논리의 영향을 받을 수도 있고, 또한 강대국 관계 내지는 동북아 지역정세에 영향을 미칠 수도 있는 존재가 되고 있다. 쉽게 말해서 한반도는 강대국 관계에서 종속변수가 될 수도 있지만, 독립변수도 될 수 있다는 말이다. 특히 중국의 경우, 동북아 역내 주도권 확보를 위해서는 한반도가 중요 변수가 될 것이고, 한반도 남북 쌍방 또한 나름대로의 국가목표를 실현하기 위해서는 중국이 필요한 실정이다.

셋째, 중국과 한반도는 지리적으로 인접되어 있는, 불가분의 관계를 맺고 있다. 수천 년간의 관계사가 말해주듯이 그동안 쌍방은 교류와 협력, 갈등과 반목의 시대를 함께 경험해왔다. 또 어느 한쪽이 "이사"를 갈 수도 없는 상황에서, "밉든 곱든" 간에 중국과 한반도는 앞으로도 협력과 갈등을 반복해야 할 운명에 놓여 있다. 그럼에도 불구하고 우리는 수천 년의 상호 교류와 협력, 그리고 상호 학습의 경험보다는 역사가 남겨준 아픈 상처를 되새기며 서로에 대한 경계를 확인하는 작업에 더 열중해왔다. 또한 냉전 시대를 경험하면서 남과 북, 그리고 중국 간에는 제도나 규범, 가치 등의 영역에서 상당한 이질성을 보이고 있다. 따라서 협력과 교류의 당위성에도 불구하고 상호 간 불신의 관계를 떨쳐 버릴 수 없는 상황이 연출되고 있다.

이러한 시각을 전제로, 이 책은 중국과 한반도 간에 발생한 사례들을 중심으로 크게 세 가지 차원에서 금융위기 이후 중국과 한반도관계를 고찰하고자 했다. 첫째, 부상하는 중국의 외교정책 변화이다. 현재의 상황에서 중국을 G2국가나 미국을 대체할 수 있는 역량으로 볼 수는 없지만, 급격한 부상을 통해 중국이 대외인식 차원에서 새로운 변화가 발생하고 있는 것만은 사실이다. 국제적 지위 상승과 함께 중국이 대외정책 부문에서 보다 적극적인 힘과 담론을 투사할 가능성이 높다는 것이다. 그러나 "올 것이 왔지만, 너무 빨리 온 상황"에 대해 중국은 다소 곤혹스러운 모습을 보이고 있다. 국력 증대에 걸맞는 대외전략 구상이 충분히 진행되지 않은 상황에서 국제적 위상이 부각되었기 때문이다. 따라서 중국의 대외정책은 자체적인 논리를 재구성하며 새로운 변화를 꾀하고자 한다. 물론 충분한 준비가 되지 않은 중국으로서는 객관적 요건 간의 상호작용을 통해 좌충우돌의 상황을 경험하면서 대외정책을 지속적으로 진화시켜 나갈 것이다. 이런 맥락에서 이 연구는 중국 외교정책의 기본맥락과 변화의 논리를 분석하고, 이를 토대로 한반도 위기상황 및 조어도 분쟁 등의 갈등사안들을 중심으로 금융위기 이후 중국 대응전략이 어떠한 변화를 경험하고 있는지에 대해 분석하고자 한다.

둘째, 중국과 북한의 관계이다. 한반도는 특유의 지정학적 특성 때문에 중국의 대국외교와 주변외교가 중첩되는 지역이므로 중국 대외전략에서 중요한 위치를 차지한다. 중국은 두만강지역 경제협력체를 구축하여 평화적 국면을 조성하고, 또 이를 전제로 전반 동북아 영역에서의 영향력을 제고시키려 노력하고 있다. 하지만 동북아 지역은 아직 냉전적 분위기가 완전히 가시지 않은 상태로, 게다가 한반도 정치환경도 극도로 취약한 상황에서 중국의 이러한 구상은 본질적 한계를 띨 수밖에 없다. 특히 북미관계 변화를 목표로 한 북한의 돌출행동은 동 지역 정세를 악화시키는 중요 변수로 작용해왔다. 금융위기 이후, 중국은 국내외적 상황을 고려하여 대북정책에 일정한 변화를 시도했다. 즉 북한체제의 '연착륙'을 우선적 과제로 간주했던 것이다. 그러나 북한 제3차 핵실험이 말해주듯이 중국의 대북 영향력은 한계를 노정시켰고, 북중 양국도 다소 불편한 관계로 변해 버렸다. 이에 따라 이 부분에서는 금융위기 이후 중국의 대북정책 논리를 파악하고, 이를 토대로 북한의 '변화'를 위한 중국의 노력, '변화'에 있어서의 북한의 구조적 한계, 3차 핵실험 이후 중국의 대북정책 향방, 북한 '변화'를 위한 국제사회의 공조 필요성 등의 내용을 중심으로 북중관계에 대해 보다 심도 있는 논의를 전개하고자 한다.

셋째, 중국과 한국의 관계이다. 지난 20년간 한중관계는 상당한 성과들을 이루어 냈다. 이에 중국 내 일부학자들은 한중관계 발전을 "중국 외교사상 하나의 기적"이라고 평가하기도 한다. 그만큼 한중 양국 간의 정치, 경제, 문화적 교류가 급속도로 발전해왔다는 것이다. 그럼에도 불구하고 언젠가부터는 양국 간 정서적 파동이 거세지기 시작했다. 한국의 '반중정서', 중국의 '혐한론'은 (의도적이 아닌) 우발적 사건들에 의해서도 쉽사리 폭발하는 구조적 성향을 보이기 시작했다. 심지어 이명박 정부시기에 들어서는 북한 문제를 둘러싼 양국 간의 시각차가 확대되면서, 양국 갈등은 민간차원을 넘어 정부적 차원으로 확대되는 성향을 보였다. 그렇다면 양국 갈등의 원인은 어디에 있는가. 이 부분에서는 바로 이러한 질문을 안고, 우선 대북정책을 중심으로 양국 정부 간 갈등의 원인을 밝혀내고자 한다. 또한 민간영역에서의 양국 갈등의 근원을 2011년 서해어업분쟁을 통해 밝혀내고자 한다. 마지막으로 20년간 문화교류가 급속도로 발전해왔지만 우리는 상대방을 진정 어느 정도 이해하고 있느냐는 문제의식하에, 중국학계의 한국정치 연구동향을 분석하여 양국 학문적 교류 과정에서 나타나는 문제점들을 밝혀내고자 한다.

4년 가까이 진행된 이 책의 연구들은 한국학중앙연구원이 주관하는 해외한국학지원사업의 지원(AKS-2011-R-50)과 2013년도 한국연구재단의 지원(NRF-2013S1A3A2054749), 그 외 기타 연구프로젝트들에 의해 진행되었다. 또한 한국고등교육재단 2012 해외방문학자 프로그램의 지원을 받아 한국 서울대 중국연구소에서 방문학자로 있는 동안 많은 분들의 도움과 배려 속에서 수정·보완하여 최종 완성될 수 있었다. 이 책이 한국에서 출판되기까지 그동안 많은 분들의 따뜻한 배려와 현명한 조언이 있었다. 제일 먼저, 저자로 하여금 진정 학문의 길에 들어설 수 있게 해주신 전남대 임채완 지도교수님께 감사의 인사를 드리고자 한다. 그 누구보다 엄격하고 냉철한 분이셨지만, 그분의 '혹독한' 가르침이 오늘의 열매로 이어질 수 있었다는 것을 나는 뒤늦게나마 알 수 있었다. 이 기회를 빌려 진심으로 지도교수님에 대한 고마움과 존경의 마음을 표하는 바이다. 중국 연변대 한국연구센터 김강일 교수님과 전 인문사회대 강용범 학장님께 감사의 인사를 드린다. 초학자의 신분으로 학계에 입문한 나를 항상 이끌어주시고, 배려해주신 분들이 바로 이분들이시다. 또한 방문학자로 한국에 체류하는 동안 연구과제에 참여를

시켜주시고 생활의 편리까지 세세하게 배려해주신 경남대 극동문제연구소 이수훈 소장님, 김근식 교수님, 그리고 계명대 이성환 교수님께 감사의 인사를 올린다. 그리고 다양한 학술교류에 참여할 수 있도록 배려해주신 중국 북경대 김경일 교수님, 한국 통일연구원 전병곤 박사님, 부경대 리단 교수님께도 감사의 인사를 전한다. 방문학자의 신분으로 한국에서 공부할 수 있는 기회를 주신 한국고등교육재단 박인국 사무총장님, 김경미 선생님과 재단 식구분들, 특히 이 책이 만들어질 수 있도록 결정적 계기를 마련해주신 서울대 정재호 교수님께 감사의 말씀을 드린다. 또 흔쾌히 이 책의 출간을 결정해준 한국학술정보(주)에도 감사의 마음을 전한다.

　마지막으로 항상 하늘 같은 사랑을 내려주시는 아버지 박상길 선생님과 어머니 김옥금 여사께 이 책을 바친다. 또 나의 삶과 행복의 원천인 사랑하는 아내 화선이와 딸 소연이, 그리고 나의 형제와 조카들께 마음 가득 고마움을 실어 보낸다.

2014년 3월

와룡산 연구실에서

박동훈

■■■ 제1부

부상하는 중국,
변화하는 대외정책

제1장
금융위기 이후 중국의 대외인식 변화

1. 금융위기 이후 국제사회의 지각변동

역사적 경험으로 볼 때 국제구도 및 권력 이동은 일반적으로 중대한 국제적 사건을 계기로 발생해왔다. 2008년 미국발 글로벌 금융위기는 세계경제에 심각한 타격을 입히면서 국제사회 역학구도에도 커다란 영향을 미쳤다. 특히 서구 선진국가와 후발 산업대국을 각각 대변하는 미국과 중국 간 '권력 이동'(power transition) 조짐이 나타났다. 금융위기 이후 국제구도 변화의 특징은 다음과 같다. 첫째, 서구 선진국들의 부진과 신흥국의 약진이다. 금융위기 이후 대부분 서구 국가들은 마이너스 성장을 기록하면서 '3고 1저'(고채무, 고적자, 고실업과 저성장)의 수렁에서 좀처럼 벗어나지 못했다. 중장기적으로도 이들 국가들이 20세기 중후반의 '호황기'를 다시

되찾기는 어려울 것이라는 전망이 다수를 차지했다. 이에 반해 신흥대국들의 발전추세가 돋보였다. 물론 신흥국들도 글로벌 경제위기의 영향을 받기는 했지만 신속한 회복세를 보이면서 경제위기 극복의 견인차로 작용했다. 또한 성장잠재력 측면에서도 신흥대국(주로 BRIC)들은 서구에 비해 높은 성장률을 기록할 것으로 전망되었다.[1]

문제는 국제정치경제학적 시각에서 봤을 때, 이러한 추세가 지속적으로 유지될 경우 서구경제권과 신흥경제권 간의 힘의 변화가 정치영역으로까지 확대될 가능성이 높다는 점이다. 실지로 금융위기 발생 이후 후발산업국들을 중심으로 현재까지 유지되어온 서구중심적 국제정치경제질서에 후발산업국의 이익이 공동 반영될 수 있도록 개선되어야 한다는 목소리가 대두되기 시작했다.

둘째, 신흥국들의 약진이라는 총체적 추세 속에서 세계의 권력중심이 서구로부터 아태지역으로 점차 이동하는 추세를 보이고 있다. 금융위기 이후 국제 주요언론들은 '아시아의 세기', '다시 떠오르는 태양'이라 부를 정도로 아태지역의 중요성을 강조한다. 서구경제권이 부진한 상태에서 아태지역의 경제영향력은 이미 EU, 북미지역과 비견할 정도로 확대되었다는 것이다. 특히 통산 30억 인구규모를 차지하는 중국·인도·ASEAN국가들의 경제성장률은 세계 평균수준을 훨씬 웃돌면서 2014년에 이르러 그 경제규모가 세계의 40%에 달할 것으로 전망되었다.[2]

---

1) "Economic and financial indicators", The Economist, April 10, 2010, p.93.

2) Kevin Brown, "Consumer Spending starts slow shift east", Financial Times, January 27, 2010.

<표 1> 서구경제권과 신흥경제권 GDP가 세계경제에서 차지하는 비중

		1980	1990	2000	2009	2015	2020
시장환율 기준($)	발달경제	68.5	75.1	76.2	66.4	58.1	50
	신흥경제	31.5	24.9	23.6	33.6	41.9	50 .
구매력평 가기준($)	발달경제	62.4	61.4	59.6	50	44	39
	신흥경제	37.6	38.6	40.7	50	56	61

출처: IMF, 『世界經濟展望』, 2010.4; 中國現代國際關係研究院, 「未來10年世界經濟形勢」, 『世界經濟大變局』,
　　　時事出版社, 2010年 8月, p.63에서 재인용.

　　셋째, 초강대국 미국의 부진과 신흥대국 중국의 부상이 국제사회
에 미치는 영향이 증대되고 있다. 서구와 신흥대국, 서구와 아시아
의 경제력 변화의 중심에 미국과 중국이 놓여 있다. 중국은 1978년
개혁개방 정책을 실시한 지 32년 만에 GDP규모가 세계 27위에서
제2위(2010)의 경제대국으로 급부상하였고 국제사회에서의 영향력
도 급격히 상승하고 있다. 특히 중국은 글로벌 경제위기가 최악의
상태로 치솟던 2009년 현재에도 8.7%라는 놀라운 성장률을 기록하
였다. 이에 반해 부시 정부로부터 '두 개의 전장, 한 개의 위기'를
물려받은 버락 오바마(B. H. Obama) 정부로서는 무엇보다 추락하
고 있는 국내 경제 및 미국의 위상을 복원하는 것이 시급했다. 부
시 정권은 이라크 침공에만 3조 달러를 소진했지만 오히려 미국의
소프트 파워(soft power)를 손상시켰다는 비판을 받게 되었고, 이와
더불어 경제적으로도 세계적인 금융위기를 초래하면서 심각한 침
체와 혼란을 야기했다. 이런 맥락에서 중미 양국 경제발전속도를
비교할 경우 2009년 현재 중국의 경제규모는 2000년의 2.45배로
증가했으나, 미국은 2000년의 1.15배에 불과했다.[3] 이를 배경으로

---

3) WTO, "International Trade Statistics 2010".

미국과 중국이 지배하는 'G-2' 내지 '차이메리카'(Chimerica) 시대가 도래했다는 평가와 함께 국제사회가 중국의 부상을 어떻게 받아들여야 하느냐는 문제가 제기되었다. 반면에 중국 내부에서는 중국의 위상에 상응한 대외정책 조정이 필요하다는 의견도 나오기 시작했다.

요컨대 미국발 금융위기의 여파는 단지 경제영역에만 머무르는 것이 아니었다. 서구의 부진과 후발산업국의 약진이라는 추세 속에서 국제사회의 역학구도에도 변화를 초래했다. 이러한 상황에서 실추된 패권국의 위상을 복원하려는 미국의 전략은 오바마 정부 들어서 변화를 보이기 시작했다. 이른바 '아태지역으로의 귀환'이다. 미국의 세계전략의 중심을 아태지역으로 옮기고, 부시 정부 때 손상된 동맹관계의 복원을 통해 중국에 대한 견제를 강화하고자 했다. 이에 반해, 지속적인 고속성장을 구가하는 거대한 신흥대국 중국은 종래의 소극적인 저자세 외교를 탈피하고, 커진 경제력을 배경으로 국제사회에서의 영향력 확대를 꾀하고 있다. 상호의존이 심화되고 있는 세계화 시대에 중미 양국은 협력과 갈등이 병존하는 '갈등적 협력'이라는 불편한 관계를 유지하고 있으나, 어찌 보면 하드파워는 물론 외교적 지혜에 이르기까지 가용수단을 총동원한 양국 간의 경합은 이제 시작에 불과하다. 특히 경제대국으로 새롭게 부상한 중국으로서는 새로운 대외전략 '탐색기'에 들어선 것이 분명하다. 중국은 국제사회에서의 대국적 지위를 보다 공고히 하고자 하고 있는 것이다.

---

http://www.wto.org/english/res_e/statis_e/its2010_e/its10_toc_e,htm(검색일 2011.8.10.)

2. 중국 대외정책의 기본 맥락

금융위기 이후 중국의 대외인식을 이해하기 위해서는 종래의 중국의 대외정책 기본 맥락을 확인하고 변화의 근거를 찾아내는 작업이 필요하다. 이를 위해 우선 개혁·개방 이후 중국 대외정책의 특성과 논리를 파악할 필요가 있다. 다음으로 금융위기 이후 국제적 위상의 변화에 따라 대외정책을 둘러싸고 중국 내부에서 어떠한 담론들이 형성되고 있는지를 분석한다. 이를 통해 중국 대외인식이 구체적으로 어떻게 변화되어 가고 있는지를 파악하게 될 것이다.

1) 외교목표: 국가발전을 위한 대외환경 조성

1980년대 초반부터 오늘에 이르기까지 중국은 연평균 9%대의 GDP 성장률을 유지하고 있다. GDP규모에서 2005년에는 프랑스, 2006년에는 영국, 2007년에는 독일을 추월했다. 2010년에 이르러 중국의 GDP규모는 5.9조 달러를 기록하여 5.5조 달러의 일본을 앞지르면서 세계 제2위의 경제대국이 되었다.[4] 중국의 높은 경제성장과 사회발전은 전통적 계획경제시대의 탈피와 시장경제체제의 도입을 목표로 한 중국식 개혁·개방정책 때문에 가능한 것이었다. 이러한 개혁·개방정책은 중국 대외정책의 근본적인 변화를 의미하는 것이기도 했다. 외교는 항상 국내발전의 연장선상에 놓여 있

---

4) IMF, World Economic Outlook Database, September 2011, April 2012.

기 때문이다. 그렇다면 중국은 어떠한 인식과 판단으로 개혁·개방의 길을 택했을까. 그에 기초한 중국 외교정책 변화는 어떤 특징을 띠고 있는가. 이러한 물음에 대한 해답은 다음의 몇 가지로 정리할수 있다.

첫째, 중국의 개혁·개방을 주창한 덩샤오핑(鄧小平)은 부강한 사회주의 건설이라는 국가목표 실현에 있어서 마오쩌둥(毛澤東)과 상이한 방법론적 견해를 갖고 있었다.[5] 마오나 덩 모두 마르크스주의자라는 점에 대해서는 이론의 여지가 없다. 이들은 모두 부강한 사회주의 국가를 건설하려 했고 '공동 부유'의 사회를 건설하고자 했다. 그러나 이러한 목표를 실현하기 위한 전제로서의 시대적 상황에 대한 인식과 시대발전 추진의 원동력 등 방법론적 차원에서 이들은 서로 상이한 견해를 갖고 있었다. 마오는 마르크스주의의 유물론적 입장에서 생산력의 중요성을 강조하고 경제발전의 필요성을 제시했으나, '대약진운동'과 같이 비현실적인 급진주의 오류를 범했다. 마오는 철두철미한 유물론자로 자처했지만 역설적으로 군중의 '주관능동성'을 과대평가했고, 또한 이를 토대로 생산관계와 상부구조의 변화를 통해 사회발전을 실현할 수 있다고 믿었다. 이에 반해, 덩샤오핑은 역사와 사회변혁의 동인이 생산력 발전에 있다고 보고 이른바 '생산력 해방론'(解放生産力, 發展生産力)을 주장했다. 그는 당시 사회성격을 사회주의 혁명 및 사회주의 개조가 완결된 상황에서 "사회의 주요모순은 계급모순이 아니라 인민의 날로 늘어나는 물질·문화적 생활의 수요와 낙후한 생산력 발전

---

5) 박동훈, 「개혁·개방기 중국 국가성격 변화에 관한 연구: 발전국가론적 검토」, 전남대학교 박사학위논문, 2008, p.63.

수준 간의 모순"이라고 규정했다. 따라서 덩샤오핑은 '4가지 현대화' 슬로건을 내세우고 경제성장에 정당성 원천을 두는 이념적 토대를 구축하여 국가 발전의 근거를 마련하고자 했다. 이러한 논리에 따라 국정목표는 역량을 집중하여 경제건설을 추진하는 데 그 초점이 맞춰지게 된다.

둘째, 덩샤오핑의 사회주의 사회 발전의 동력에 대한 인식은 그의 구체적 대외정책 정향에도 확연한 영향을 미치게 된다. 즉 평화와 발전의 문제를 국제사회의 중대 이슈로 간주하기 시작했다.[6] 환언하면 제1세대 지도부가 강조했던 '세계혁명'과 '전쟁국면'의 시대를 벗어나 탈냉전 이후의 국제사회는 새로운 변화를 가져오고 있으며, 중장기적 측면에서도 전쟁은 미연에 방지할 수 있는 것으로 판단되기 때문에 '평화문제'와 '발전문제'를 중점적으로 다루어나가야 한다는 것이다. 이런 인식하에 덩은 국익중심의 실용주의 외교노선을 제시하게 된다. 이데올로기를 근간으로 했던 대외정책을 수정하고 무의미한 동서대립을 지양하고자 했다. 덩은 또한 자국의 장기적·전략적 이익을 중심으로 상대국과의 역사적 원한관계, 사회제도 및 이념적 차이를 뛰어넘어, 국력의 대소강약(大小强弱)을 불문하고 상호 존중 및 평등 관계를 유지해나가야 한다고 주장했다.[7] 이는 기존의 사회주의 국가들이 중시했던 '국제적 이익'보다는 자국의 이익을 우선하겠다는 대외정책의 근본적 변화를 의미한다.

개혁개방 이후 중국외교는 탈이념적이고 실용주의적인 성격을 띠게 되었으며, 목표는 국내경제 건설을 위한 안정적인 국제환경

---

6) 鄧小平, 『鄧小平文選』, 第3卷, 北京: 人民出版社, 1993, p.105.
7) 蕭詩美, 『鄧小平戰略學』, 北京: 當代世界出版社, 2004, p.320.

및 전략적 기회를 조성하는 데 초점이 맞추어졌다. 복잡한 국제환경 속에서 영토 및 주권의 안정성을 수호해야 할 뿐만 아니라, 국력신장과 국민생활 수준 제고를 위한 국가발전 목표가 우선시되어야 한다는 것이다.

2) 외교전략: 주변 우선, 대국 관건

주변국외교, 개도국외교, (서구)선진국외교 및 다자외교는 중국 대외정책의 네 개의 축을 구성한다. 이에 중국 런민대(人民大學) 진찬룽(金燦榮) 교수는 중국의 외교전략을 "주변국 우선, 강대국 관건, 개도국 기반, 다자협력을 중요무대"(周边是首要, 大国是关键, 发展中国家是基础, 多边是重要舞台)로 요약했다.8) 이런 맥락에서 중국 외교정책의 주요 특징을 살펴보면 다음과 같다.

첫째, 안정적이고 평화적인 주변환경을 조성하는 것은 중국 대외정책의 우선적 과제이다. 주변국들과의 관계는 중국의 경제발전 및 국가 영토주권과 밀접한 연관성을 띠고 있기에 주변환경에 대한 안정적 관리는 중국의 국정운영의 중심인 경제발전에 직접적인 영향을 미칠 수 있다. 문제는 중국의 주변환경이 매우 복잡하다는 것이다. 960만㎢의 방대한 영토를 가진 중국은 2.2만km의 국경선과 1.8만km의 해안선을 갖고 있다. 삼면이 바다로 둘러싸인 한국과는 달리 중국은 육지로 직접 연결되어 있는 국가만 해도 14개에 달한다.9) 그 외 바다를 사이에 두고 영해로 연결되거나 주요 해역이 중

---

8) 金燦榮·董春玲,「中國外交現狀與發展戰略」,『當代世界』, 2009年 第9期.

9) 육지로 연결된 주변국들로는 주로 러시아, 몽골, 카자흐스탄, 키르기스스탄, 타지크스탄, 아프

첩된 국가, 즉 일본, 한국, 필리핀, 인도네시아, 브루나이, 말레이시아 등 6개국을 포함시킬 경우 중국은 20개의 국가들과 '인접'해 있다. 이들 주변국들은 종교, 문화, 정치체제, 경제체제, 경제발전 수준 등 다양한 영역들에서 이질적 성격을 나타내고 있기 때문에 중국의 주변환경은 상당히 복잡할 수밖에 없다. 역사, 영토, 종교, 민족 등 다양한 영역들에서 분쟁이 빈번하게 발생하고 있을 뿐만 아니라, 이들 지역들은 강대국들 간 이해관계가 합종연횡으로 연결되는 지역들이기에 전략적으로 주변환경이 중국에 미치는 영향은 지대하다. 따라서 중국은 주변지역에서 갈등양상이 격화되어 군사적 충돌 등 극단적 상황으로 치닫게 될 경우 이는 필히 자국 국내 안정 및 경제발전에 부정적 영향을 미칠 것이라는 인식하에 현재까지 평화적 방식을 통한 문제 해결을 기본원칙으로 삼아왔다.

그러나 중국이 주변국 정책을 체계적으로 추진하기 시작한 시간은 얼마 되지 않는다. 중국은 1980년대 후반부터 '주변'(周邊)이란 개념을 공식 사용하기 시작했지만[10] 실질적인 주변국 정책은 탈냉전 이후, 특히 2000년대에 들어서면서 구체화되기 시작했다. 예컨대 2001년 6월 지역안정 및 공동발전이라는 취지하에 상해협력기구(SCO)를 설립했고, 같은 해 1월에는 '중국-아시안 경제협력 기본합의서'를 채택함으로써 2010년까지 중국-아시안 자유무역구를 건설하는 데 관해 합의했다. 2002년 장쩌민(江澤民) 중국공산당 총

가니스탄, 파키스탄, 인도, 네팔, 부탄, 미얀마, 라오스, 베트남, 북한 등이 있다.

10) 1988년 3월 중국총리 리펑(李鵬)은 정부공작보고에서 "중국은 줄곧 주변국들과 친선(목린)관계를 유지 및 발전시켜왔으며, 특히 아시아 평화와 안정을 중시해왔다"고 발언한다. 이는 중국 정부가 '주변'이란 개념을 정부공작보고에서 처음 사용한 것으로 알려지고 있다. 钟飞腾, 「周边的战略地位与中国外交走势」, 『中国周边安全形势评估2012』, 社会科学文献出版社, 2012年 1月, p.20.

서기는 제16차 전당대회를 통해 주변국과의 친선관계 유지 및 발전, 주변국과의 동반자관계를 강화한다는 취지의 "與隣爲善, 以隣爲伴"의 주변국 외교방침을 제시했다. 이에 기초하여 원자바오(溫家寶) 중국 총리는 2003년 '목린'(睦隣: 화목한 이웃)·'안린'(安隣: 안정된 이웃)·'부린'(富隣: 부유한 이웃)이라는 이른바 '삼린정책'(三隣政策)을 중심으로 주변국 정책을 보다 구체화시켰다. 중국의 이익과 주변국 이익을 연동시켜 공동발전을 추진하겠다는 취지였다. 이에 따라 주변국과의 경제교류도 급속하게 발전해왔다.

그러나 중국의 이러한 주변국 정책은 2000년대 후반에 들어서면서 일정한 변화를 나타내기 시작했다. 후진타오(胡錦濤) 총서기는 2007년 제17차 전당대회에서 "국가 안보와 발전이라는 전략적 시각에서 경제건설과 국방건설을 포괄적으로 고려하고(統籌), 국가건설에서 '부국'(富國)과 '강군'(强軍)의 통일적 발전을 도모"해야 한다는 내용을 강조했다. 군사 현대화를 경제건설에 복속시켰던 기존의 입장에서 벗어나겠다는 의도였다. 실지로 중국 해군은 2008년 12월 사상 처음으로 인도양 아덴만에 진출했고, 2009년부터는 북해함대와 동해함대가 오키나와 이북 미야코(宮古) 해협을 통과하여 서태평양으로 진출하는 일련의 군사훈련을 전개했다. 또한 2009년에는 중국 외교부 산하에 '변계 및 해양사무사'(边界与海洋事务司)를 설립했다. 해양인식이 강화되면서 '주변' 개념이 해양영역에로 넓혀져 나가고 있음을 의미한다. 또한 이는 경제력을 지렛대로 사용하던 기존의 시각에서 탈피하여 경제·정치·군사적 수단을 균형적으로 활용함으로써 지역 영향력을 넓혀나가는 방향으로 중국의 주변국 정책이 진화되고 있음을 의미한다.

둘째, 중국은 대외전략을 구사함에 있어서 대국외교를 상당히 중요한 위치에 놓고 고려한다. 어찌 보면 주변국 문제에 있어서도 강대국들과의 이해관계가 얽혀 있기 때문에 대국외교는 대외정책에서 관건적 변수라 할 수 있다. 특히 중국은 대국외교 중에서도 중미관계의 안정적 관리를 가장 핵심적인 위치에 놓고 다루어왔다. 일찍 주미대사직을 역임했던 리자오싱(李肇星)과 양제츠(杨洁篪) 등 미국통들이 중국 외교부 부장(장관)직을 역임했다는 점은 중국이 중미관계를 얼마나 중요히 여겨왔는지를 확인할 수 있는 부분이다. 중국은 지속적인 경제성장과 국제사회에서의 영향력 확대를 위해 자국의 국익에 해가 되지 않는 전제하에 미국의 역할을 긍정적으로 받아들이는 측면이 있었다. 미국도 부상하고 있는 중국의 역량을 어떤 수준에서 '견제'할 것인가를 항상 중대과제로 제시하고 있지만, 국내경제 진작이나 국제사회에서의 역할 분담 등 영역들에서는 중국의 협력이 필요한 상황이다. 이에 따라 양국은 갈등적 국면이 돌출이 되는 와중에도 협력의 고삐는 항상 놓지 않았다. 이런 맥락에서 중미 양국관계는 1997년의 '건설적 전략 동반자 관계'에서 2001년 '건설적 협력관계', 2005년에는 '21세기 건설적 협력관계'로 발전해왔다. 오바마 정부 출범 이후 양국은 2009년부터 전략 및 경제대화(S&ED) 정기 개최를 통해 양국 및 세계 경제현안·안보·지역 및 글로벌 이슈에 대해 광범위한 논의를 진행함으로써 상호 이해관계를 조율해나가고자 했다. 2010년 이후 오바마의 아태 귀환 전략이 구체화되어 미국의 대중 견제가 노골화되자, 이에 대응하여 중국은 현재 '신형 대국관계'(新型大國關係)라는 새로운 중미관계 발전 모델을 제시하고 있다. 다양한 방식의 협력과 소통을 통해 상호존중과 호혜의 양국관계를 만들어나감으로써 국제정치사상 일관되었던 대국 간 갈등의 전례를 타파하겠다는 것이다. 본질적으로 미국과의 충돌을 최소화하고 지속적으로 국가 발전을 도모함과 동시에 국제 영향력을 제고시키겠다는 것이 중국 대미외교의 기본 맥락이라 할 수 있다.

셋째, 중국은 발전도상국들과의 협력을 중요시한다. 중국은 비록 국제적 위상이 증대되었음에도 불구하고 현재의 발전단계를 놓고 보면 자국은 여전히 발전도상국가의 행렬에 속한다고 보고 있다. 중국은 기타 신흥국가들과 마찬가지로 유사한 역사적 단계를 경험했고, 또한 국가발전이라는 역사적 사명을 공유하고 있기 때문에 상당한 영역들에서 공감대 형성의 가능성이 높다. 특히 BRICs 국가들로 대변되는 발전도상국들의 발전이 세계경제에 새로운 활력소를 불어넣고 있는 시점에서 이들 간의 협력은 서구 발달국가들과의 이해관계 조율과정에서 발언권 확대라는 효과를 가져올 수 있다는 이점이 있다.

그 외에도 중국은 다자주의를 국제정치경제활동의 중요 활동무대로 삼고 있다. 국제질서의 지구화·다원화 발전 추세, 그리고 국가 간 이해관계가 날로 밀접해지고 교착되는 상황에서 다자외교는 평화와 협력을 추진할 수 있는 중요한 수단이라는 것이다. 중국은 현재 유엔을 중심으로 다자외교활동을 활발히 전개하고 있을 뿐만 아니라, 특히 지역적 문제와 관련하여 SCO·ASEAN+3·APEC, ASEM(아시아-유럽 정상회의) 등 다자협력기구들에도 적극 참여함으로써 상호 대화와 협력의 장을 넓혀나가고 있다. 그 외에도 중국이 참여하고 있는 국제비정부기구(INGO)는 2007년 현재 1,079

개에 달하는 것으로 집계되고 있다.

3. 정책기조의 변화 : 국력과 국제적 역할의 함수관계

　길핀(Gilpin)은 구조적 현실주의 입장을 빌려 국제체제란 국력의 상대적 분포에 의해 구성되고, 체제 내 국력의 상대적 변화가 국가의 지위 및 국제체제 자체의 변화를 가져올 수 있다고 주장한다.[11] 중국은 개혁·개방 이후 모든 역량을 경제성장에 집중하면서 강력한 경제대국으로 부상하였고 국제적인 위상도 점차 높아가는 추세를 보이고 있다. 물론 중국은 국제사회에서의 역할에 있어서 후발국으로서의 자국의 국제적 지위와 영향력을 객관적으로 평가해야 한다는 점을 강조한다. 그러나 국력 신장과 그에 상응하는 '책임 있는 대국'(負責任大國)으로서의 국제적 영향력 제고의 필요성도 함께 제시하고 있다. 이러한 상황에서 중국의 "도광양회, 유소작위"(韜光養晦, 有所作爲)를 주 내용으로 하는 기존 대외정책기조에도 미묘한 변화가 발생하는 것을 감지할 수 있다.

---

11) R. Gilpin, War and Change in World Politics, Cambridge: Cambridge University Press, 1981, pp.11～12.

<표 2> 중국의 발전과 외교행위 패턴의 변화

연대	GDP/인($)	시대적 특징	외교방침	내용
1981~2003	250→1,000 (제1, 2단계 발전목표)	– 전체적으로 빈곤 상태를 탈피하지 못하고, 국력도 약함.	도광양회 主 유소작위 補	– 실용성 강조, 국제사회 시비에 소극적으로 대응하고, 주요 역량을 국내 경제건설에 집중 – 불가피할 경우 국제적 현안에 대한 자신의 입장과 태도 표명, 국익과 무관한 분야에 대해서는 극력 회피
2003~2050	1,000→4,000 (제3단계 발전목표)	– 중등발달국가 수준에 도달하지 못한 상태 – 국력 현저히 증대 – 국제영향력 급격히 증대, 국제사회와의 상호의존성 심화	도광양회와 유소작위 倂重	– 지속적으로 저자세, 실용주의를 주창하고, 세계패권을 추구하지 않으며, 역량을 집중하여 국내 경제 발전 실현 – 적절한 수준에서 국제적 현안에 주의를 돌리고, 필요한 국제적 책임을 부담하며, 국제사회를 위해 건설적 역할 – 세계 번영과 안정적 질서를 위해 기여
2050~	중등발달국가	– 국력 및 국제영향력 대폭 강화 – 국제사회 간 상호의존성 진일보 심화	도광양회 補 유소작위 主	– 국내건설 진일보 추진 – 적극적으로 국제적 현안에 참여 및 개입, 건설적 국제적 책임 – 국제적 현안에 대한 태도는 중국의 국익과 국제적 책임에 의해 결정 – 지속적으로 패권을 추구하지 않는 입장 유지

출처: 秦亚青, 『国际体系与中国外交』, 世界知识出版社, 2009年 12月, pp.133~140 참조 및 도표화.

<표 2>에서 보다시피 국가발전 수준을 놓고 볼 때, 중국은 현재 '도광양회, 유소작위 병행'의 단계에 놓여 있는 것으로 볼 수 있다. 여기서 중국이 주장하고 있는 '도광양회'는 "겸허하고 조심스럽게, 낮은 자세로 실용성을 따지며 또한 패권을 추구하지 않는다"는 뜻으로 해석되고 있으며, '유소작위'는 실사구시적인 시각에서 국제환경 속에서의 자국의 지위와 영향력을 객관적으로 평가하고 국력

에 상응한 범위 내에서 국제적 사안들에 적극 참여해야 한다는 함의를 지니고 있다. 이는 경제성장을 일정 정도 일구어냈고 국제사회에서의 영향력이 상승하고 있는 상황에 기초하여 중국은 개혁·개방 초기에 비해 보다 적극적으로 국제적 사안에 관여해나가겠다는 의도가 내재되었음을 확인할 수 있는 부분이다.

4. 중국의 대외전략 담론: 대외전략 탐색기?

앞에서도 논의되었듯이 개혁·개방 30년간의 중국의 급성장, 특히 글로벌 금융위기를 계기로 미국의 부진과 중국의 부상이라는 총체적 이미지가 부각되면서 중국은 미국과 함께 국제사회의 중심 위치에 놓이게 되었다. 그러나 실지로 줄곧 '도광양회'(韜光養晦)라는 저자세 외교를 대외전략 기조로 삼아왔던 중국으로서는 강대국 이미지가 급격히 부각되는 데 대해 다소 곤혹스러운 모습을 보였다. 왜냐하면 '사회주의 국가'·'제3세계 국가'·'신흥대국'이라는 다중적 신분으로 인해 중국은 어떤 시각을 대외전략 구상의 출발점으로 삼느냐에 따라 그 견해가 달리 될 수 있기 때문이다. 어찌 보면 올 것이 왔지만, 너무 빠르게 왔다는 인식하에 중국은 현재 국력에 부응하는 대외전략을 구체적으로 어떻게 전개해나갈 것인지를 고민하고 있는 단계라고 볼 수 있다.

자유주의적 시각에서 출발하는 이른바 온건파들은 '도광양회' 대외전략 기조 유지의 필요성을 강조했다. 대외적으로 여전히 "겸손

하고 신중한"(謙虛勤愼, modest and prudent) 자세가 필요하다는 것이다. 이들의 논리는 무엇보다 국내적으로 산적해 있는 민족문제·빈부격차·국가통일 등 문제들이 줄곧 국가발전을 저해하는 중요변수로 작용해왔다는 점으로부터 출발한다. 현실적으로 중국은 경제적 수준 등 국력의 측면에서 미국에 비해 여전히 상당한 격차를 나타내기 때문에 중국의 대외전략은 보수적일 수밖에 없다는 것이다.[12] 이에 따라 대외전략의 핵심으로 간주되는 대미정책에 있어서도 이들은 "대항보다 대화", "견제보다 협력"을 선호하면서 보다 냉정하게 중미관계를 처리해야 함을 주장한다.[13] 중미 양국관계는 공통이익을 출발점으로 시행착오를 극복해나가야 하는 동시에 점진적으로 협력의 영역을 확대함으로써 신흥대국과 패권국 간의 구조적 갈등을 해결하고 전방위적 협력관계를 구축해나가야 한다고 본다.[14]

이에 반해, 현실주의 시각에서 출발하는 이른바 강경파들은 전략적 안보인식 강화의 필요성을 제기했다. 이들은 상대적으로 비관적 시각에서 국제환경을 평가한다. 외부환경으로부터 오는 압력과 도전을 직시해야 하며, 단지 '도광양회'의 기조하에 안보문제를 고려하는 것은 적절치 않다고 보는 것이다. 이들은 핵심이익에 있어서는 절대로 강대국에 양보해서는 안 되며 또한 미국이 중국에 대해 펼치고 있는 'C형 포위'(C型包圍) 전략에 대해 필요할 경우 "근육과시"를 해야 한다고 주장해왔다.[15] 이 중에서도 대미 강경론을 펴

---

12) 金燦榮, "中國外交現狀與發展戰略", 『當代世界』, 2009年 第9期, p.12.

13) "警惕误判与偏执冲击中美关系大局", ≪人民日報≫, 2010.8.12.

14) 杨洁勉, 「新时期中美合作的动力和阻力」, 『國際問題研究』, 2010年 第5期.

15) 戴旭, 『C型包圍: 內憂外患下的中國突圍』, 上海: 文匯出版社, 2010年.

고 있는 대표학자로는 옌쉐퉁(閻學通)을 들 수 있다. 그에 따르면,[16] 부상하는 중국과 패권국인 미국 간 구조적 갈등으로 인해 중미 간 전략적 경쟁은 불가피하다. 중미양국은 본질적으로 상호 갈등적·적대적 이익이 공통이익·상호보완적 이익보다 크기 때문에 궁극적으로는 "협력관계보다는 적대적 관계가 크다"(敵大于友)는 것이다. 따라서 일방적 타협이나 양보로 중미관계 안정을 추구하기보다는 각 이해관계 영역에서의 전략을 보다 명확히 하고, 특히 정치적 경쟁관계, 군사적 측면에서의 소극적 관계를 명확히 해야만 양자 관계가 보다 안정적으로 관리될 수 있다고 보았다.

그러나 주목해야 할 바는 이러한 이론적 패러다임의 범주를 초월하여 상당수 중국학자들 속에서 대외전략의 영역 개척론(拓展論)이 회자되고 또한 점차 합의점을 찾아가고 있다는 것이다. 즉 이들은 중국의 성장, 그리고 국제사회 지각변동에 부응하여 중국의 외교영역 확대의 필요성을 강조하고 있다. 예컨대 친야칭(秦亞淸)은 도광양회 전략기조가 여전히 유효하지만 오늘날 국제사회는 중국의 의지와 상관없이 중대 국제제도 및 질서의 변혁과정에서 책임있는 대국으로서의 중국의 참여를 필요로 하고 있다고 본다. 따라서 앞에서 제시한 바와 같이 중국의 대외전략 기조는 "도광양회 주(主), 유소작위 보(補)"로부터 "도광양회, 유소작위 병행"으로 전환해야 한다고 주장했다.[17] 왕지스(王緝思)도 중국의 대외전략 목표 설정에서 응당 수동적 입장(不要什么)에서 보다 적극적인(要什么)

---

16) 閻学通의 중·미관계에 관한 견해에 대해서는 다음의 논문 참조. 閻学通, 「対中美关系不稳定性的分析」, 『世界政治與經濟』, 2010年 第12期, pp.4~30.

17) 秦亚青, 앞의 책, 2009, pp.133~140 참조.

입장으로 전환해야 함을 강조했다. 외교목표는 단지 힘의 추구나 해외시장 확대가 아닌 이념·제도적 혁신을 추구해야 하며, 따라서 중국은 시장규범과 국제제도 개선, 공정한 국제질서와 규범을 제정하기 위해 노력해야 한다는 것이다.[18]

요컨대 중국은 현재 비록 급속히 성장하고 있는 발전도상의 국가이지만 실질적으로 국력에 있어서 서구국가들에 비해 상당한 격차가 있다고 보고, 따라서 지속적인 경제발전으로 국내문제들을 풀어나가는 데 주력해야 한다고 주장하고 있다. 금융위기 이후 국제질서가 급격한 변화를 가져오고 있는 상황에서 세계화시대 국제사회와의 상호의존성이 심화되고 국가이익과 연관된 영역들이 부단히 확대되고 있다는 점을 감안하여 서구중심적 국제체제에 대한 재편(개혁)의 의지도 나타내기 시작했다. 그러나 이러한 전략 변화의 구상이 광범위하게 회자되고 있을 무렵, 오바마 집권 이후의 미국이 대외전략 조정에 나서면서 중미 양국은 2010년을 기점으로 새로운 경합단계에 들어서게 된다.

---

18) 王缉思, 「中国的国际定位问题与'韬光养晦, 有所作为'的战略思想」, 『国际问题研究』, 2011年 第2期.

제2장
변화하는 강대국 관계: 2010년
한반도 위기와 중미갈등

동북아는 세계 5대 역량에서 EU를 제외한 미국, 중국, 러시아, 일본 등 나머지 4개 주요 국제역량들이 집결해 있는 지역이다. 동북아 지역에 대해 미국은 미국 주도의 동북아 안보체제, 즉 한미·미일 협력체제의 유지, 잠재적 경쟁국으로서의 중국에 대한 견제, 힘의 우위에 기초한 한반도 긴장의 안정적 관리 등을 기본적인 정책목표로 설정해왔다. 그러나 2008년 미국발 금융위기를 계기로 미국의 헤게모니 실추 및 중국의 부상 등 역내 힘의 구도에 새로운 변화가 나타나면서 오바마 정부는 전략적 조정을 추진하기 시작했다. 우선 태평양국가(a nation of the pacific)라는 점을 재삼 강조하면서 아세아지역에 대한 보다 적극적인 개입정책을 구사했고, 한국·일본 등 기존동맹국들과의 관계 강화와 더불어 새로운 파트너십을 구축함으로써 동 지역에서 손상된 미국의 리더십을 회복하고자 했다. 앞에서 언급되었듯이 중국도 2007년 제17차 전당대회 이후 '주변'에 대한 인식에 새로운 변화가 나타나기 시작했고, 특히 해양영토에 대한 인식이 강화되기 시작하면서 '주변' 개념의 영역이 확장되었다. 또한 단지 경제영역의 확장을 통한 주변환경 관리보다는 경제성장에 부응하는 군사적 역량의 증대를 통해 영토주권 수호를 위한 다차원적 투사력을 강화하겠다는 의지도 강하게 나타냈다. 결국 2010년 천안함 사건을 계기로 불거진 한반도 위기를 중심으로 양국은 각자의 속내를 드러내기 시작하면서 한차례 치열한 대경합을 치르게 된다.

1. 금융위기 이후 미국의 대중 인식 변화

2009년 1월에 공식 출범한 버락 오바마(B. H. Obama) 정부는 '스마트 파워'(smart power) 외교로 추후 대외정책 기조를 설명했다. 2009년 1월 13일 미 상원 청문회에서 국무장관 후임자 힐러리는 '스마트 파워'라는 개념을 제시하면서 미국 대외정책의 변화를 선포했다. 미국이 장악하고 있는 모든 정책수단, 즉 외교, 경제, 군사, 정치, 법률과 문화 등 각종 수단을 '스마트'하게 활용하여 미국의 리더십을 복원하겠다는 것이다. 오바마 정부는 부시 정부의 일방주의 정책을 포기하고, 패권적 지위를 중시하는 현실주의와 국제협력·국제규범 및 제도화를 강조하는 자유주의적 이념을 결합시키는 방식을 채택했다. 강력한 군사력을 기반으로 연성권력을 유연하게 사용하여 온건하고 도덕적 색채를 띤 미국의 이미지를 부각시키면서 다자협력을 통해 부시 정부 시기 추락된 국제사회에서의 리더십을 복원하겠다는 것이다.

그러나 중미관계 차원에서 볼 때, 금융위기 이후 새로운 국제환경 속에서 급격히 부상하고 있는 중국에 대한 미국의 속내는 내심 복잡했다. 현실주의자들은 '세력균형이론'(balance of power theory)의 시각에서 부상하는 중국을 미국 패권지위 및 현 국제체제의 도전자로 간주했고, 심지어 '세력전이이론'(power transition theory)의 시각은 중국의 부상이 경제적 성장에서 군사적 팽창까지 이어질 것이며 이에 따라 국제질서 재편을 위한 긴장과 갈등 속에서 전쟁의 가능성도 존재한다고 주장했다.

반면에 자유주의자들은 부상하는 중국이 미국 주도의 국제체제에 도전세력으로 등장하는 것은 불가역적인 역사적 추세라는 점을 인정하면서도, 현실주의자들과는 달리 중미 간 충돌은 피면할 수 있다고 보았다. 중국을 현존 서구중심적 국제체제에 편입시켜 기존 체제 내에서 자체의 전략적 목표를 선택하도록 유도함으로써 미국의 주도적 지위를 유지하고자 하는 데 목적을 두어야 한다는 것이다. 아이켄베리(G. John Ikenburry)의 경우, 미국은 응당 자신을 현존 국제질서의 유력한 지지자로 부각시키고 공통된 가치와 규범에 기초하여 자본주의 민주국가들에게 정치적 연대의 중요성을 재확인시킴으로써 국제사회에서의 지배역량을 유지해나가야 한다고 주장했다.[19]

---

19) G. John Ikenburry, "The Rise of China and the Future of the West: Can the Liberal System Survive?", Foreign Affairs, Vol.87, No.1, Jan/Feb 2008.

이런 맥락에서 오바마 정부의 대중정책도 온건파(The doves)와 강경파(The hawks)로 갈라졌다. 온건파[20]들은 대화와 접촉을 통해 외교·군사 등 영역의 문제들을 풀어나가고자 했다. 중국을 자극하는 행위를 지양하고 상호 핵심이익을 존중하는 전제하에 전략적 신뢰관계를 강화해나갈 것을 주장한 것이다. 이에 반해 강경파들은[21] 강세적 외교수단과 적극적인 군사적 확장을 강조하면서 부상하는 중국에 대해 필히 강경한 입장과 태도를 취해야 하며 지속적으로 국제질서에서의 미국의 주도권 확보를 위해 노력해야 한다고 주장했다.

이런 상황에서 오바마 집권 초기에는 온건파들이 발언권을 장악하면서 중미관계는 한동안 '밀월기'에 진입하였고 상호 밀접한 대화와 접촉을 유지했다. 그러나 2009년 기후협상, 이란 핵문제, 북핵문제, 환율문제 등 영역들에서 갈등이 심화되자 중미관계는 다시 소원해지기 시작했고, 이 와중에 미국 내에서 중국 '오만론'(傲慢論)이 대두되면서 힐러리를 위수로 한 대중 '실망파'(失望派)들의 발언권이 확대되기 시작했다. 이에 따라 미국 정부의 대중정책은 '중미 접촉론'으로부터 '대중 강경론'으로 선회하기 시작했다.[22]

2009년 11월 14일, 일본을 방문한 오바마는 미국은 태평양국가이며 태평양지역에서의 주도적 지위를 유지 및 강화할 것이라 표

---

20) 대표적 인물들로 미 국무부 부장관 스타인버그(James Steinberg), 미국 국가안보위원회(NSC) 아시아 선임보좌관 제프리 베이더(Jeffrey A. Bader), 중국문제 전문가 이반 미데이로스(Evan Medeiros), 주중 미국대사 존 헌츠먼 주니어(Jon Huntsman, Jr.) 등이 있다.

21) 오바마 집권시기의 힐러리(Hillary Diane Rodham Clinton) 국무부 장관, 동아시아 사무를 책임진 국무부 차관보 커트 캠벨(Kurt Campbell), 전 미국 국방부 장관 로버트 게이츠(Robert Gates), 미국 국방부 아시아태평양 담당 차관보 월레스 그렉슨(Wallace Gregson) 등은 모두 강한 매파적 성향을 갖고 있다.

22) Bill Gertz, "China Policy Fight", The Washington Times, October 21, 2010.

명했다. 2010년 1월 12일 미국 국무장관 힐러리도 "미국의 미래는 아태지역과 긴밀히 연계되어 있다"고 주장하면서 아태지역과의 관계를 발전시키는 것이 미국 대외정책 중점임을 역설, 미국의 '아시아로의 회귀'(Pivot to Asia)를 선포했다.[23] 유럽·북미지역과 함께 3대 경제권을 형성하고 있는 아태지역이 세계경제에서 차지하는 비중이 높아지고 있었고 그 중심에서 중국이 갈수록 중요한 역할을 하고 있는 데 반해, 미국은 역내 전통동맹국들과의 관계가 느슨해지면서 주도권 기반이 흔들리기 시작했다는 판단이 서게 된 것이다. 불안감이 증폭되는 상황에서 미국은 아태지역에 대한 외교역량 강화 및 중국 견제를 위한 일련의 조치들을 추진해나가기 시작했다.

2. 나비효과 : 천안함 사건과 중미 경합(博弈)

2010년 3월 26일, 한반도 서해지역 백령도 서남방에서 한국해군 초계함인 '천안함'이 침몰되어 46명의 장병이 사망하는 사건이 발생했다. 한국 정부는 곧바로 미국, 영국, 호주, 캐나다, 스웨덴 등 국가 전문가 및 민간인사들을 포함한 '군민합동조사단'을 가동시켜 원인규명에 나섰고, 5월 20일 "북한 소형 잠수함이 쏜 어뢰에 의해 격침"됐다는 결론을 발표했다. 5월 24일 이명박 대통령은 대국민담화를 통해 "북한은 자신의 행위에 상응하는 대가를 치르게 될 것"

---

23) 网易: 「经济危机动摇全球力量对比美国调整战略"心系太平洋」, http://news.163.com/10/1231/16/-6P8BLB3400014AED.html

이라고 강조하면서 이른바 '5·24' 대북 경제제재조치를 발표했다.24) 이에 북한이 즉각 남북관계는 이제 "전쟁상태에 진입"했음을 선포하면서 한반도는 또 다시 긴장상태에 진입하게 된다. 여기서 유의할 바는 이러한 갈등상황이 단지 남북 양자에만 국한된 것이 아니라 중·미 양 대국 간 경합이라는 '나비효과'를 발생했다는 것이다.

합동조사단 발표와 '5·24' 경제조치 이후 오바마 정부는 한국에 전적인 지지를 보내면서 "북한의 잇단 도발과 국제법 위반에 대응하기 위해 정부기관들에 북한과 관련된 기존 권한과 정책을 재검토할 것"이라는 입장을 발표했다. 5월 24일에서 25일까지 진행된 중미 전략경제대화(S&ED)에서 미국 국무장관 힐러리 클린턴과 중국 국무위원 다이빙궈(戴秉國) 간에 천안함 사건과 관련하여 대북 비난문제를 논의하였지만 양국은 끝내 그렇다 할 접점을 찾지 못했다. 5월 28일 한·중·일 정상회담(5.29.~30.) 참석차 방한한 중국 총리 원자바오(溫家寶)는 이명박 대통령과의 양자회담에서 "사태의 시비곡직(是非曲直)에 근거하여 객관적이고 공정하게 판단할 것"과 "한반도 평화와 안정을 위해 각국이 냉정과 절제를 유지"할 것을 주장하면서 6자회담을 통해 한반도 핵문제를 해결할 것을 호소했다. 천안함 사건을 둘러싼 이러한 입장 차이는 6월에 들어서면서 점차 심화되는 추세를 보였다.

2010년 6월 2일, 서해에서 진행될 한미합동 군사훈련에 미 항공모함이 참여할 것이라는 소식이 한국언론을 통해 발표되었고, 중국

---

24) 동 조치에는 ① 남북 간 교역·교류 전면중단, ② 북 선박 남쪽 해역 통과 봉쇄, ③ 확성기·전단살포 등 심리전 재개, ④ 서해에서 한미 대잠수함 훈련, ⑤ '천안함' 유엔안보리 회부 추진, ⑥ PSI 역내 해상차단훈련 참여 등 내용들이 포함되어 있다.

은 같은 날 미 국무장관 로버트 게이츠 방중 거부를 선포했다. 6월 5일 싱가포르에서 개최된 아시아안보회의에서 미 국방장관 로버트 게이츠와 중국 인민해방국 부참모장 마샤오텐(馬曉天)은 천안함 문제를 둘러싸고 격론에 들어갔고, 그 이후 미국 정부는 공개석상에서 연이어 천안함 사건에 대한 중국의 태도를 비난하고 나섰다. 6월 26일에 개최된 G20 토론토 정상회의에서 오바마 대통령은 중국이 천안함 사건과 관련하여 "의도적으로 외면하고 있다"(有意視而不見)고 비난했다. 이에 중국 외교부는 6월 29일 "중국은 (한반도) 어느 한쪽도 비호하지 않고, 공정한 태도를 취함으로써 사태의 진일보 악화를 막는 데 노력할 것"이라 주장하면서 "중국은 한반도 인근국으로서 십만 팔천 리 밖의 국가가 느끼는 감수와는 다르다"는 입장을 밝혔다. 또한 7월 1일 중국인민해방군 부참모장 마샤오텐이 미 항모 서해 진입 반대 입장을 발표한 데 이어, 중국 외교부도 2주 동안 무려 5차례에 거쳐 "중국의 안보이익에 영향을 미치는 그 어떤 군사적 활동을 반대"한다는 입장을 밝히면서 미 항공모함의 서해 진입을 반대하고 나섰다.

천안함 문제를 둘러싸고 입장을 좁히지 못하는 상황에서 6, 7월 사이 양국은 중국 주변해역을 중심으로 치열한 기싸움을 전개하게 된다. 6월 23일 미국은 한국, 일본, 호주, 캐나다 등 14개 국가들이 참여한 '환태평양 2010' 합동 군사훈련을 하와이 해역에서 진행하였다. 중국은 이를 "미국이 동맹국가의 해상 합동작전 능력을 과시하여 남중국해역에서의 미국의 지위를 재확인하고, 아태지역에서 새롭게 등장하고 있는 군사역량을 견제하는 데 목적"을 둔 것으로 판단하고 이례적인 맞대응에 나섰다. 6월 30일부터 7월 5일까지 중국 인민해방군 동해함대는 저우산군도(舟山群島) 이남 해역에서 실탄사격 훈련을, 7월 13일에는 '교통전비 2010'(交通戰備 2010) 군사훈련을 실시했다. 특히 '교통전비 2010'은 "타국의 중국 해상 수송함대에 대한 원정공격"을 가상한 것으로 이례적이란 평가를 받았다. 또한 7월 25일부터 28일까지 한미 양국이 한국 동해에서 1979년 이래 최대 규모의 '불굴의 의지' 한미합동군사훈련을 전개하자, 중국은 같은 달 26일과 27일 남해 대규모 실탄훈련 및 장갑부대 이송훈련을 전개하는 등 맞대응에 나섰다.

그러나 천안함 사건 처리를 기점으로 갈등이 지속적으로 심화되는 추세를 보이자 중미 양국은 8월에 들어서서 점차 수위조절에 나서기 시작했다. 8월 하순, 중국 외교부 부부장 추이티엔카이(崔天凱)가 미국을 방문하여 '관심 분야'에 관한 협상을 전개했고, 9월에는 양국 정상들이 UN확대회의, G20 서울 정상회의, APEC정상회의 등을 통해 공통관심사안과 지역 이슈들에 대한 견해를 공유했다. 이를 토대로 9월 5일부터 8일까지 미국 국가경제위원장 서머스(Summers)와 대통령 국가안보 보좌관 도닐론(Donilon)이 베이징을 방문하여 양국 간 긴장관계 해소 및 후진타오(胡錦濤) 주석 방미 관련 문제를 논의했다. 9월 8일 중국 중앙군사위 쉬차이허우(徐才厚)는 도닐론과의 회담에서 양국 간 군사적 교류 및 대화 강화의 필요성을 제시했다. 이런 맥락에서 9월 9일 미국 국방부는 중미 양국 간 군사적 교류 확대 추진계획을 발표한다. 그 뒤를 이어, 9월 27일 미 국방부 동아시아 차관보 쉬퍼(Shiffer)가 중국을 방문하면서 고위급 군사교류를 위한 물꼬를 텄고, 10월 11일에는 중미 국방장관 회담이 진행되면서 양국 간 고위급 군사교류가 공식 재개되었다. 또한 10월 14일에는 하와이에서 중미해상군사안보협상연례회의(MMCA)가 개최되어 2011년 초 게이츠 방중 문제가 다시 논의되기에까지 이른다. 그러나 양국 군사적 교류가 재개될 무렵 11월 23일 연평도 포격사건이 발생하면서 11월 28일 미국 항공모함 '워싱턴호'가 참여하는 한미 합동군사훈련이 서해에서 진행되었다.

<표 3> 2010, 한반도문제를 둘러싼 중미 갈등

일시	사건
3.26.	천안함 사건 발생
5.24.	천안함 사건 관련 합동조사단 결과 발표
5.24.~25.	중미 S&ED에서 천안함 사건 관련 대북 비난문제 논의[힐러리 VS. 다이빙궈(戴秉國)]
6.2.	한국 언론 서해(황해) 군사훈련에 미 항모 참여 소식 발표
6.2.	중국 미 국방장관 로버트 게이츠 방중 거부
6.5.	싱가포르 아시아안보회의에서 중미 격론[로버트 게이츠 VS. 마샤오톈(馬曉天)]
6.9.	미국 참모장연석회의 의장 Mike Mullen 천안함 사건 관련 중국 태도 비난
6.23.~8.1.	미국, 호주, 캐나다, 한국, 일본 등 14개 국가가 참여한 "환태평양 2010" 합동 군사훈련 하와이 해역에서 실시
6.30.~7.5.	중국 인민해방군 동해함대 주산군도 이남 해역에서 실탄사격 훈련 실시
6.26.	G20 토론토 정상회의에서 오바마 대통령 천안함 사건 관련 중국 태도 비난(有意視而不見)
6.29.	중국 외교부 대변인 중국입장 발표: －중국은 어느 한쪽도 비호하지 않으며, 공정한 태도를 취할 것임. －사태를 진일보 악화시키지 않을 것임(붙는 불에 키질하지 않을 것). －중국은 한반도 인근국가로 십만 팔천 리 밖의 국가가 느끼는 감수와는 다르다고 표명
7.1.	중국인민해방군 부참모장 마샤오톈 미 항모 서해(황해) 진입 반대
7.1.~15.	중국 외교부 연속 5차례 항모참여 군사훈련 반대입장 발표: －중국의 안보이익에 영향을 미치는 그 어떤 군사적 활동도 반대 －각 측의 냉정과 절제 요구, 지역 긴장을 조성하는 행위를 하지 않기를 희망
7.16.	중국인민해방군은 서해(황해)에서 "交通戰備 2010" 군사훈련 실시
7.25.~28.	'불굴의 의지' 한미합동군사훈련 일본해에서 실시(1979년 이래 최대 규모)
7.26.	중국 해방군 중국 남해해역에서 대규모 실탄훈련 실시

7.27.	해방군 제남부대 대규모 장갑부대 이송훈련 실시
8월 말	미국의 초청에 따라 중국 외교부 부부장 추이톈카이(崔天凱) 워싱턴에서 중미 간 공통관심 분야에 대한 정치협상 진행
9월	UN확대회의, G20 서울정상회의, APEC정상회의 등을 통해 양국 정상 양국 공통관심사안 및 지역이슈에 관해 의견 조율, 양국관계 완화
9.5.~8.	미국 백악관 국가경제위원장 서머스(Summers)와 대통령 국가안보보좌관 도닐론(Donilon) 베이징 방문, 양국 간 긴장관계 해소 및 후진타오 2011년 방미 관련 의견 조율
9.8.	중국 중앙군사위 쉬차이허우(徐才厚) 부주석 Donilon과의 회담에서 양국 군사교류와 대화 필요성 제시
9.9.	미국 국방부 대변인 중미 양국 간 군사적 교류 확대 추진 계획 발표
9.27.~28.	미 국방부 동아시아 차관보 쉬퍼(Shiffer) 방중, 양국 고위급 군사교류 포석
10.11.	아시안 국방장관 확대회의, 중국 량광례(梁光烈)와 미국 게이츠 회담, 고위급 군사교류 재개(10월 14일 하와이에서 중미해상군사안보협상연례회의/MMCA, 2011년 초 게이츠 방중 등에 대해 논의)
11.23.	연평도 포격사건
11.28.	워싱턴호 황해 진입, 한미 합동군사훈련 실시

3. 오바마 정부 대북정책의 실질

중미 경합에서 볼 수 있듯이 한반도문제는 동북아 정세에 지대한 영향을 미치는 중요 변수이다. 미국의 동북아 정책에 있어서도 전략적으로 상당히 중요한 지역이다. 그러나 천안함 사건 발생 이후 미국은 어찌 보면 대북문제에 있어서 '전략적 인내'(strategic patience) 정책을 유지하면서도 동시에 보다 많은 정력을 '아태지역에로의 귀환'에 집중했다고 볼 수 있다. 실지로 미국에 있어서 한반도가 중요한 전략적 의미를 지니는 것은 사실이지만, 미국의 대북정책 특징을 살펴보면 줄곧 '중요'하면서도 '절박하지 않은'(不緊迫) 문제로 평가될 수 있다. '중요'했던 이유는, 첫째, 한반도 자체의 지정학적 가치로 인해 동 지역은 미국이 동북아 역내 사무에 개입할 수 있는 중요한 전략적 레버리지 역할을 해왔다. 둘째, 미국은 줄곧 대량살상무기(WMD), 특히 북한 핵개발을 미국본토가 직면한 최대 위협으로 간주해왔다. 그러나 반도 문제 해결이라는 측면에서 볼 때 그다지 절박한 사항은 아니었다. 왜냐하면 첫째, '불통불란'(不統不亂)의 반도 정세는 항상 미국의 동북아 개입에 유리한 조건을 마련해준다. 둘째, 오바마 정부가 가장 시급히 해결해야 할 문제는 무엇보다 위기상황에 직면한 국내 경제를 하루빨리 복원하는 것이었다. 게다가 중동 반테러 전쟁에서 빠져나오는 것이 시급했던 관계로 한반도문제는 여전히 오바마 정부의 우선적 위치를 차지할 수 없었다. 셋째, 특히 2008년 이래 김정일 와병설 등 '북한체제 급변설'이 지속적으로 확산되던 상황에서 미국은 오히려 관망적 태도 또는 대북 제재 강화의 필요성을 느끼게 된 것이다.

오히려 '아태지역으로의 귀환'이라는 중차대한 전략적 목표가 제시되는 상황에서 미국은 한반도문제를 레버리지로 이용하여 역내에서의 주도권을 복원하는 데 보다 집중하기 시작했다. 2010년 한반도문제를 중심으로 추진한 일련의 조치들이 바로 이러한 의도를 반영하고 있다. 첫째, 미국은 비핵화를 우선적 조건으로 대북제재를 강화함으로써 북핵문제 해결에서의 주도권을 확보하려 했다. 즉 6자회담 내 우방국들과 밀접한 협력관계를 유지하는 동시에 북한에 대해서는 '전략적 인내' 정책을 실시할 필요가 있다고 보았다. 따라서 북한이 "6자회담 영구적 퇴출"로부터 다시 "6자회담 복귀" 메시지를 여러 경로를 통해 전달했음에도 불구하고 미국은 시종일관 소극적 태도를 보이면서 북한의 "진정성 있는 태도"를 요구하고 나섰다. 천안함 사건 이후에는 한국과 함께 대북제재 강도를 높임과 동시에 한반도 주변해역에서 일련의 대규모 합동군사훈련을 실시함으로써 군사적 투사력을 과시했다. 2010년 중국이 북핵문제와 관련하여 '북미대화—예비회담—6자회담'이라는 6자회담 재개 방안을 제시하자 미국은 이를 거부하고 오히려 '남북대화—다자회담—6자회담'이라는 대체방안을 역제의했다. 연평도 포격사건 발생 이후 미국은 중국이 제시한 6자회담 대표 긴급협상 소집 제안도 거부하고 워싱턴에서 한·미·일 3자 외무장관 회담을 개최했다.

둘째, 무엇보다 미국은 느슨해진 한미·미일동맹 복원과 한·미·일 3자 간 협력 강화를 통해 동 지역에서의 주도권을 진일보로 강화하고자 했다. 우선 미일동맹의 경우를 보았을 때, 정권교체를 통해 민주당 정부가 출범하면서 미일동맹에 미묘한 변화가 발생했다. 하토야마(鳩山由纪夫) 총리는 미일동맹관계의 '평등성'을 강조하면서 보다 자주적인 외교적 입장을 역설했다. 이에 따라 미일 양국 간에는 후텐마(普天间)기지 이전문제와 인도양에서의 군함 급유문제를 중심으로 견해 차이가 심화되었다. 그러나 2010년 한반도 및 주변지역 정세의 변화는 미국에 미일동맹 강화를 위한 새로운 계기를 마련해주었다. 미국은 천안함 사건 발생 직후 대북비난 행렬에 일본을 끌어들인 동시에 한·미·일 3국 협력의 필요성을 강조하기 시작했다. 2010년 9월 조어도 갈등이 발생하자 미국은 조어도(釣魚島, 일명 센카쿠열도)는 '미일안보조약'의 적용범위 내에 포함된다고 발표함으로써 동맹국으로서의 일본에 대한 방위책임을 천명했다. 11월 APEC 정상회담차 요코하마를 방문한 오바마는 "일본은 국제적인 규범을 준수하는 모범국"이라 추켜세우고, "유엔안보리 상임이사국 진출을 지지한다"는 메시지를 전달함과 동시에 공동방위협력에 있어서의 미국의 존재를 재확인했다. 연평도 포격사건 발생 이후, 미국은 '워싱턴호' 항공모함을 서해에 파견하여 한미 합동군사훈련을 강행한 이후, 곧바로 '워싱턴호'를 동해로 이동시켜 중국을 가상의 적으로 한 미일사상 최대 규모의 합동군사훈련을 실시했다. 특히 이번 군사훈련은 조어도 주변해역을 포함하고 있었기에 실지로 중국을 겨냥한 것이 분명하다는 점에서 중국의 반발을 사기에 충분했다.[25] 그러나 결과적으로 미국은 중・러와의 도서분쟁으로 동북아지역에서 전략적 열세에 처해 있던 일본에 힘을 실어주었고, 일본이 다시금 미일동맹 강화로 선회하도록 설득하는 데 성공했다.

이 시기 미국은 한미동맹을 '최상의 단계'로 끌어올렸다고 평가할 수 있다. 부시 정부 시기 김대중, 노무현 정부의 외교적 이념 및 대북정책이 미국과 시종 갈등을 빚으면서 한미동맹이 다소 소원되는 추세가 나타났었다. 그러나 친미적 성향을 띤 이명박 대통령 집권으로 한미동맹 강화는 새로운 정치적 조건이 마련되게 된다. 2008년, 한미 양국은 양자관계를 '21세기 전략동맹'으로 발전시키는 데 대해 합의를 이룬 데 이어, 2009년에는 '한미동맹 공동비전'을 채택했고, 미국은 핵우산을 포함한 확장 억지에 대한 지속적 보장을 한국에 약속했다. 또한 천안함 발생 이후 미국은 한국이 발표한 합동조사단 조사결과에 전적인 지지를 보내면서 한국과 함께 대북제재

---

25) 张小稳,「近期美国升高西太平洋紧张局势的战略意图及其影响」,『东北亚论坛』, 2011年 第1期, p.55.

및 군사적 억지력 강화에 대해 약속했다. 2010년 6월 한미 양국은 전작권 환수 일정을 2012년 4월 17일에서 2015년 12월 1일로 연기했고, 7월에는 사상 처음으로 외교·국방장관회의(2＋2)를 개최, 신속한 합동방위능력을 유지하고 지속적으로 양자, 지역 내지는 세계적 범위 내에서 동맹관계를 심화시킬 데 대해 합의했다.[26] 2010년 10월 8일, 한미양국은 북한 핵개발과 기타 대량살상무기의 위협을 막는 데 목적을 둔 연합군사위원회를 구성하였는데, 이는 미국이 NATO 회원국 이외의 국가와 맺은 첫 번째 군사위원회라고 할 수 있다.[27] 이처럼 미국은 북한의 군사적 위협에 노출되어 있는 한국의 안보를 보장하고 또한 한국 정부의 대북정책에 적극 동조하는 방식을 취하면서 한미동맹을 '최상의 단계'로 발전시키는 데도 성공했다.

뿐만 아니라 미국은 한미, 미일동맹을 강화함과 동시에 한미일 3자 간의 군사적 협력도 적극 주선해나갔다. 주지하다시피 한일 양국은 역사문제 및 영토문제를 둘러싸고 갈등관계가 존재하기 때문에 국민적 정서로 보아도 한일 군사적 협력은 뛰어넘기 어려운 장벽이 존재한다. 따라서 그동안 미국도 줄곧 미일, 한미 등 양자동맹 강화를 통해 이른바 이들 동맹국들의 '안보 우려'에 대처하고자 해왔다. 그러나 2010년 한반도에서 발생한 일련의 사건들을 계기로 미국은 한·미·일 3자 간 군사적 협력을 이끌어내기 위해 적극적으로 움직이기 시작했다. 앞에서 제시한 바와 같이 연평도 포격사건 발생 이후 미국은 중국이 제시한 6자회담 대표 긴급협상 소집

---

26) 人民网：「美韩同盟从 "美主韩从'到'对等伙伴"」, http://world.people.com.cn/GB/13791083.html
27) 王晖, 「朝美关系: 剑拔弩张的背后」, 『世界知识』, 2011年 第2期, p.29.

제안을 거부하고, 워싱턴에서 한·미·일 3자 외무장관 회담을 개최한 것이 가장 대표적이다. 그 외에도 미국은 한·미·일 군사협력을 위한 일련의 조치들을 추진한다. 예컨대 2010년 7월 25일에 실시된 한미합동군사 훈련에 자위대를 참관인 자격으로 참여시켰고, 11월 28일에는 워싱턴호 항공모함을 포함한 서해 한미합동군사훈련이 종료되자 곧바로 동해로 옮겨가 사상 최대 규모의 미일합동군사훈련을 실시했다. 2011년 1월 미국 '칼 빈슨호' 항공모함도 일본 나가사키 인근해역에서 미일 합동군사훈련을 실시한 직후 또 다시 부산으로 옮겨와 한미 합동군사훈련을 실시했다. 이런 맥락에서 볼 때, 2012년 2월에 진행된 미일합동군사훈련에 주한미군 차출, 2012년 6월 한반도 해역에서 실시된 한미일 합동군사훈련, 한일 군사정보포괄보호협정 해프닝 등도 결코 우연한 사건들이 아닐 것이다. 결국 미국은 한반도 및 주변사태를 기회로 삼아 한국, 일본 등 주요 동맹국들이 진일보로 미국과의 동맹안보에 의존토록 하는 방식을 통해 동북아 역내 주도적 지위를 강화하고자 했던 것이다.

그 외에도, 오바마정부는 미국 주도하의 다자주의 외교노선을 추진하여 북한을 고립시키는 동시에 자국의 정책 정당성을 강조하고 진일보로 중국에 대해 압력을 가했다. 오바마 정부는 부시 정부에 비해 협력적 외교의 측면에서 보다 유연한 태도를 보였다. 즉 강력한 군사적 역량을 토대로 다자협력을 호소함으로써 미국 주도하에 동맹국들과 공동으로 지역문제들을 처리한다는 취지를 유지한 것이다. 예컨대 한국이 천안함 사건을 안보리에 회부하는 데 대해 적극적인 지지를 보냄과 함께 아세안지역포럼(ARF) 등 국제무대를 활용하여 북한의 '호전성', 그리고 중국이 이를 비호하고 있다고 비난함으로써 미국외교의 정당성을 부각시키고자 했다.

이러한 점들을 미루어볼 때, 오바마 정부는 한반도문제 처리과정에서 두 가지 의도를 노정시켰다. 첫째, 기존의 미국 단독으로 북한문제에 대응하던 방식을 탈피하고 동맹국들의 정책 및 전략적 협력을 이끌어냄으로써 보다 효율적인 대북제재 효과를 보고자 했다. 둘째, 동북아 국제정치구도의 측면에서 강력한 군사력을 기반으로 온건하고 도덕적인 이미지를 부각시키는 방식을 통해 다자협력을 주도함으로써 부상하고 있는 중국에 대한 견제를 강화하고자 했다.

결국 미국은 천안함 사건을 통해 또다시 동북아지역에서의 전략적 영향력을 강화하면서 '최대의 승자'가 되었다고 평가할 수 있다. 천안함 사건은 비록 한반도 긴장정세 및 주변국들의 안보압력을 상승시키는 결과를 초래하였지만, 미국의 시각에서 볼 때 오히려 이러한 '북한 위협론'을 이용하여 후텐마(普天間) 미군기지 이전문제를 둘러싼 미·일 갈등을 해소하고, 진일보로 한미동맹도 강화하는 데 성공했다. 또한 국제여론을 통해 중국에 대한 압력을 가하는 한편 한미합동 군사훈련 등을 통해 중국의 대외안보에 대한 '바텀라인'(底線)을 확인했고, 더욱이 국제정치사회에서 미국의 퇴진, 중국의 약진이라는 총체적 이미지를 탈피하고 최강대국으로서의 미국의 군사적 절대적 우위를 과시함으로써 동북아 지역에서의 주도권을 재확인하는 데도 성공했다.

결론적으로, 중미 양국관계의 차원에서 볼 경우 글로벌 금융위기 이후 양국은 상호협력의 필요성이 증대되고 있음에도 불구하고 미국의 대중국 견제 강화 및 중국의 반견제 의도가 대립되면서 '갈등적 협력'관계를 유지하고 있다. 오바마 집권 초기 '밀월기'를 거친 미국이 글로벌 이슈들에서 중국과 갈등의 골이 깊어지면서 2010년에 들어 강경파들의 발언권이 확대되었고 2010년 초 미국의 대만 무기수출, 달라이 라마 접견 등 사건이 터지면서 중국도 강경파들의 발언권이 확대된 것으로 추정할 수 있다. 특히 한반도지역을 중심으로 안보문제가 불거지면서 양국 간 갈등이 군사적 영역에까지 확대되었다. 그러나 총체적으로 양국은 비록 '갈등'이 특정시기에 돌출해지기는 하나 그 주기가 짧아지고 있으며 갈등해결을 위한 양자 간 노력도 더욱 빈번해지고 있음을 발견할 수 있다.

4. 강대국 사이에서, 균형감각이 필요한 한국

한반도문제에 대한 중미 양국의 정책의도를 비교해볼 경우, 양자 간의 전략의도는 한반도문제에 직접적으로 반영되었다고 볼 수 있다. 미국은 '전략적 인내' 정책을 중심으로 대화의 문턱을 높이고 대북제재를 강화하여 허약한 북한체제의 붕괴를 꾀하는 동시에 동북아지역에서의 주도권 복원에 전략적 동기를 두었다. 중국의 대북정책은 뒤에서 보다 구체적으로 논의되겠지만, 총체적으로 2008년 이후 불거진 '북한체제 급변사태'설을 보다 진지하게 받아들인 것으로 판단된다. 따라서 2009년 중반부터 서서히 북한 체제안정을 위한 정책조정에 나선 것으로 볼 수 있다. 정리하면, 중미 양국 간의 전략적 이해차이로 북한문제를 둘러싸고 강대국 간 미스매칭

(mismatching) 국면이 초래되면서 반도 문제해결을 보다 어렵게 만들었다. 그러나 한반도 정세가 극도로 악화되는 경우를 대비하여 반도 위기관리에 대해서는 중미 양국이 공통된 이해관계를 갖고 있는 것 또한 사실이다.

한반도 지역은 강대국 간 이해관계가 합종연횡으로 얽혀 있는 지역이다. 따라서 한국의 경우 강대국들의 한반도문제에 대한 이해관계를 정확히 판독하는 것은 남북관계 문제를 푸는 것 못지않게 중요하다. 그럼에도 불구하고 이명박 정부시기의 한국은 단지 대북문제에만 집중하고, 대국 간 변수를 소홀히 하는 측면이 있었다. 이명박 정부는 집권 초기부터 한미동맹 강화를 통해 대북 억지력을 키우고 대북강경 노선을 유지함으로써 남북관계에서 주도권을 확보하고자 했다. 그러나 북한체제 붕괴론, 한미일 공조 강화, 연이은 합동군사훈련 실시 등으로 중국의 안보불안감을 조성했고, 이에 따라 한반도 평화와 안정 우선, 북한체제 유지 등 중국의 전략적 고려에 영향을 미치면서 한미 대 북중 간의 갈등구도를 심화시켰다. 따라서 이 시기 한국의 대국외교는 딜레마적 상황을 경험했다고 볼 수 있다. 구체적으로 한반도정세가 악화될수록 한국은 미국에 의존하는 성향을 보일 수밖에 없는 반면, 중국은 한반도 위기관리의 명분하에 무엇보다 비대칭 동맹구조 속에 놓여 있는 한미 양국 중 미국을 주요 협상대상으로 간주할 수밖에 없었다. 그러나 미국은 한반도문제에 대한 '절박감'이 없는 관계로 한반도 위기관리라는 측면에서 본질적으로 중국과 견해를 같이하는 성향을 보였다. 결국 한국은 "한미동맹 강화→대북강경→반도정세 불안→중미 타협→한국 소외"라는 전략적 수세에 빠질 수밖에 없게 된 것이다.

이러한 점을 고려할 때, 첫째, 2008년 전략적 동반자 관계가 수립되었음에도 불구하고 대북인식, 북핵문제 해결에 관한 방법론적 차원에서 견해차이가 노정되면서 이는 정치적 불신관계로까지 발전해왔다. 한국은 한미관계 발전과 더불어 중국과의 전략적 동반자 관계를 보다 내실화할 필요가 있음을 말해준다. 둘째, 한국은 냉전적 산물인 양자관계 위주의 현 동북아 정치구도를 타파하고 다자적 틀 내에서 안보 및 협력을 발전시키려는 전략 수립이 필요하다. 중견국가로서의 한국은 강대국 간 이해관계 조정 또는 세력균형을 유지할 수 있는 비스마르크적 외교 테크닉이 필요하다고 볼 수 있을 것이다.

제3장
중국의 주변국 대응전략 변화:
2012년 조어도 분쟁을 중심으로

1. 중국의 조어도 분쟁 대응, 어떻게 볼 것인가?

EU가 노벨 평화상까지 받는 마당에 동아시아 국가들은 국가 간 경계획정을 둘러싸고 치열한 경합 중에 있다. 글로벌시대의 도래, 국가장벽 완화라는 국제사회의 총체적 흐름과는 무관하게 영토갈등 심화, '신(新)냉전체제'라는 역사적 비운이 재현되고 있는 것이 오늘날 동아시아 국제정치의 현주소다.

동아시아 역내 갈등은 미국발 금융위기 이후 보다 집중적으로 돌출되었다. 천안함 사건을 계기로 한 중미 서해경합, 중일 조어도 분쟁, 중국과 동남아 연안국가들 간의 남중국해 도서분쟁, 한중 어업분쟁 등 역내 갈등의 중심에는 항상 중국이 놓여 있었다. 여기서 제기되는 문제는 왜 수십 년간 수면 아래 잠재했던 영토(해) 갈등이 이 시점에 또다시 집중적으로 노정되고 있느냐는 점이다. 이 연구는 중국과 주변국 간 영토(해) 갈등은 무엇보다도 양자 간 이권 다툼으로 비쳐질 수 있지만, 실지로 그 이면에는 중국의 부상과 함께 요동치고 있는 국제정치 변수가 작용하고 있기 때문이라고 본다. 중국의 부상은 동아시아 질서 전반에 영향을 미쳤고, 구조적 현실주의라는 국제정치의 소용돌이 속에서 역내 정책입안자들의 선택지는 좁아질 수밖에 없는 결과를 초래한 것이다.

　이런 맥락에서 2012년 중일 간 조어도(釣魚島, 일명 센카쿠열도/尖閣列島) 영유권 분쟁에 대한 고찰이 중요해진다. 장기적 경제침체 속에서 갈수록 보수화 성향을 보이고 있는 일본이 2012년 조어도 '국유화' 절차를 추진했고, 이에 중국이 이례적으로 강도 높은 대응을 보였다. 외부에서는 일본의 보수화 추세를 우려하면서도 무엇보다 중국의 외부대응이 '공세적'으로 전환되고 있음에 높은 관심을 가졌다. 그러나 2012년에 불거진 중일 조어도 분쟁도 바로 앞에서 제시된 국제정치 맥락에서 이해될 필요가 있다. 중국의 대외인식의 변화, 중국부상에 대한 주변국 불안감 증대와 미국 대외전략 전환 등 다양한 변수들이 복합적으로 작용하는 결과라고 볼 수 있는 것이다. 특히 여기서 중국의 강도 높은 대응은 단지 일차성적인 것이 아닌, 구조적 성격을 띠고 있다는 점에 유의할 필요가 있다. 다시 말해서 중국은 국가 부상에 따라 해외이익이 증대되면서 기존 대외정책기조가 변화하고 있고, 진일보로 주변 환경을 어떻게 '경영'(經營)할 것인가라는 문제를 고민하고 있다. 따라서 이번의 조어도 분쟁에서 나타낸 중국의 분쟁 대응은 추후 반복적으로 나타날 수 있는 주변국 간 갈등사안들에서 비슷한 패턴을 보일 가능성이 높다.

이러한 점들을 고려하여 이 연구는 조어도 분쟁에 대한 보다 정확한 분석을 위해서는 국가적 상황 및 양자 간 역동적 관계를 파악해야 할 뿐만 아니라, 국제체제의 수준에서 갈등의 본질을 파악할 필요가 있다고 본다. 즉 역내 주요 국가들 간의 상호인식 및 작용, 또는 국가 간 역동 관계를 함께 고려하여 조어도 분쟁을 분석함으로써 현재 동시다발적으로 발생하고 있는 중국과 주변국 간의 영토(해양) 갈등사안들에 대한 중국의 대응양식을 파악하고자 한다. 보다 구체적으로 중국은 왜 조어도 문제에 대해 강경해지고 있는가? 중국의 '강경태도'를 응당 어떻게 평가해야 할 것인가? 주변국과의 갈등사안에 대한 중국의 대응은 어떤 패턴을 보이고 있는가? 역내 갈등과 분쟁의 해소를 위해서 역내 국가들은 어떠한 노력을 해야 할 것인가 등의 문제들에 대해 논의하고자 한다.

이러한 문제에 대한 해답을 얻기 위해 이 연구는 우선 중일 조어도 분쟁의 주요 쟁점과 해법의 한계를 밝혀냄으로써 중국이 고강도 대응을 선택하게 된 원인을 밝혀내고자 한다. 둘째, 2012년 일본 조어도 '국유화' 조치의 배경과 중·일 갈등 기본 양상을 분석함으로써 도서분쟁에서 중국이 취하고 있는 대응전략에 대해 구체적으로 평가하고자 한다. 셋째, 금융위기 이후 동아시아 질서 변화라는 차원에서 조어도 분쟁이 갖는 국제정치적 함의와 중국의 대응 특징의 변화에 대해 분석하고자 한다. 궁극적으로 중·일 도서분쟁을 통해 중국 주변국 정책 변화와 갈등사안 관리패턴의 주요 특징을 파악하고 동아시아 협력적 질서 재구성을 위한 필자의 소견을 추론적으로 제시하고자 한다.

2. 조어도 분쟁의 배경: 주요쟁점과 해법의 한계

중·일 양국 간에 조어도 문제라는 분쟁사안이 수면에 노정되면서부터 오늘에 이르기까지 이미 근 40년이라는 세월이 흘렀다. 물론 그동안 중일 양국 모두 조어도는 본국의 '고유의 영토'라는 주장을 지속해왔다. 그러나 분쟁사안 해결의 방식에 있어서는 서로 다른 입장을 취했다. 즉 중국은 '분쟁 유보, 공동개발'이라는 입장을 유지한 반면,28) 일본은 조어도 분쟁 자체를 부정하고 지속적으로 '실효적 지배' 강화를 위한 일련의 조치들을 취함으로써 양국 간 대립도 날로 첨예해지기 시작했다. 따라서 이 부분에서는 중국이 왜 최근 들어 조어도 문제에 대해 갈수록 강경해지고 있는가라는 문제에 대한 해답을 얻기 위해 우선적으로 중·일 간 조어도 분쟁의 쟁점 및 실질에 대해 파악하고자 한다.

1) 조어도의 전략적 가치

조어열도(釣魚列島)는 북위 25°~26°40', 동경 123°~124°34' 사이에 위치해 있으며, 조어도를 주도(主島)로 모두 8개의 무인도로 구성되어 있다. 중국 대륙 원저우시(溫州市)로부터 약 356km, 대만 지룽시(基隆市)로부터는 190km 떨어져 있다. 특히 조어열도(이하 '조어도')는 특유의 지정학적 위치와 풍부한 자연자원으로 인해 동

---

28) 물론 중국도 이에 대해서는 "주권은 중국에 귀속된다"(主权在我)는 점을 기본 전제로 하고 있다. 그러나 국가 간 영유권 갈등에 착안하여 갈등사안 유보를 전제로 공동개발을 우선시할 것을 강조해왔다.

아시아 역내 주요국들의 관심을 많이 받아온 지역이다.

첫째, 조어도가 위치한 중국 동해수역은 풍부한 해저자원이 매장되어 있다. 1968년 아시아극동경제위원회(Economic Commission for Asia and Far East)가 주도로 아시아 근해지역 광물자원 공동탐사가 진행되면서 조어도 인근 해역에 '제2의 중동'으로 불릴 만큼의 풍부한 석유자원, 그리고 금·은 등 기타 광물자원이 매장되어 있다는 조사결과가 공표되었다. 따라서 해외자원 의존성이 가장 높은 섬나라 일본이나 세계 최대 에너지 소비국인 중국은 동 지역에 대해 특별한 관심을 가질 수밖에 없는 것이다.

둘째, 동 지역이 갖고 있는 특유의 지정학적 가치이다. 조어도 해역은 중국이 태평양으로 진출할 수 있는 중요 관문으로 서쪽 유라시아대륙과 동쪽 태평양지대를 연결하려면 일본열도와 대만 사이에 놓여 있는 조어도 해역을 필히 거쳐야 한다. 환언하면 중국의 경우 제1도련을 넘어 제2도련으로 해양영역을 넓힐 수 있는 전략요충지라 할 수 있는 것이다. 이에 반해 일본의 경우 조어도에 대한 실질적 통제는 중국의 해양확장을 견제하고, 향후 발생가능한 중국과 대만 유사사태에 민첩하게 대응할 수 있는 등 전략적 우위를 점할 수 있다는 점에서 전략적 가치를 지니게 된다.

셋째, 조어도 주권 귀속 문제는 역시 분쟁 중에 놓여 있는 중일 양국 해양경계 및 대륙붕 경계 획정에도 직접적인 영향을 미칠 수 있다. 만약 일본이 주권을 절취(竊取)한다 할 경우 조어열도 주변해역 20만㎢ 수역이 배타적 경제수역으로 추가 획정될 가능성이 있으며, 이러할 경우 중국은 동 해역에서의 과학탐사, 자원개발뿐만 아니라 동 해역에서의 군사적 활동도 제한을 받게 된다.

2) 조어도 영유권 갈등의 쟁점

앞에서 제시되다시피 조어도는 지정학적 차원에서 중요한 가치를 지니고 있기 때문에 영유권을 둘러싼 중·일 양국 간 입장은 결연할 수밖에 없다. 특히 역사적 권원이나 국제조약의 측면에서 양국 간의 입장차이가 현저하게 존재하면서 이는 분쟁의 해결을 갈수록 어렵게 만들고 있다. 이 부분에서는 역사적 권원, 샌프란시스코 조약, 그리고 국제법적 시각에서의 '무주지 선점'의 문제 등 주요 쟁점들을 중심으로 양국 간 입장차이를 밝히고자 한다.

첫째, 역사적 권원에 관한 문제이다. 우선 중국의 시각에서 보면 조어도는 일본 제국주의 침략에 의한 강제적 할양이다. 예컨대 명나라 『순풍상송』(順風相送, 1403) 등 대량 역사적 문헌이 증명하듯이 조어도는 명나라 때부터 중국의 실질적 관할권 내에 있었고, 일본은 갑오전쟁 직후 청일 마관불평등조약 체결 직전인 1895년 1월 14일 조어도를 절취(窃取)했다는 것이다. 즉 조어도는 마관조약(馬關條約, 일명 시모노세키조약)에 의해 타이완(臺灣)·팽호열도(澎湖列島)와 함께 일본에 강제 할양된 것으로 보고 있다. 현재 중국 학계는 조어도 역사적 권원에 관해서는 중국 고서뿐만 아니라 일본 자료들도 이를 입증하고 있다고 주장하고 있다. 이에 반해 조어도는 강제 할양된 것이 아니며 1884년 일본이 최초로 발견하고 다년간 탐측을 거쳐 '무주지'임을 확인한 상황에서 1895년 1월 14일 일본영토로 공식 복속시켰다는 것이 이른바 일본의 입장이다. 일본은 당시 마관조약을 통해 침점한 대만열도에는 조어도가 포함되지 않았으며 따라서 갑오전쟁에 의한 강제적 할양이라 할 수 없다고 주장한다.

둘째, 샌프란시스코조약에 대해서도 중·일 양국 간에는 근본적인 입장차이가 존재한다. 우선 일본의 주장은 다음과 같다. 1951년 '샌프란시스코강화조약'에 따라 조어도는 미국의 신탁통치 범주에 속해 있었으나 1971년 6월 17일 '오키나와 반환협정'(Okinaw Reversion Treaty)에 따라 1972년 5월 15일부터 조어도도 류구열도(流球列島)의 일부로서 일본에 귀속되었으며, 이에 대해 그동안 중국은 아무런 이의를 제기하지 않았다는 것이다. 따라서 조어도는 중일 간 영유권 분쟁 대상이 아니라고 주장한다. 이에 반해 중국은 역사적 자료에 근거할 경우 조어도는 본디 대만열도에 속했으며 결코 류구열도 36개 도서 내에 존재하지 않았다고 주장한다. 이에 따라 1943년 '카이로선언', 1945년 '포츠담공고'에 근거하여 일본은 만주(滿洲), 대만(臺灣), 팽호열도(膨湖列島) 등의 지역과 마찬가지로 응당 조어도를 중국에 반환해야 한다는 것이다.[29] 뿐만 아니라 중국의 영토는 미일 양자 간 협약(샌프란시스코 협약)으로 결정될 수 있는 사항이 아니며[30] 이에 대해 중국은 동 협약 체결 초기부터 이미 강력한 항의를 제기한 바 있다고 주장한다.[31] 이에 미국은 '샌프란시스코협약'을 통해 일본에 이관된 것은 조어도에 대한 시정권(施政權)일 뿐 영유권이 아니며 양국(중일) 간 영유권 분쟁은 양국이 협

---

29) 高兴伟·潘忠歧, 「钓鱼岛主权之争的三个国际法问题」, 『辽宁大学学报(哲学社会科学版)』, 2012年 第2期.

30) 吴辉, 「从国际法论中日钓鱼岛争端及其绝决前景」, 『中国边疆史地研究』, 2001年 第1期.

31) 당시 중국 외교부장 저우언라이는 "만약 중화인민공화국이 참여하지 않는 상황이라면, 그 내용이나 결과가 어떻든 중국 정부는 이를 불법적인 것으로 간주할 것이며, 따라서 동 협약은 무효"라고 주장한 바 있다.

상을 통해 해결하길 바란다는 입장을 유지해왔다.

셋째, 국제법에 의한 조어도 귀속문제, 즉 '무주지 선점'에 대한 시각차이다. 국제법상 무주지(terra nullius)는 특정국가의 영유에 속하지 않는 토지이고, 사람이 거주하지 않는 지역을 지칭한다. 선점의 요건으로는 첫째, 점유의사의 표명, 둘째, 실효적 점유가 포함되어 있다. 특히 무인도를 발견할 경우 자국의 국기를 계양하는 등의 상징적인 영토편입행위가 있어야 선점이 유효한 것으로 본다. 일본은 조어도가 본디 무주지였음이 분명하며 1895년 1월 14일 일본이 각의 결의를 통해 선점(occupation)32)하였으며, 1896년 민간인에 대여하여 깃털 채취 등의 사업이 전개되면서부터 현재까지 일본이 실효적 점유를 하고 있었기에 국제법상으로도 조어도는 일본의 영토임이 분명하다고 주장하고 있다. 이에 대한 중국의 주장은 다음과 같다. ① 점유의사 표명의 문제에 있어서 일본 메이지(明治) 정부의 각의 결정이 비밀리에 진행되어 공표되지도 않았고, 영토 편입의 칙령 자체도 공시되지 않는 등 상징적인 영토편입행위가 존재하지 않았다는 것이다. ② 실효적 점유의 차원에 있어서 국제법상 시제법(時際法, Intertemporal Law)에 근거할 경우 14세기 중국이 이미 조어열도를 발견하여 '발견'에 의한 미성숙의 권원(inchoate title)이 인정받을 수 있으며, 명청(明淸)시기에 이미 무인도인 동 지역을 해상방어지역과 행정관할 범위에 넣었기에 국제법적으로 무주지라 할 수 없으며, 응당 중국이 유효선점 했다는 것이다.33)

---

32) 선점은 귀속미정의 지역에 대해 특정국가가 지배권을 취득하게 되는 것, 즉 점령을 말한다. 선점의 효력은 국가가 영유의사를 가지고, 무주지에 대해 실효적 점유가 있을 때 발생한다. 이에 관련해서는 이정태, "조어도 분쟁에서 '무주지 선점론'과 '역사적 주권론'", 『국제정치연구』, 제14집 1호, 2011, p.260.

요약하면 일본은 조어도에 대한 '실효지배'를 우세로 '무주지 선점론'을 주장하고 있으며, 중국은 발견과 유효점유에 근거한 '역사주권론'을 주장하고 있다. 문제는 일본이 '실효지배'를 하고 있다는 점에서 국제판례의 원칙에서 중국에 상당히 불리하게 작용할 수 있다는 것이다.[34]

3) 분쟁의 해법과 한계

국제분쟁의 해결방식은 일반적으로 평화적 해결방식과 비평화적 (무력) 해결방식 두 가지로 대분될 수 있다. 또한 평화적 해결방식은 정치·외교적 협상을 통한 해결방식과 국제법에 따른 해결방식 등 두 가지로 세분될 수 있다. 그러나 다양한 분쟁해결 방식에도 불구하고 조어도 분쟁의 해결 방식은 현실적 유용성의 문제, 양국 각각의 역사·문화적 특성, 전략적 의도, 국제사회에 대한 이해 등의 차이로 인해 본질적 한계에 직면해 있다고 볼 수 있다.

(1) 무력을 통한 조어도 분쟁 해결의 가능성과 한계

무력을 통한 조어도 분쟁 해결은 기타 평화적 조치로 분쟁이 해결되지 않는다고 판단할 때 사용될 수 있는 최후 수단이라 할 수 있다. 그러나 이럴 경우에도 중·일 양 대국은 무엇보다 무력 사용에 대한 국제적 정당성을 확보해야 한다는 문제를 안고 있다. '유엔

---

33) 刘江永, 「论中日钓鱼岛主权争议问题」, 『太平洋学报』, 2011年 第3期, pp.81~82.
34) 이정태, 앞의 논문, p.255.

헌장'의 경우, 비록 무력사용 금지는 국제관계 속에서 모든 회원국이 필히 준수해야 할 의무로 규정하고 있지만, 동시에 그 예외적 조항도 함께 포함하고 있다. 주로 국가 자위권 발동, 또는 안보리에 의한 무력 사용 권한 부여 등이 바로 그것이다. 따라서 상기 예외 사항에 부합될 경우 무력 사용의 정당성을 부여받을 수 있다. 우선 안보리에 의한 권한부여의 경우를 놓고 볼 때, 국제법적으로 안보리는 오로지 지역평화가 위협을 받거나 특정 국가에 침략행위가 발생할 경우 이를 저지시키기 위한 방책으로 모든 회원국들에 구속력 있는 결의를 내릴 수 있다. 하지만 조어도 분쟁은 국제평화나 안보에 직접적 영향을 미치는 사안이라기보다는 중·일 양자 간 문제의 성격을 띠고 있기 때문에 동 조건이 충족될 가능성이 낮다.[35] 특히 조어도에 대한 일본의 '실효적 지배'가 자국이익에 보다 유리하다고 생각하고 있는 미국은 중국의 무력사용에 찬성표를 던질 가능성이 아주 낮다는 것이 보다 결정적이다.

이에 반해 자위권 행사는 중국에 있어 가능성이 상대적으로 높은 경우라 할 수 있다. 즉 '유엔헌장' 제51조는 "이 헌장의 어떠한 규정도 유엔회원국에 대하여 무력공격이 발생한 경우에는 안전보장이사회가 국제적 평화와 안전의 유지에 필요한 조치를 취하는 동안 개별적 또는 집단적 자위의 고유한 권리를 저해하지 않는다. 이 자위권의 행사에 있어 회원국이 취한 조치는 즉시 안전보장이사회에 보고하여야 한다"고 규정하고 있다. 특히 자위권 행사의 첫 번째 조건은 "필히 무력적 공격을 받았을 때를 전제"로 규정하고

---

35) 王秀英, 「中日釣魚島爭端解決方法探析」, 『中國海洋大學學報』, 2011年 第2期, p.32

있다. 이런 맥락에서 볼 때 중국은 중국이 이미 조어도를 중국의 영토라고 분명히 했음에도 불구하고 일본이 1970년대부터 조어도 및 주변해역에 대해 군사적 통제를 해왔고, 해양경찰이 주변해역에서 활동하고 있는 중국어민과 조어도 보호단체들에 무력행사를 감행함으로써 인명피해도 발생한 상황에서 이러한 군사적 통제와 봉쇄행위를 일종 무력적 공격으로 판단할 수 있다는 것이다.[36] 이런 맥락에서 중국은 현재 무력사용의 가능성을 열어두고 있다. 예컨대 중국 군사전문가 펑꽝첸(彭光謙)은 중일양국 무력충돌의 레드라인은 일본자위대 중국 (조어도) 영해 진입이라고 못 박은 것도 바로 이러한 이유에서이다.[37] 그러나 이론적으로는 무력 사용이 가능하더라도 양국은 실질적으로 무력충돌이 초래할 수 있은 일련의 문제들을 고려해야 한다는 보다 합리적인 판단을 하고 있는 것도 사실이다. 첫째, 중국이 그동안 지켜왔던 영토분쟁 해결방식의 기본원칙과 배치된다는 것이다. 다시 말해서 영토분쟁문제와 관련하여 중국은 1970년대부터 줄곧 '분쟁유보, 공동개발'(搁置爭议,共同开发)이라는 정책기조를 유지해왔기 때문에 극단적 조치로 영토문제를 해결할 경우 설령 분쟁에서 승자가 된다하더라도 '책임대국'으로서의 중국의 국제이미지에 부정적 영향을 미칠 것이라는 판단을 갖고 있다. 둘째, 양국 모두 민족주의 사조가 고조되고 있는 상황에서 국지적 충돌은 양국 간 전면충돌로 확대될 가능성이 높다. 특히 지경학적 측면에서 중일양국은 아태지역 주요 경제대국으로 무력

---

36) 苏晓宏, 「大国为什么不喜欢国际司法」, 『中国海洋法学评论』, 2006年 第1期, pp.57~58.

37) 鳳凰網, "解放军少将: 动武底线是日本自卫队进入钓鱼岛", http://news.ifeng.com/mainland/special/diaoyudaozhengduan/content-3/detail_2012_09/15/17632111_0.shtml(검색일 2012.9.15.)

충돌이 발생할 경우 양국을 포함한 아태지역 경제발전 전체에 심대한 타격을 줄 수 있다. 셋째, 현재 조어도 문제에 대해 줄곧 모호한 입장을 취하고 있는 미국의 개입가능성도 중국이 충분히 고려해야 할 바라고 중국은 보고 있다. 마지막으로 중국이 전패(戰敗)한다고 가정할 경우 조어도 일본 복속은 물론, 태평양 진출의 관문이 봉쇄되는 것이므로 이는 중국의 시각에서 수용될 수 없는 부분이기도 하다.[38]

(2) 국제사법재판을 통한 분쟁해결의 한계

국제사법재판을 통한 문제해결은 국가의 역량비교와는 상관없이 국제법 또는 국제재판소 판례들을 근거로 분쟁을 해결할 수 있다는 측면에서 나름대로의 유용성을 갖고 있다. 판정결과는 당사국들에 법적 구속력을 갖게 될 뿐만 아니라 승소국에 법적 정당성을 부여한다는 점에서 평화적 방식으로 국제분쟁사안을 해결할 수 있는 중요 수단이기도 하다. 그러나 현실적으로 조어도 문제의 경우 국제사법재판소를 통해 분쟁을 해결할 수 있는 가능성이 낮다는 것이 중국학자들의 일반적인 견해이다. 왜냐하면 이러한 해결방식은 무엇보다 당사자인 중일 양국의 공통된 동의를 얻어내야 하는 데 조어도에 대해 '실효적 지배'를 하고 있는 일본의 경우 이러한 '기득권'을 포기할 가능성이 상당히 낮기 때문이다. 일부학자들은 국제재판에 대해서는 다음과 같은 소극적 인식을 갖고 있다.[39] 첫째,

---

38) 王秀英, 앞의 논문, pp.30~31.
39) 王秀英, 위의 논문, pp.31~33.

지난 세기 서구적 국제질서 속에서 '불평등 조약'에 의해 수많은 영토를 상실한 역사적 기억으로 인해 중국학자들 속에서 국제법에 대한 강한 불신감이 존재한다는 것이다. 둘째, 중국문화는 서구와는 상이한 사고체계, 언어·문자 등 문화특성을 갖고 있기 때문에 재판과정에서 결정적 증거로 작용할 수 있는 중국 고서(古書)들이 서구학자들에 의해 해독 불가 또는 왜곡될 가능성이 존재하기 때문에 재판과정에서 불리하게 작용할 가능성이 높다. 셋째, 중국-대만 분열상태가 법적 해결에 미치는 부정적 영향도 고려되고 있다. 국제사회에서 중국 중앙정부가 유일 합법정부이고 대만은 중국의 일부분으로 인정받고 있기 때문에 대만당국이 직접 당사자로 나서기 어렵다는 점이다. 그렇다고 대만당국도 자신이 중국의 일부분임을 인정하고 국제재판에 임할 가능성도 낮다.

요컨대 역사적·문화적 측면과 중국 분열상태 등 국면들에 의해 중국은 현재 국제재판에 대해 소극적 태도를 취하고 있다.40) 양자적 측면에서는 '현실적 지배'를 하고 있는 일본이 동의할 가능성이 낮다는 판단과, 설령 국제재판결과가 나온다 하더라도 민족주의가 점철된 양국 국민 사이에서 이를 수용할 가능성이 지극히 낮다는 점도 함께 작용하고 있는 것으로 보인다.

(3) 대화와 협상을 통한 정치적 해결의 딜레마

무력을 사용한 강제적 방식이나 국제사법재판을 통한 해결이 본

---

40) 宋玉祥, 「中日钓鱼岛争端的解决方式问题」, 『中国海洋法学评论』, 2006年 第1期, p.57~58; 王秀英, 앞의 논문, pp.310~31.

질적 한계를 띠고 있는 상황에서 중국은 현재까지 줄곧 대화와 협상, 즉 정치적 방식을 통한 평화적 해결을 선호해왔다. 그러나 비록 중국은 1970년대, 이른바 분쟁이 노정된 초기부터 '분쟁 유보, 공동개발'의 원칙을 제시해왔지만, 일본은 이러한 원칙에 동조하는 듯한 제스처를 취하면서도 실질적으로 조어도 '실효지배'를 위한 조치들을 지속적으로 강구해왔다. 이에 따라 중국 내부에서는 중국은 '분쟁 유보' 입장을 고수하고 있는 반면, 상대국들은 분쟁지역에 대해 실질적인 실효조치를 강화하고 있다는 시각이 대두되면서 '분쟁 유보, 공동개발' 원칙이 흔들리기 시작했다.

앞에서도 제시되었듯이 조어도 갈등은 1971년 미일 양국 '오키나와 반환협정' 체결이 시발점이 되었다고 할 수 있다.[41] 그러나 국제 고립국면 타개라는 1970년대 국제상황의 수요에 따라 중일 양국은 조어도 갈등에 대해서 '분쟁 유보, 공동개발'의 방향으로 정책을 선회하게 된다. 1971년 '오키나와협정'에 중국 고유영토인 조어도도 포함되자 중국은 동년 9월 30일 "미일 양국이 오키나와를 귀환하는 협정에서 우리나라(중국) 조어도 등 도서를 포함시킨 것은 완전한 불법이며, 이러한 협정은 중화인민공화국의 조어도 등 도서들에 대한 영토주권을 추호도 개변시킬 수 없을 것"이라고 강력히 반발했다. 이에 1972년 3월 8일 일본 외부성도 "센카쿠 열도 영유권 문제에 관한 기본견해"를 발표하여 조어도는 일본영토라 주장하면서

---

41) 일부에서는 1960년대 말 조어도 해역의 방대한 자원발견이야말로 분쟁의 근원이 되었다고 보면서 그 이전까지 중국은 조어도 영유권 주장을 하지 않았다고 보고 있다. 그러나 일제 강점기 중국은 조어도 영유권 주장을 할 상황이 아니었고, 제2차 대전 후기 '얄타회의'·'포츠담선언'은 인정, 1951년 '샌프란시스코조약' 반대 등 조어도 영유권에 대한 일관된 태도를 보여 왔다. 그럼에도 불구하고 '오키나와 반환협정'에서 미국이 조어도를 일본에 이관하면서 중국의 반발이 노정되었다고 볼 수 있는 것이다.

양국 간 분쟁이 시작되었다. 그러나 유의할 점은 조어도 갈등이 발발된 시점으로 볼 때 이 시기는 미국특사 키신저(1970)와 닉슨 대통령 방중(1972)을 계기로 중미관계가 완화모드에 들어서던 시대를 배경으로 하고 있었고, 이에 일본도 급기야 중일수교를 적극 추진하던 시기였다는 것이다. 중국 국무총리 저우언라이(周恩來) 총리는 일본대표와의 회담에서 "조어도 문제는 거론될(涉及) 필요가 없다. (중일)수교라는 큰 문제와 비교하면 (조어도문제)는 문제라고 보기도 어렵다"42)는 발언을 하게 되었고, 이에 따라 양국정부는 외교정상화에 우선적 목표를 두고 조어도 분쟁 유보에 암묵적인 공감대를 형성했다.43) 특히 중국 정부가 당시 조어도 문제를 강조하지 않은 이유는 다음의 몇 가지를 배경으로 하고 있다고 볼 수 있을 것이다. 첫째, 이 시점은 중·소 양국 갈등이 심화되면서(예: 1969년 진보도 군사충돌) 중국이 소·미 양 대국 사이에서 국제적 고립상태에 빠져 있었던 시점이다. 특히 소련군이 중소변경에 집결하는 상황에서 외교적 고립국면을 타개하는 것이 중국으로서는 가장 절박한 사안으로 제시되었다. 둘째, 신 중국 수립이후 소련, 몽골, 조선(북한), 베트남, 인도 등 거의 모든 주변국들과 영토 계선 획정문제로 논쟁 중에 있었다는 것이다. 따라서 굳이 영토분쟁에 일일이 매달릴 경우 국제관계를 개선하기는 상당히 어려운 상황이었다. 그 외에도 전통적 대륙국가로서의 중국의 해양인식이 아직 성숙되지 못한 것도 이에 영향을 미쳤다고 볼 수 있을 것이다.

---

42) 財團法人霞山會, 『日中關係基本資料集』, 1998年 9月, p.416.

43) 일본 외상 大平正芳도 자민당 총무회의에서 "수상은 중국에서 일주일 동안 체류하면서 영토문제를 언급하지 않았다. 중일 쌍방은 모두 영토문제를 언급하지 않았다. 나는 이를 정확한 판단이라고 본다"고 발언했다. ≪産經新聞≫, 1978.4.15.

이런 상황에서 형성된 '분쟁유보' 입장은 개혁개방 이후 점차 '분쟁유보, 공동개발'로 진화되어 분쟁 해결의 기본원칙으로 정착되기 시작했다. 중미 수교 및 11기 3중전회(개혁개방)를 앞두고 있던 상황에서 1978년 등소평(鄧小平)은 중일평화우호조약(中日和平友好条约) 담판단계에서 "조어도 분쟁은 20, 30년 유보해둠으로써 보다 총명한 우리의 후대들이 해결하길 바란다"는 등 '분쟁유보'의 취지로 발언을 했고, 1990년에는 일본에 "조어도 주변해역을 공동개발"할 것을 제안했다. 그 이후에도 중국 정부는 이러한 원칙하에 지속적으로 조어도 분쟁을 유보하고 적극적으로 현실 가능한 공동개발 계획을 연구해야 한다는 입장을 표명해왔다. 이런 맥락에서 2008년 5월 후진타오(胡錦濤)의 방일을 계기로 양국은 중국 동해 유전 공동개발에 관한 협의도 맺게 된다. 그러나 일본은 중국의 '분쟁유보, 공동개발' 원칙에 대해 줄곧 적극적인 태도를 보이지 않아왔다. 현실적으로 일본은 겉으로는 조어도문제가 중일 갈등 분출의 소지가 있다고 주장하면서 민간단체 관련 활동을 자제시키는 태도를 보였으나, 실질적으로는 '실효지배'의 우세를 빌어 보수단체의 활동을 빌미로 지속적으로 조어도 주권 확보를 위한 노력을 진행해왔다(<표 4> 참조).

<표 4> 일본의 조어도 침식(侵蝕) 일지

연도	주요 조치
1971	오키나와 반환협정, 조어도 시정권 일본으로 귀속 표명
1972	조어도 시정권 일본에 귀속, 방공식별권 범위 지정
1978	'일본청년사' 등대 설치, 정부 불가방침, 사실상 묵인
1979	우익단체 헬기장 건설

1988	일본청년우익단체 등대 수건, 정부 불가방침, 사실상 묵인
1990	일본해상보안청 등대 공식항표(航標)로 인정
1996	200해리 EEZ, 영개기선 일방적 공표, '센카쿠 주권' 재천명, '분쟁유보 원칙' 거부
2002	우익단체 헬기장 수건
2002	조어도 공식임대 발표, 私的 登島 이유, 2003년부터 임대 형식으로 정부가 직접 관리
2005	조어도 불법 등대 '국유화', 해상보안청서 관리
2005	일본국민 18명 조어도 호적 등록
2010.8.	주변 해역 25개 이도(離島) '국유화' 조치 선포, 25개 섬을 거점으로 주변해역 '보호구'로 설정
2010.9.	일본 해경 중국어선 충돌, 선장 구속
2012	일본 정부 조어도 '국유화'

출처: 『钓鱼岛争端溯源』, (网易: http://news.163.com/special/dvdsv/) 참조 및 재정리(검색일: 2012년 12월).

　　따라서 앞에서도 제시되었듯이 조어도를 '실효지배'하고 있는 일본이 해당지역에 대한 지배 시한이 길어질수록 '현상승인의 원칙'이나 실효지배의 우선권을 충족하는 등 국제판례의 원칙이 작용될 수 있다는 점에서 중국 내에서 '분쟁유보'도 시간표가 필요하다는 목소리가 제기되기 시작했다.[44]

3. 2012년 조어도 분쟁: 중국의 대응패턴의 변화

　　일본 정부는 2012년 7월 7일, 즉 일제 중국침략의 징표인 '7·7 로구교사변'(卢沟桥事变) 발생한 지 75주년이 되는 날 조어도 '국유화' 계획을 발표하고, '9·18사변' 기념일 직전인 9월 11일 조어도 매입을 실행에로 옮기는 등 미성숙한 외교행태를 보였다. 이는

---

44) 王玫黎·宋秋婵, 「論新形勢下釣魚島爭端的解決策略: 以法律手段爲視覺」, 『西南政法大學學報』, 2011年 第4期.

중국 정부의 강력한 반발뿐만 아니라 중국 내 민중의 반일정서를 극도로 자극했다. 이에 따라 양국은 조어도 영유권 문제를 둘러싸고 '강-강' 국면에 들어섰으며, 갈등양상은 기존의 정치적 대응이라는 차원을 넘어 경제, 사회 내지는 민간 영역으로까지 확대되었다.

1) 2012년 중일 조어도 분쟁의 배경

사실 2008년 후진타오 중국 국가주석의 방일을 계기로 양국은 이른바 '전략적 호혜관계'의 추진에 합의했고, 또한 2009년 일본 민주당 하토야마(鳩山由紀夫) 내각이 출범하면서 중일관계는 한동안 긍정적으로 평가된 바 있다. 그러나 2009년 12월 미국의 '아태 귀환' 선언과 함께 2010년 천안함 사건을 계기로 중미 양국 간 대경합이 개시되면서 일본 민주당 간 나오토(菅直人) 내각(2010년 6월 출범)은 대외정책을 미일동맹 강화로 선회하기 시작했다. 즉 2012년 조어도 분쟁을 이해하기 위해서는 간 나오토 집권 이후 전개된 일본 일련의 대외정책 변화에 주목할 필요가 있다고 본다.

2010년 8월 일본 정부는 배타적 경제수역(EEZ) 내 25개 이도(離島) '국유화' 조치를 선포하면서 향후 인공위성·레이더·비행기 및 순찰선 등을 통해 (중국의 조어도, 한국의 독도를 포함한) 이도 및 주변해역들에 대한 경계와 감시를 강화할 것이라 표명했다. 이 와중에 2010년 9월 7일 '중국어선 충돌사건'이 발생하게 된다. 중일분쟁 지역인 조어도 부속도서 황미서(黃尾嶼) 서북 12해리 지역에서 조업 중이던 중국어선 '민진위(閩晉漁) 5179'호가 일본 해상보안청

순시선과 충돌했고 일본은 '조기석방'이라는 관례를 깨고[45] 공무집행방해로 국내법에 따라 사법조치 할 것이라는 등 강경한 입장으로 대응했다. 이에 대해 중국은 '현상유지' 변경의도로 간주하고, 조어도는 중국 고유의 영토라는 주장을 재천명함과 동시에 동 해역에서의 공무선 순찰 강화, 각료급 인사 왕래를 비롯한 인적교류 중지 등 다차원적 강경조치를 취하게 된다. 일본 정부는 비록 18일 만에 중국선장을 석방했지만 이미 중국 국민들의 반일정서를 고조시켰고, 또한 국내적으로도 '굴욕외교'라고 비난을 받는 등 사면초가 상태에 빠지게 되었다.

그 이후, 즉 2010년 12월 일본 안전보장회의 및 내각회의에서 통과된 '2010년 신국방계획방위대강'은 처음으로 중국의 군사동향을 "지역과 국제사회가 우려할 사항"이라고 지적하고, 규슈·오키나와 육상자위대 증강배치, 도서방위에 즉시 대응할 수 있는 기동력 강화 등 내용을 담으면서 '대중방위전략'의 성격을 강하게 띠었다는 평가를 받게 된다.

이러한 맥락에서 2012년 2월 일본 정부가 조어도열도 4개의 부속도서 명명작업의 진행을 계기로 중국이 맞대응(tit for tat) 전략을 구사하면서 중일 양국은 본격적인 도서분쟁으로 재진입하게 된 것이다(<표 5> 참조). 2012년 말 현재까지 조어도 분쟁은 현재진행형이라 할 수 있다. 일본 정부는 지속적으로 "센카쿠문제는 분쟁사

---

45) 1997년 『중일어업협정』과 관련 문서에 따르면, 분쟁수역 어업활동에 있어서 잠정조치수역은 중일어업공동위원회가 관리하고, 일국 관할권 내 수역의 경우는 담보 조치 이후 '신속 석방'해야 하며, 잠정조치수역이 아닐 경우에도 양국은 "본국 어업 법률을 동 해역에 적용할 수 없음을 확인한다"고 규정하고 있다. 동 사건과 관련된 법적 분쟁 소지에 관해서는 羅歡欣, 「論9·7 釣魚島事件中的國家責任問題」, 『政法學刊』, 2010年 第6期 참조.

안이 아니며", "일본의 고유영토" 입장을 유지하고 있고 이에 반해 중국 정부는 조어도는 중국의 고유영토이며 이에 따라 일본에 동지역이 중일 양국의 분쟁지역임을 인정할 것을 강력히 요구하고 있다.

<표 5> 2012년 중일 조어도 분쟁 주요 일지(2012.2.~9.)

연도	일본의 대응	중국의 대응
2월	국회의원 登島	
3월	조어도 4개 부속도서 명명	중국 어정선 조어도 인근수역서 공무집행
4.17.	동경도 지사(石原) 조어도 매입 망언	
6.26.	7명 국회의원 조어도 '고찰'	
7.7.	일본 정부 조어도 국유화계획 발표	(7.10.) 조어도 관련 미일 양자협의 원천 무효 재천명 (7.11.) 중국 어정선 조어도 인근수역 공무집행(대치), 중국 중국어정선 비정기 순항계획 발표
7.24.	일본 외상 조어도 '미일안보조약 범주' 재확인 '조어도' 국유화 프로세스 가동	중국 외교부 강력 항의
8.13.	일본 정부 국회의원 등도 신청 거부	(8.15.) 홍콩 保島단체 등도(충돌, 17일 강제송환)
8.19.	우익단체 10명 등도	
8.24.	노다 수상 '실효지배'를 '유효지배로 개칭46) 조어도 주권발언; 자위대 치안 관리 개입가능성 발언	(8.25.) 중국 강력 반발: 중국인민해방군 총참모부 강력 항의; 부참모장 방미, 주권의지 표명
8.28.	일본 부외상 방중, 일본 수상 친필서한 중에 송부	(8.28.) 중국 군부 주권의지 재표명
9.2.	동경도 25명 대표 조어도 해상조사 실시(정부 묵인)	중국 엄정대응 선언
9.9.	중일 정상회담	후진타오 일본에 사태 심각성 인식 요구
9.10.	일본 각료회의 조어도 '국유화' 결정	조어도 및 부속도서 영해기선 발표; 외교부 엄정성명 발표, 일본대사 초치; 조어도 및 부속도서 감시감측(監視監測) 상시화 발표

---

46) 실효지배는 영토분쟁 존재를 의미, '유효지배'는 고유영토를 의미.

9.11.	일본 각료 조어도 매입 협정 체결 일본 외무성 이주-대양주 국장 방중 일본 주중대사 교체 결정	농업부: 해감선 조어도 주변해역 도착 외교부: 일본 매입 철회 요구 국방부: 진일보된 조치 실행 권한 보류 상무부: 경제제재 가능성 배제하지 않음 엄포
9.12.	조어도 국유화 등기수속 완료 일본 유신회 설립	중국 내 다수 여행사 여일항목 연이어 중단; 민간, 관방 교류 급감; 중학교 교과서 조어도 내용 구체화 결정; 중국 해감선 조어도 영해 진입, 공무집행(14일)
9.16.	미 국방장관 파네타 방일; 미일동맹 강조, 영유권 분쟁 중립 표명, 평화적 해결 촉구	중국 내 반일시위 고조, 정부 자제촉구; 유엔에 동해 부분해역 200해리 대륙붕 계선 확정안 송부
9.18.	우익단체 2명 등도	중국어선 어로활동, 어정선 조어도 인근해역 활동; 중국 군함 2척 조어도 80해리 지역까지 접근 외교부관원: 중국은 담판과 협상을 통해 국제분쟁 해결 방식 유지 표명; 중·미 국방장관 회동; 시진핑: 중국은 평화 수호세력으로 패권국가가 아니며 분쟁의 평화적 해결 희망 발언
9.24.	외무성사무차관(특사) 방중	(23일)중일 수교 40주년 행사 연기 발표 (25일)『조어도는 중국의 고유영토』국방백서 발표; 중일 외무장관 회담, 중국 견정입장 표명

2) 중국 맞대응의 특징: 정당성·합리성·절제성
(有理, 有利, 有節)

<표 5>에서 보다시피 2012년 중일 조어도 분쟁에서 중국은 이례적인 강경태세를 보였다. 중앙 주요지도자들이 연이어 조어도에 대한 엄정입장을 표명했고, 이에 따라 외교부, 국방부, 상무부, 농업부 등 중요기관들이 합종연횡으로 총동원되어 일본의 '국유화'에 대응하고 나섰다. 특히 일본 조어도 '국유화' 조치 실행 직후 중국은 외교부의 엄정성명과 함께 조어도 및 부속도서 영해기선을 발표했고 동 지역에서의 공무선 활동 상시화, 각료급 및 민간교류 제한 등 다차원적인 대응태세를 보였다. 이런 맥락에서 중국의 강경

대응태세를 어떻게 볼 것인가라는 문제가 제기된다. 실질적으로 2012년 조어도 분쟁에서 중국은 주권수호 의지를 충분히 반영함과 동시에 대응전략은 "정당성, 합리성, 절제성"(有理, 有利, 有節)이라는 특징을 보여주었다고 평가할 수 있다. "有理, 有利, 有節"는 모택동이 항일전쟁을 위해 국공협력의 당위성에도 불구하고 국민당 군대의 공산당근거지에 대한 지속적인 교란을 어떻게 대처할 것인가를 위해 '항일통일전선에 있어서의 책략에 관하여'(目前抗日统一战线中的策略问题, 1940.3.)라는 문장을 통해 제시한 전략이다.[47] 구체적으로 다음과 같은 내용들이 담겨져 있다. 즉 정당성(有理)은 자위의 원칙, 상대방이 건드리지 않으면 나도 건드리지 않고 상대방이 건드리면 나도 반드시 철저하게 대응한다는 것이다. 합리성(有利)은 승리의 원칙, 즉 안 싸우면 몰라도 일단 싸우면 반드시 승리해야 하며 승산 없는 투쟁은 하지 않는다는 것, 절제성(有节)은 휴전의 원칙, 즉 승리에 현혹되어 무제한 싸우는 것이 아니라 적정한 수준에서 투쟁을 멈추고(适可而止) 새로운 전략을 구상해야 한다는 뜻이다. 요약하면 제한적 투쟁을 통해 궁극적으로는 협력을 도모하여야 한다는 의미가 담겨져 있다고 하겠다. 그렇다면 이러한 전략이 2012년 조어도 분쟁에서 어떻게 반영되었는가. 이에 관해서 다음의 세 가지 영역에서 구체적으로 살펴보고자 한다.

첫째, 분쟁 대응의 정당성(有理). 현재 중국은 조어도는 역사적 권원에서 보나 국제법적 시각에서 보나 중국의 고유영토라는 주장

---

47) "自卫原则: 人不犯我, 我不犯人, 人若犯我, 我必犯人; 胜利原则: 不斗则已, 斗则必胜, 决不可举行无计划无准备无把握的斗争; 休战原则: 在一个时期内把顽固派的进攻打退之后, 在他们没有举行新的进攻之前, 我们应该适可而止, 使这一斗争告一段落" 등의 내용으로 요약된다. 毛泽东, 『目前抗日统一战线中的策略问题』, 人民出版社, 1975年, pp.8~9.

에 관해서는 의문의 여지가 없다. 즉 조어도는 제국주의시대 일제의 대외팽창과정에서 강점되었고, 미일 간의 일방적 협약에 따라 미국이 넘겨준 시정권을 근거로 일본이 오늘까지 지배를 하고 있을 뿐이라는 것이다. 따라서 최근의 중일 조어도 갈등은 일본의 보수화에 따른 제국주의 야욕의 부활을 의미하며 중국은 이에 응당 강경하게 대응해야 한다는 인식이 고조되고 있다. 중국 내에서 진행된 한 차례 온라인 조사에 따르면 "일본의 조어도 도발에 중국은 어떻게 대응해야 할 것인가"라는 질문에 62.3%(126,030명)가 "군사적 개입으로 조어도를 보호해야 한다"고 응답했고, "해상집법역량의 개입을 통해 보호해야 한다"가 27.0%에 달함으로써 이 두 가지 견해가 전체의 89.3%를 차지했다.48) 환언하면 중국 국민들은 '남경대학살', '7·31부대' 인체실험 등 일제의 중국 침략이 중국을 반(半)식민지의 도탄 속에 빠지게 했던 장본인이라는 역사적 기억을 현재까지도 여전히 강하게 갖고 있다. 특히 중국은 일본이 이러한 역사적 사건들에 대한 반성이 없이 또다시 영토 침탈을 시도하고 있다는 인식이 팽배해지면서 반일정서의 고조 및 반일 시위의 근본 계기가 된 것이다. 이런 맥락에서 볼 경우, 중국 정부 차원에서의 조어도 영유권 주장은 오히려 사회적 압력으로부터 자유롭지 못한 측면이 있다. 한편 일본의 극우화가 부각되고 있는 상황에서 중국의 영유권 주장은 국제정치 차원에서도 정당성을 부여해주는 역할을 했다. 중국이 그동안 경제건설을 중심으로 협력적 취지에서 국제분쟁사안들에 대해 유보적인 입장을 취하고 공동개발을 주장

---

48) 戰略網: "中国应该怎么反制日本购岛闹剧?", http://www.chinaiiss.com/vote/307.html(검색일 2012.10.)

하는 등 유연한 태도를 줄곧 취해왔음에도 불구하고, 최근 들어 일본은 "분쟁소지 없음"으로 일관하고 오히려 다양한 방식을 통해 조어도 영유권 강화를 위한 일련의 강경조치들을 취해왔기 때문이다. 앞에서도 논의 되었듯이 중일수교 및 중일우호조약 체결과정 및 그 이후 전대 지도자들 간에 분쟁유보의 약속이 있었음에도 불구하고 최근 일본이 국가적 약속을 뒤집고 조어도 '국유화'를 실행한 것은 중국의 강력한 반발을 초래한 근본 원인이라 할 수 있는 것이다.

둘째, 조어도 분쟁 대응의 합리성(有利). 이번 분쟁에서 중국은 외교부, 국방부, 상무부, 농업부 등 중요 국가기관을 망라한 전 방위적 영역에서 일본의 '국유화'에 대응하고 나섰으며 결과적으로도 부분적 성과를 이룬 것으로 평가될 수 있다. 예컨대 일본 조어도 '국유화' 결정 당일인 2012년 9월 10일 중국 정부는 조어도 12해리 영해기선을 공표함으로써 동 지역에서의 중국 공무선 활동의 정당성을 확보했다. 그 이후 중국 공무선은 조어도 인근수역은 물론 영해선까지의 진입에 성공하면서 공무활동의 일상화를 실현하였다. 결국 조어도에 대한 양국 역량의 '교차통제'(交叉控制) 국면이 조성되면서 일본의 일방적인 '실효지배' 국면을 개변시켰다. 이에 따라 강력한 대응을 통해 일본의 '고유영토' 주장을 뒤집고 추후 일본의 '분쟁지역 인정'을 위한 토대를 마련했고 일본의 극우화 추세, 그리고 중국의 확고한 주권의지를 국제사회에 널리 알림으로써 대화와 협상의 주도권 장악에 일조했다고 평가될 수 있는 것이다.

셋째, 조어도 분쟁 대응의 절제성(有節). 현재 중국은 일본 자위대 조어도 영해 진입을 군사충돌의 레드 라인으로 간주하고 있다. 하지만 중국은 동시에 협상과 대화의 문을 항상 열어두고 유연한 조치를 병행하는 등 상대적으로 절제된 행보를 보여왔다. 예컨대 대화와 협상은 국제분쟁 해결의 최선의 방식이라는 점을 지속적으로 표명해왔음에서 이를 알 수 있다. 9월 18일 중국 외교부 조약법률사(条约法律司) 사장(司長, 차관급) 황후이캉(黃惠康)은 중국은 담판을 통해 주변국과의 분쟁을 평화적으로 해결하는 입장을 유지하고 있다고 주장했고,[49] 중국 차기지도자 시진핑(習近平)도 9월 21일 중국－아시안 자유무역지대(CAFTA)포럼에서 "중국은 시종 지역과 세계 평화와 안정을 수호하는 견정한 역량이며, 주변국들과의 영토, 영해, 해양권익 분쟁을 담판을 통해 평화적으로 해결하기 위해 노력할 것"이라고 발언한 바 있다.[50] 이러한 맥락에서 중국은 9월부터 10월 11일 현재까지 적어도 5차례(7월 11일, 8월 28일, 9월 11일, 9월 24일, 10월 11일)의 장·차관급 회동을 가졌으며, 8월 28일 일본 총리가 보내온 친필서한도 거부하지 않았다. 또한 10월 10일 중국 외교부 대변인은 "일본은 현실을 적시하고, (조어도가) 분쟁지역임을 인정하고 담판으로 문제를 해결하는 길에 들어서야 할 것"이라고 주장함으로써 보다 유연한 입장으로 중일 간 대화를 촉구해왔다. 경제적 측면에서도 상무부가 경제제재 가능성도 배제하지 않겠다고 선포했지만 실질적으로 2010년과 같이 정부적 차원에서의 대일 극단적 경제조치는 취해지지 않았다.

---

49) 環球網: "外交部官员: 我国坚持谈判和平解决与邻国争端",
   http://world.huanqiu.com/regions/2012-09/3126095.html(검색일 2012.9.18.)

50) 中國新聞網: "习近平: 中国致力于通过谈判和平解决领土争端",
   http://www.chinanews.com/gn/2012/09-21/4201986.shtml(검색일 2012.9.21.)

4. 분쟁대응의 국제정치적 함의

중일 조어도 분쟁은 2012년 현재 진행형이다. 오히려 일본 보수 정당인 자민당이 집권하면서 조어도 분쟁은 가일층 심화되는 추세를 보이고 있다. 유의할 점은 조어도 분쟁을 단지 양자 간 영토 내지는 이권분쟁으로 보는 데는 한계가 있다는 것이다. 즉 조어도 분쟁은 단지 중국 영토수호 의지의 반영일 뿐만 아니라, 국가부상과 국제정세의 변화에 따른 대외 대응전략의 변화로 볼 수 있는 것이다. 따라서 이번에 나타난 중국의 고강도 대응은 양자적 수준에서만 아니라 국제체제라는 보다 넓은 시각에서 관찰될 필요가 있다.

1) 금융위기 이후 중국 대외인식 변화

앞에서도 논의되었지만 금융위기 이후 중국은 여전히 높은 성장률을 유지하면서 2010년 제2의 경제대국으로 부상한 데 반해 패권체제를 유지하고 있는 중심축ー미국의 헤게모니 상대적 추락이 동시에 전개되었다. 이러한 상황에서 G2, 차이메리카(Chimerica), 팍스시니카(Pax Sinca) 등 다양한 신조어들이 회자되면서 그 논란의 중심에 중국이 놓이게 된 것이다.

그러나 줄곧 '도광양회'(韜光養晦)라는 저자세 외교를 대외전략 기조로 삼아왔던 중국으로서는 강대국 이미지가 부각되는 것이 결코 반가운 일만은 아니었다. 어찌 보면 올 것이 왔지만 너무 빨리 왔다는 것이다. 특히 '사회주의 국가'·'제3세계국가'·'신흥대국'이라는 다중적 신분으로 인해 중국은 어떤 시각을 출발점으로 하느냐에 따라 대외정책에 대한 기본 견해가 달리 될 수 있었다.[51] 이 와중에 이론적 패러다임의 범주를 초월하여 상당수 중국학자들 속에서 대외전략 영역 개척론(拓展論)이 회자되고 또한 점차 공감대를 쌓아갔다. 즉 이들은 중국의 성장, 그리고 국제사회 지각변동에 부응하여 그에 걸맞은 외교적 역할을 주문하면서 외교영역 확대의 필요성을 제시했다. 여기에는 주로 외교영향력 확대와 공간영역의 확대라는 두 가지 내용이 포함되고 있다.

외교영향력 확대에 대한 논리를 보면, 도광양회 전략기조가 여전히 유효하지만 오늘날 국제사회는 중국의 의지와 상관없이 중대 국제제도 및 질서의 변혁과정에서 책임 있는 대국으로서의 중국의 참여를 필요로 하고 있다고 본다. 또한 외교목표는 단지 힘의 추구나 해외시장 확대가 아닌 이념·제도적 혁신을 추구해야 하며, 따라서 중국은 시장규범과 국제제도 개선, 공정한 국제질서와 규범을 제정하기 위해 노력해야 한다고 주장한다.[52] 공간영역의 확대는 주로 해양대국전략 수립이라는 주장에서 나타나고 있다. 이 주장은 전통적 대륙국가로서의 중국이 오늘날 해외이익이 끊임없이 증대되고 있는 시점에도 불구하고 자체적 해양전략마저 수립하지 못하고 있다는 자아비판으로부터 출발한다. 특히 이들은 중국경제규모가 날로 비대해지고 국제사회에 대한 의존도가 지속적으로 높아지는 상황에서 해외경제안보 및 에너지 자원 수송 확보 등의 차원에

---

51) 이 부분은 본고 제1장을 참조하라.

52) 王缉思,「中国的国际定位问题与'韬光养晦, 有所作为'的战略思想」,『国际问题研究』, 2011年 第2期.

서 해양대국 건설은 불가피하다는 주장을 제시했다. 예컨대 첫째, 2002년 16차 전당대회에서 '해외진출'(走出去)전략을 제시한 이후 중국은 2010년 현재 178개 국가에 1.6만 개의 해외투자기업을 보유하고 있으며, 총투자 액수는 누계기준 3,172억 달러, 기업 총자산가치는 1.5조 달러에 이른다. 심지어 2010년 해외직접투자 규모는 688억 달러로 일본과 러시아를 초월하여 세계 5위에 이르렀다.[53] 즉 대외개방도 및 의존도가 제고되면서 해외에 흩어져 있는 중국기업 및 해외자산의 합법적 권익 및 안정성을 어떻게 보장할 것인가라는 과제가 제기된 것이다. 둘째, 중국은 2010년 현재 세계 최대 에너지 소비국이 되었으며 원유 대외의존도도 2011년 현재 55.2%로 미국을 초월한 상황이다. 따라서 에너지안보 문제도 중국의 안정적 경제성장 확보를 위한 중대사안으로 등장하고 있는 것이다. 셋째, 국제사회와의 연계성이 강화되면서 중국의 해외공민 보호권 문제도 중요 현안으로 떠오르고 있다. 예컨대 2000년 1,000만 명 정도였던 중국 해외여행자 수는 2010년 현재 5,739만 명으로 증가했다. 2~3년을 단위로 1,000만 명 정도의 해외여행자가 증가하고 있다. 특히 2006년부터 매년 중국 외교부가 처리하는 해외공민 영사보호는 약 3만 건에 달하고 있는 것으로 나타났다.[54] 해외공민 인신·재산 등의 권익 보호도 중국 외교당국의 중요 현안으로 대두되고 있음을 의미한다. 이러한 점들을 미루어 볼 때, 자원 수송통로 확보, 해외진출 등 전통·비전통 영역에서 안보문제가 증대되고 있는 상황에서 해양영역에서의 영향력도 이와 대등하게 지속적으로 확

---

53) 中国商务部·统计局·国家外汇管理局,『2010年度中国对外直接投资公报』, 2011年.
54) 钟龙彪,「保护中国公民海外安全与权益研究综述」,『求知』, 2011年 第11期.

대될 수밖에 없다는 것이다.

요컨대 대체로 금융위기 직후부터 중미경합이 본격적으로 개시된 2010년 이전까지 중국 내 대외정책 방향은 주로 핵심이익 강조, 영향력 확대, 세계질서 개선(完善)이라는. 세 가지 목표를 갖고 있는 것으로 볼 수 있다. 그러나 2010년부터 주변국들과 발생한 일련의 갈등, 특히 '아태 귀환'에 따른 미국의 대중국 견제가 노골화되면서 중국의 대외전략 목표는 새로운 변화를 가져오게 된다.

2) 미국의 '아태 귀환': 대중 견제의 새로운 패턴

주지하다시피 중국의 대외정책에 영향을 미치는 또 다른 중요 변수는 바로 미국이다. 미국은 비록 헤게모니 하락추세를 보이기는 하지만 여전히 세계유일의 패권대국으로 군림해 있으면서 동아시아 역내 동맹국들과 합종연횡의 연대관계를 강화해나가면서 중국의 부상을 견제하고 있기 때문이다. 앞에서도 논의되었지만 오바마 정부는 집권 초기 중국과 실용적 협력관계(Pragmatic Cooperation with China)를 추진하던 것을 2009년 이후 여러 국제사안들에서 중국이 비협조적인 태도를 보이자 적극적인 '아태 귀환' 정책으로 방향을 선회하기 시작했다. 미국은 '스마트 파워'와 다자협력을 강조하면서 중국의 확장을 견제하고 역내 주도권을 확보하는 데 주목적을 두기 시작했다. 즉 강력한 군사적 능력을 기반으로 연성권력을 유연하게 사용한다는 것이다. 동아시아 역내 분쟁사안들에 적절히 개입하는 동시에 도덕적 색채를 띤 미국의 이미지를 부각시키고, 도덕적 정당성에 기반하여 다자협력을 이끌어냄으로써 중국을 견제하고 역내 주도권을 복원시키고자 했다.

이에 따라 2010년 천안함 사건으로부터 시작하여 동아시아 지역에서 발생한 일련의 중국−주변국 간 갈등에서 중국 견제를 위한 미국의 아태전략은 다음과 같은 패턴을 보이기 시작했다. 즉 갈등 초기 동맹국의 안보보장을 약속함으로써 대중 갈등에 힘을 실어주고, 갈등 심화 과정에서 미국−동맹국(또는 주변국) 간 협력관계 강화를 요구했다. 또한 주변국과의 다자협력을 역설하고 국제무대에서 중국의 '비도덕성'을 비난하면서 반사이익을 얻고(도덕성), 궁극적으로 다자협력을 강화시켜 역내 주도권을 확보하고자 했다. 특히 동아시아 지역은 냉전체제의 부분적・비대칭적 해소[55]라는 특징을 갖고 있었기에 미국의 이러한 개입에 유익한 공간을 마련해주었다고 볼 수 있다. 결국 미국은 갈등의 제1선에 나서기보다는 제2선, 즉 서태평양 지역에서의 군사력 유동성, 군사적 투사력을 과시하는 방식을 통해 자신에 유리하게 진을 잘 쳐놓게 되었다. 다시 말해서 아태지역 갈등사안 또는 분쟁에 직접적으로 개입되기보다는 '역외 균형자' 역할을 수행하면서 실력보존과 주도권 강화라는 두 마리 토끼를 동시에 잡으려 했던 것이다.

3) 최근 중국의 주변국 분쟁대응의 특징

미국의 '아태 귀환' 전략과 함께 2010년 중미 간 대경합이 전개

---

55) 이수훈, 「탈냉전・세계화・지역화에 따른 동북아 질서 형성과 남북관계」, 『한국과 국제정치』, 제25권 3호, 2009, pp.1~31.

되고 게다가 주변국들과 일련의 갈등을 빚으면서 중국 내부에서는 국제현안들에 대한 재성찰의 계기가 점차 형성되기 시작했다. 그 내용들은 주로 다음의 세 가지로 정리될 수 있다. 첫째, 중국은 여전히 '발전도상 국가'라는 정체성을 재확립하게 된다. 경제적 측면이나 군사적 측면에서 보아도 아직 미국과는 상당한 거리가 있다고 보고,[56] 따라서 중미 양 대국 간에 존재하는 경쟁과 협력관계는 불가피한 것이지만 무엇보다 선순환적 상호관계를 구축하는 것이 중미 양국에 유리하다고 보는 시각이 우세를 점했다. 둘째, 중미관계를 중시한 나머지 주변국 경영(經營)에 소홀히 했다는 점을 인정하기 시작했다. 중국은 국내경제발전을 위해서는 주변지역 안정 및 협력이 우선이라는 시각에서 "주변우선, 대국관건"(周邊優先, 大國關鍵)이라는 대외정책 기조를 유지해왔고, 또한 그동안 주변국에 대해서는 '三隣政策'(睦隣, 安隣, 富隣) 정책을 잘 추진해왔다고 나름대로 평가해왔다. 그러나 2010년 이후 발생한 갈등상황들에서 주변국들이 오히려 미국의 아시아 귀환을 반기는 상황이 초래되자[57] 일부에서는 "중미관계에서 제3국이 중요 변수"라는 시각이 출현하기 시작했다.[58]

이러한 상황에서 중국 외교는 애초 핵심이익·국제영향력·세계질서 개선을 강조하던 데로부터 서구중심적 세계질서 개선에 관한 논의가 줄어들고, 핵심이익·주변환경·국제영향력·중미관계

---

56) 鳳凰網: "中国无力挑战美国全球领导地位",
   http://news.ifeng.com/mainland/special/xijinpingfangmei/content-1/detail_2012_02/16/12554807_0.shtml?_from_ralated(검색일 2012.2.16.)

57) 时殷弘, 한국 국립외교원 주최 "한·중 수교 20주년의 한반도와 중국" 한중 학술회의 (2012.8.22.)에서 한 발언 내용 재인용.

58) 滕建群,「论中美关系中的第三方因素」,『国际问题研究』, 2011年 第1期.

등이 중국 대외정책 핵심키워드가 되었다. 이는 국가 부상에 따라 국제영향력 제고는 당연한 것이지만 보다 포괄적 측면에서 국제사무에 개입되기보다 우선적으로 주변환경 관리에 매진하겠다는 뜻으로 풀이될 수 있다. 물론 주변환경에 대한 안정적 관리를 위해서는 중미관계를 고려하지 않을 수 없다. 이러한 맥락에서 최근 중국이 취한 두 가지 정책조치에 주목할 필요가 있다. 첫째는 '핵심이익'을 공표한 것이다. 중국 정부는 2011년 9월에 발표한 '중국의 평화발전'(中國的和平發展) 백서를 통해 국가 '핵심이익'을 명확히 공표했다. 즉 핵심이익이란 국가주권, 국가안보, 영토보전(完整), 국가통일, 중국헌법이 규정한 국가정치제도 및 사회의 안정, 경제사회의 지속가능한 발전 보장 등 내용들이 포함되어 있다.[59] 특히 국가주권, 안보, 영토보전 등의 '핵심이익'의 상당부분 내용들이 주변국들과 연관된다는 점을 알 수 있다. 이는 주변지역에서 중국의 '주권, 안보, 영토' 등에 영향을 주는 요소에 대해서는 중국이 좀 더 적극적인 힘과 담론을 투사할 가능성이 높아진다는 것을 의미한다.[60] 둘째로는 중미 간의 '신형의 대국관계'(新型大国关系) 수립을 강조하고 있다. 2011년 1월 후진타오(胡锦涛) 총서기의 방미를 계기로 중국은 "상호존중, 호혜공영(互利共赢)의 협력적 동반자관계 수립"을 제시했다. 2012년 2월에는 시진핑(习近平) 부주석이 "경쟁과 협력 속에서 최적의 균형"을 이룰 수 있는 '신형의 대국관계'를 제시했고 이는 2012년 5월 중미 양국의 중미전략·경제대화

---

59) 中华人民共和国国务院新闻办公室, 『中国的和平发展』, 中国政府网,
   http://www.gov.cn/zwgk/2011-09/06/content_1941258.htm(검색일 2012.10.)

60) 이희옥, 「중국의 부상과 한중관계의 새로운 위상」, 『한국과 국제정치』, 제28권 제4호, 2012년 겨울, p.11.

(SED)에서 공식 제기되었다.[61] 대체로 중미 양국은 국제정치사에 일관되어 왔던 패권경쟁의 선례들을 타파하여 소모적 경쟁을 지양함과 동시에 전략적 신뢰에 기반한 선순환적 협력관계를 구축해나간다는 것이 중국의 기본 입장이다.

이러한 인식과 노력하에 최근의 중국 주변국 외교, 특히 갈등사안들에 대한 중국의 대응이 주목된다. 즉 조어도 분쟁에서도 나타나듯이 주변국과의 갈등사안들에 대한 대응태도가 변하고 있다는 것이다. 첫째, 중미관계라는 기본 틀 속에서 주변국에 대한 전략적 이해관계를 고려하고 소극적 대응(韜光養晦)의 방식으로 갈등유보를 도모하던 데로부터, 주변국 변수가 보다 중요시되고 '적극적으로 유소작위를 발휘'(積極有所作爲)하고자 한다. 둘째, '평화발전'이라는 총체적 차원에서 주변국과의 협력과 공영을 추진하는 것이 기본 기조이지만, '핵심이익'과 관련된 분쟁사안들에 있어서는 정당성 확보를 전제로 '有理, 有利, 有節'의 원칙하에 다차원적으로 대응하고자 한다. 즉 이는 분쟁사안에 대한 중국의 대응수단 프레임이 확대되었음을 의미한다. 미국은 현재 동아시아지역에서 여전히 '역외균형자' 역할을 하고자 하지만, 경제추락 등 내·외부적 문제가 산적해 있는 만큼 극단적 갈등에 '연루'되는 것에 대해서는 거부감을 갖고 있다. '실력보존과 주도권 확대'라는 미국의 딜레마적 상황이 연출되고 있는 상황에서 중국의 대응방식은 나름대로 투사력을 발휘할 수 있는 공간이 존재하는 것이다. 셋째, 물론 갈등 심화로 인해 상황이 극단적 상태로 발전하는 것은 결코 중국이 바라고

---

61) "构建新型大国关系 中美要有新思考", ≪香港经济≫,
   http://www.hkfe.hk/article/show/894.html(검색일 2012.11.)

자 하는 바가 아니다. 따라서 핵심이익과 관련된 갈등사안에 대해 고강도 자세로 대응을 하되, 갈등이 일정 수준에서 관리될 수 있도록 대국외교, 즉 중미 간의 교섭을 통해 위기관리를 적극 추진하고자 한다. 중일 조어도 갈등도 바로 이러한 맥락에서 이해할 수 있다.

5. 동아시아의 과제: 탈이념적 지역정체성의 수립

현재까지 진행된 논의를 종합하면 다음과 같은 결론을 내릴 수 있다. 우선, 왜 조어도 문제에 대해 중국은 강경해지고 있느냐는 문제에 관해서, 중국은 역사적 권원을 보나 국제법적 차원을 보나 조어도는 중국의 고유영토임이 분명하다는 입장을 갖고 있다. 따라서 비록 직접적인 공표는 없더라도 조어도는 실지로 중국의 '핵심이익'의 범주에 속한다고 볼 수 있다. 그러나 무력, 국제사법재판 등을 통한 문제 해결에 있어서는 본질적 한계를 갖고 있기 때문에 무엇보다 '분쟁유보, 공동개발'을 원칙으로 정치적 협상을 통해 분쟁을 해결하고자 해왔다. 그럼에도 불구하고 일본이 '실효지배' 우세를 빌어 '현상 변화'를 추구하고 있고 또한 이것이 국제법적으로도 상당히 불리하게 작용하고 있기 때문에 중국 내부에서는 "분쟁은 우리만 유보하고 있다"는 인식이 팽배해지고 있다. 국가성장과 더불어 국민적 자신감이 증대되었고 국가적으로 대외정책에서 사용될 수 있는 물질적 토대도 다양화되고 있다. 이러한 상황에서 국내 정서상 역사에 대한 진정성 있는 반성이 없는 일본의 조어도 '국유화' 도발은 일제 침탈이라는 중국민의 역사적 기억을 환기시키고 있다. 따라서 중국은 조어도 문제에 대해서 무엇보다 민감하게 대응할 수밖에 없다. 다만 현재 중국은 일본이 '분쟁사안임을 인정'할 것을 바란다는 점으로 보아 지속적으로 '분쟁유보'의 원칙을 유지하고 있는 것으로 판단되고 있기 때문에 갈등 해소의 공간은 어느 정도 열어 놓은 상태라고 평가할 수 있을 것이다.

둘째는 중국의 고강도 대응을 어떻게 평가할 것인가라는 문제이다. 결론적으로 중국이 '이례적', '강경한' 대응조치를 취하고 있는 것으로 보이지만, 본질적으로는 "정당성, 합리성, 절제성"의 원칙을 유지하고 있었다. 환언하면 국가영토 수호를 위한 정당성 확보라는 차원에서 다차원적 대응은 하되, 대응을 통해 중국이 얻을 수 있는 것을 분명히 했다. 또한 협력과 대화의 당위성을 전제하고, 중·일, 중·미 간 대화를 적극 촉구하여 평화적으로 문제를 해결해야 한다는 입장을 유지하고 있다.

셋째, 국제정치적 시각에서 조어도 분쟁을 분석하면, 조어도 문제는 국가 핵심이익, 주변국관계, 중미관계가 합종연횡으로 얽혀 있기 때문에 전략적 측면에서도 중요한 의미를 지닌다. 금융위기 이후 특히 미국이 추락하고 있는 국제적 위상을 복원하기 위해 '아태 귀환' 전략을 구사했고, 또한 이에 주변국들이 동조하고 나서면서 중국의 전략적 중심과 대응양식에 일정한 변화를 발생하고 있다. 주변국에 외교역량을 집중할 필요성을 느낀 것이다. 단 '도광양회'에 기반한 기존의 소극적 대응보다는 '유소작위 적극 발휘'의 차원에서 목표달성을 위한 동원가능한 수단의 프레임이 넓어지고 있다. 그러나 바다를 생명처럼 여기는 일본이 극우화 성향을 보이면서 대응적 차원에서는 유연성을 보일 수 있으나, "조어도는 고유영토"라는 측면에서는 입장변화가 어려울 것으로 보인다. 결국 조어도 분쟁은 보다 복잡해지면서 장기화 조짐을 보이고 있는 추세이다.

요컨대 주변환경을 어떻게 관리 또는 '경영'할 것인가라는 본질적 문제가 중국 외교의 시험대에 놓여 있다. 국력 증대, 국제지위의 향상과 더불어 대외영향력 확대의 필요성이 강조되고 있지만, 미국을 중심으로 한 국제사회의 대중국 견제심리가 작동하면서 중국은 다시 지역적 대국으로서 그에 걸맞은 주변환경 조성에 일차적 목표를 두고 외교력을 집중하고 있다. 그러나 중국이 핵심이익으로 간주되는 영토분쟁에 관련해서 고강도의 대응을 하고 있지만 이는 동시에 외교적 고립을 초래할 수 있다는 가능성을 감수해야 한다. 물론 중국은 현재 국제정치사적 맥락에서의 '패권 추구'의 기본 틀을 초월하여 새로운 형태의 대국으로 부상하려 하지만, 현실주의적 사고에 빠져 있는 미국 내지는 주변국들의 대중국 시각은 쉽사리 바뀌지 않을 것이다. 결국 수많은 '시행착오'를 경험하면서 오늘까지 부상해온 개혁개방 30년 경험과 마찬가지로 중국은 주변환경 경영이라는 실천적 과정에서 부단히 경험을 쌓으며 대국적 지위를 굳혀나갈 것으로 보인다.

그렇다면 국가들 간의 갈등적 국면을 해소하고 동아시아 통합을 이루기 위해서는 역내 국가들이 어떠한 노력을 해야 할 것인가. 앞에서 논의되다시피 동아시아 지역의 가장 고질적인 문제는 정치적 신뢰의 부재, 그리고 지역적 공감대 형성의 동력이 부족한 데 있다. 다시 말해서 역내 국가들은 모두 구조적 현실주의라는 도가니에서 빠져나오지 못하고 있는 것이 근본적 원인이다. 따라서 이러한 영합게임 형태의 '홉스사회'에서 벗어나기 위한 역내 지성인들의 철학적 상상력이 필요하다. 여기서는 두 가지 대안을 추론적으로 제시하고자 한다.

첫째, 이념적 차이를 지양하고 상호 간 정치적 신뢰를 구축함으로써 중국을 하나의 제도, 규칙, 규범 내의 행위자로 받아들이는 자세가 필요하다. 이러기 위해서는 오로지 자본주의 가치만이 인류를 구제할 수 있다는 공세적인 이념외교를 지양하고 중국의 성장을 보다 긍정적으로 수용하는 자세가 필요하다. 현재 역내 일부국가들의 국내적 상황을 보았을 때 사회적 측면보다는 국가(정부) 정책 입안자들이나 정치엘리트들의 정치적 편향성이 국가 간 관계를 좌우하는 성향이 존재한다. 이들은 또한 정책의 정당성 확보를 위해 이념과 가치를 호도하는 방식으로 국민적 정서를 자극하는 성향을 보이고 있다. 결국 구조적인 갈등양상을 보이면서 반대로 정치행위자들의 행동을 다시 제약하게 된다. 비록 중국이 정치체제 전환이라는 측면에서 병목현상을 보이는 것은 사실이나 어디까지나 중국이 어떠한 정치적 선택을 할 것인가는 궁극적으로 중국 국민의 선택에 맡겨야 한다고 본다. 따라서 역내 국가들이 이념적 스펙트럼을 보다 넓히고 다양한 이념들이 공존할 수 있다는 인식이 공유될 경우 우리는 비로소 새로운 시각으로 상대방을 바라볼 수 있고, 협력을 위한 국가 간 신뢰를 구축해나갈 수 있는 것이다.

둘째, 동아시아 역내 국가들의 공감대를 형성할 수 있는 새로운 정체성 확립이 필요하다. 구성주의적 시각에서 보면 국가 간 관계는 관계적 정체성에 따라 그 협력의 기제가 발생하며, 협력과 분쟁은 어디까지나 그에 대한 이해 정도와 집합적 정체성에 의해 결정된다. 문제는 동아시아 국가들은 현재까지 공통된 정체성에 기반한 국가관계를 구성하지 못했다는 점이다. 오늘의 동아시아는 서구문화에 대한 열망과 동양문화에 대한 미련이 혼재된 시대를 경험하고 있으며, 이에 따라 명확한 자기 나름대로의 국가정체성이 형성되지 못했다. 불과 몇 년 전까지만 해도 '동아시아공동체'를 부르짖던 일본의 극우화나 '동아시아 가치'에 대한 엇갈린 견해들이 이를 말해주고 있다. 물론 동양문화나 서구문화는 서로 배타적인 것이 아니며, 양 문화를 적절히 융합시켜 동아시아 지역만이 갖고 있는 '동아시아 style'을 만들어내는 것이 무엇보다 중요할 것이다.

■■■ 제2부 믿지 못할 '신뢰',
북중관계와 북한의 변화

제4장
후진타오체제의 한반도인식과
대북정책

1. 중국의 대(對) 한반도인식

지정학적 측면에서 보았을 때 한반도는 해양세력과 대륙세력의
각축의 장인 이른바 림랜드(rimland)지대에 위치하고 있다. 역사적
으로도 한반도는 줄곧 미국, 중국, 일본, 러시아 등 강대국들의 각
축의 장이 되었었다.

중국의 대외전략에서 한반도가 중요한 위치를 차지하는 이유도
바로 이 때문이다. 역사적으로 보면 한반도는 중국 대외환경뿐만
아니라 국내 정치에도 직접적인 영향을 미칠 정도로 중요한 '문호'
역할을 해왔다. 따라서 중국의 현실주의자들 속에서는 한반도를 중
심으로 역사적으로 전개된 일련의 전쟁들이 중국 역대 정권의 존
속에 상당히 부정적인 영향을 미쳤다는, 이른바 '역사적 기억'의 중

요성이 강조되고 있다. 예컨대 중국 명나라(1368~1644)는 임진왜란(1592~1598)에 개입되면서 국가재정 부도위기를 맞게 되었고, 이에 따라 쇠락의 길을 걷게 되었다. 또 갑오중일전쟁(1894)·러일전쟁(1904) 이후 한반도가 일제의 식민지로 전락되면서 일제의 중국 침략의 발판이 되었고, 신중국도 한국전쟁(1950~1953)에 '연루'되면서 막대한 인적·물적 손실을 보게 되었다는 것이다.

현실적 측면에서 보아도 일부 중국 내 학자들은 한반도 상황이 극단의 상태로 발전할 경우, 대량의 난민들이 중국에 난입하게 될 것이며 이는 중국의 변경지역 안정과 국내 경제발전에 직접적인 영향을 미칠 것으로 인식하고 있다. 한편 만약 미국 주도하에서 한반도 정세가 전개될 경우에도 중미 양대 세력이 두만강·압록강을 사이 두고 정치·군사적으로 직접적인 대치국면에 들어설 수 있기 때문에 이는 필히 중국의 안보전략에 불리하게 작용할 것이라는 시각을 갖고 있다. 다시 말해서 고속성장을 누리고 있는 당대 중국의 시각에서 바라볼 때 한반도 불안정으로 초래될 수 있는 부정적 결과는 중국에 막대한 전략적 손실을 가져다줄 가능성이 높다는 것이다.

금융위기 이후 동북아 역학구도가 재편되면서 한반도의 가치는 보다 중요해졌다. 앞에서 논의되었듯이 미국의 동북아지역에서의 지정학적 목표는 특정의 패권국가가 출현하는 것을 저지하는 것이며[62] 그 견제의 주요 대상은 바로 중국이다. 오바마 정부 출범 이후 미국은 주로 중국을 잠재적 도전국가로 간주하여 관여(engagement)

---

62) William Tow, "America's Asia-Pacific Is Out of Kilter", Current History, September, 2007, pp.281 ~282.

정책과 동아시아 동맹국에 대한 재보장(reassurance) 전략의 확대를 통해 중국에 대한 견제를 본격화하고자 했다.[63] 따라서 한반도를 레버리지로 한 동북아 역내에서의 주도권 강화 시도도 보다 선명해졌다. 오바마 정부는 항상 '대화와 접촉'을 주장하면서도 비핵화 조건을 전제로 대북접촉의 문턱을 높이는 동시에 대북제재를 강화해나가고자 했다. 이 와중에 한동안 느슨해졌던 한미·미일 동맹의 복원과 한미일 3자협력이 강화되는 양상을 보였다. 한반도를 대외 영향력 확대의 중요 기점으로 삼고 있는 중국으로서는 전략적 부담감을 느끼지 않을 수 없는 부분이다.

지경학적 측면에서 볼 때, 한반도는 중국에 있어서 지정학적 가치와 비견할 정도의 영향력을 갖는다. 한반도는 중국과 러시아, 일본, 북미, 동남아를 사통팔달 연결할 수 있는 전략적 요충지이기 때문이다. 게다가 만약 북한이 개혁·개방을 추진한다고 가정 할 때 그 가치는 배가될 수 있다. 예컨대 2012년 현재 무역 규모 2,000억 달러를 초월한 한중 양국의 협력관계가 새로운 성장 동력을 얻게 될 것이고, 특히 동북 지역개발을 위해 자본, 기술, 물류 확보가 시급한 중국으로서는 일본, 북미 지역을 연결할 수 있는 새로운 문호를 열 수 있는 계기를 마련할 수 있게 된다.

중국은 현재 개혁·개방 30년간 누적된 지역불균형의 문제가 심각한 상태로 남아 있다.[64] 지난 시기 연해지역 중심의 개발·개방 정책이 집중적으로 추진된 데 반해, 동북부, 서부지역의 외부적 발

---

63) 이기현, 「중국의 대북정책과 북·중동맹의 동학」, 『JPI정책포럼』, 2011-15(2011 봄), p.10.

64) 개혁·개방 이후 중국의 지역불균형 문제에 관해서는 戴二彪, 「中国における地域間所得格差の動向(1978~2008年)」, 国際東アジア研究センター, Working Paper Series Vol. 2010-07, 2010을 참조할 것.

전 공간 확보 노력이 미진했던 관계로 중국 내 지역발전 격차는 갈수록 두드러지고 있다. 중국 동북지역은 동북아 중심부에 위치하여 역내 기술, 자본과 중국의 방대한 국내 시장을 연결할 수 있는 최상의 유리한 상황에 놓여 있었음에도 불구하고 아직까지 지역적 우세를 충분히 발휘하지 못하고 있다. 이에 따라 중국 정부는 2003년부터 '동북노공업기지 진흥전략'을 적극 추진하기 시작했고, 이러한 틀 속에서 2009년에는 국가전략의 차원에서 '창지투(長吉圖) 선도구 개발전략'과 '랴오닝 연해 경제벨트개발' 등 지역개발 프로젝트를 추진하면서 국제협력을 이끌어내고자 했다. 그러나 지구화 및 지역경제 통합이 대세를 이루고 있는 시점에서 이러한 지역개발 프로젝트는 동북아 역내 국가들과의 긴밀한 협조와 협력관계를 이끌어낼 수 없을 경우 상당한 한계에 봉착하게 된다. 지역협력을 위해서는 역내 경제행위자들 간의 비교적 높은 수준의 개방도 및 밀접한 경제적 연관성이 강조되어야 할 뿐만 아니라 이러한 경제관계를 존속시켜줄 수 있는 조화로운 정치 환경이 마련되어야 한다.65) 국제사회가 동북지역 내지는 두만강 유역 경제개발에 줄곧 유보적 입장을 취하고 있는 것도 바로 한반도의 정치적 리스크가 해소되지 않은 것과 밀접한 연관이 있다. 따라서 북한을 국제사회에 편입시킴으로써 안정된 정치환경 속에서 지역개발을 추진해야 한다는 의미에서 북한은 중국에 중요한 의미를 가질 수밖에 없다.

지리적 위치의 중요성 외에도 중국은 자원 병목을 해소하기 위해서도 북한의 가치가 중요해지고 있다. 현재 중국의 자원소비 현

---

65) 박동훈, 「두만강지역 개발과 국제협력: 중국 '창지투 선도구' 건설의 국제환경 분석」, 『한국동북아논총』, 제57호, 2010, p.192.

황을 살펴보면,[66] 2000년 이후 중국의 에너지(석유, 석탄, 천연가스 등)와 철광석 소비증가율은 세계 평균 2~4배에 달하는 높은 수준을 유지하고 있다. 따라서 전 세계 자원소비에서 중국이 차지하는 비중이 급격히 상승하고 있는데, 2008년 소비량 기준으로 석탄은 42.6%, 철광석은 57.7%, 동은 28.9%로 세계 최대 소비국이 되고 있다.[67] 이에 반해 북한은 의외로 천연자원이 풍부한 국가이다. 북한은 전체 영토면적 80%에 광물자원이 매장되어 있으며, 그 경제적 가치가 1조 달러에 달할 것이라 추정되고 있다.[68] 대량의 석탄(약 147억 톤)과 철광 등 광물자원이 매장되어 있을 뿐만 아니라, 삼림자원·관광자원도 풍부하다. 이는 국내 자원 병목을 완화시키기 위해 전방위적 자원외교를 펼치고 있는 중국이 북한을 주목하고 있는 또 다른 이유이다.

이처럼 안보적 측면에서 보나 경협의 측면에서 보나 한반도는 중국에 중요한 전략적 의미를 지니게 됨을 알 수 있다. 따라서 중국은 현재 한반도문제를 어떻게 풀어나가느냐가 자국의 국익에 상당히 중요한 영향을 미칠 수 있다고 보고, 다각적 측면에서 조심스럽게 다루어나가고 있다.

---

66) 박동준 외, 「개혁·개방 이후 중국의 경제적 위상 변화와 향후 전망」, 『한은조사연구』, 2009, 12호.
67) 2009년 현재 중국의 경제 급성장과 미국 경기 둔화로 에너지 소비량도 미국을 제치고 세계 1위.
68) 上海譯報, 2009.6.17.

2. 중국의 대북정책 논리와 정책 로드맵

앞에서 논의되다시피 한반도문제를 어떻게 해결해나가느냐는 중국의 정치, 경제, 안보 등 다양한 측면들과 밀접히 연관된다. 여기서 이른바 한반도문제란 일반적으로 한반도 남북 쌍방이 냉전적 잔여를 해결하는 과정에서 나타낸, 그리고 주변국가 및 국제사회가 주목하고 있는 일련의 문제들이라고 정의내릴 수 있다.[69] 진일보로 '한반도문제'를 하나의 상위개념으로 간주할 경우 여기에는 남북관계(반도통일)·북핵문제·북한개방 등 하위개념들이 포함된다. 이러한 맥락에서 볼 때, 중국의 대한반도 정책기조는 대체로 한반도 평화와 안정유지를 전제로 한반도 비핵화 실현, 대화와 협상을 통한 한반도문제 해결이라고 요약할 수 있다. 현재까지 중국이 제시해온 대한반도정책의 내용들을 논리적으로 구성할 경우 구체적으로 다음과 같이 정리될 수 있다.

첫째, 한반도 평화와 안정은 중국 한반도정책의 기본 전제가 된다. 중국은 현재까지 대외적으로 '책임 있는 대국'(負責任大國)으로 거듭나기 위해 '조화로운 세계'(和諧世界) 건설이라는 목표하에 '평화발전'(和平發展)전략을 구사하고 있다. 개혁·개방 이후 중국은 줄곧 국내경제발전이라는 국정목표를 중심으로 안정된 주변환경 관리를 우선적 과제로 제시해왔다. 이 중에서도 강대국 이익이 합종연횡으로 얽혀 있는 한반도는 중국 대외전략의 중요 시험대가 된다. 앞에서도 논의되었지만 중국은 한반도에서 위기 또는 전쟁

---

69) 중국 사회과학연구원 박건일(朴健一) 교수의 중국 연변대학에서의 특강자료(2009.9.)

발발 시 국가안보와 경제발전에 직접적인 악영향을 미칠 수 있다는 인식을 갖고 있다. 따라서 중국은 주변외교의 중요 일환으로 한반도의 평화와 안정을 수호하는 것을 한반도 기타문제를 해결해나가는 기본 전제 또는 한반도 정책의 기본 출발점으로 삼고 있다.

둘째, 북한체제 '연착륙'을 한반도 평화와 안정의 필요조건으로 간주하고 있다. 중국은 현재까지 한반도 남북 간에 동등한 차원에서 협력과 대화를 통해 자주적 통일을 실현해야 한다는 공식입장을 유지해왔다.[70] 중국은 북한도 하나의 엄연한 주권국가라는 점을 강조한다. 또한 국제사회에서 고립된 국가가 존재하는 한 동북아 지역의 평화와 안정은 근본적인 해결을 가져올 수 없다는 인식을 함께 갖고 있다. 따라서 우선적으로 북한이 체제 안정 및 경제·정치적 차원에서 '연착륙'을 실현함으로써 국제사회에 편입된 정상국가로 거듭나기를 바라고 있다. 주권국가로서의 북한이 국가 생존권과 발전권을 보장받는 전제하에 남북대화 및 교류를 통해 평화적으로 일련의 한반도문제들이 해결되기를 바라고 있는 것이다.

셋째, 북한의 국제사회 편입을 위해서는 북미관계가 우선적으로 개선되어야 한다고 본다. 중국은 현재까지 북한이 '실패국가'로 낙인이 찍히고 또한 북한이 핵개발 카드를 들고 나온 것은 근본적으로 북미 간의 신뢰부재, 미국의 지속적인 대북 적대시 및 고립정책과 무관하지 않다고 보아왔다. 탈냉전 이후 동북아 지역 냉전체제

---

70) 2000년 5월 북중정상회담에서 당시 중국공산당 총서기 장저민(江澤民)은 북·중관계와 관련하여 "전통승계, 미래지향, 선린우호, 협력강화"(繼承传统, 面向未来, 睦邻友好, 加强合作)라는 16자 방침을 제시했다. 또한 동년 6월에 개최될 남북정상회담과 관련하여서는 "중국은 남북쌍방이 자주적 평화통일 실현을 지지하며, 남북관계 개선을 희망하고, 남북 정상회담 개최를 환영 및 지지한다"고 발언한 바 있다. 李成仁, "深化睦邻友好,促进全面合作", 中國共産黨新聞網: http://cpc.people.com.cn/GB/68742/187710/13175231.html(검색일 2011.8.10.)

의 비대칭적 해소로 북한은 기존의 동맹국들을 잃게 되었다. 또한 경쟁관계였던 남한과의 경제적 격차가 현저하게 늘어난 동시에 국내경제위기가 장기적으로 심화되면서 체제 존속에 대한 북한 당국의 불안감이 증폭되었다. 이에 따라 국가 안보를 유지할 수 있는 최선의 방편으로 핵개발을 선택했다는 것이다.[71] 따라서 오로지 북미관계 개선을 통해 동북아 역내 냉전분위기를 완화시키고 진일보로 기타 미국 동맹국들과의 관계를 개선시켜야만 북한이 안보불안감을 해소하고 궁극적으로 경제개발에 매진할 수 있게 될 것이라는 논리다.

넷째, 북미관계 개선을 위해서는 중국의 대북 영향력 강화가 필수다. 중국을 놓고 볼 때, 북미관계 개선은 궁극적으로 안정된 주변환경 조성, 북한의 안보 불안감 완화와 개혁개방 가능성 증대 등 이점들을 가져다줄 수 있다. 그러나 중국은 북미관계 개선과정에서 중국이 배제될 수 있다는 가능성을 항상 우려하고 있다. 만약 북한이 미국 일변도 전략을 전개할 경우 동북아 정치구도에서 중국이 주변화될 수 있다는 우려감 때문이다. 따라서 북미관계 변화 및 한반도 사무에 중국이 보다 적극적으로 개입할 필요가 있다는 점이 강조되고 있다.[72] 탈냉전체제라 하더라도 동북아 정치구도 특성상 중국에 대한 한반도 지정학적 가치는 전혀 하락하지 않았으며 한편 한반도 평화와 안정을 위해서도 중국의 영향력이 중요하다. 따라서 중국이 참여하지 않는 한반도문제 해결은 상상조차 할 수 없다고 본다.[73]

---

71) 王在邦·李軍,「朝鮮第二次核試探源與外交思考」,『現代國際關係』, 2009年 第7期, pp.38~41.
72) 于迎麗,「朝美關係正常化的可能及其對中國的影響」,『韓國研究論叢』, 2009年 第20輯, p.181.

요컨대 중국의 대북정책 논리를 정리하면 다음과 같다. 중국은 한반도 평화를 전제로 대화와 협상 등 평화적 방식을 통해 일련의 한반도문제들을 해결해야 한다고 본다. 동시에 중국은 북중 간의 특수관계, 북한체제 급변 시의 한반도 위기상황 및 반도 정치구도가 재편될 경우 중국의 전략적 지위 변화 등 요인들을 고려하여 북한체제 안정을 우선적으로 도모하려 한다. 그러나 계획경제시대를 경험한 중국으로서는 오늘날 북한이 경제발전을 국정 중심에 놓고 대외개방정책을 실시함으로써 정치경제적 연착륙을 실현해야만 장구적인 체제존속이 가능하다고 본다. 그리고 북한이 정치경제적 연착륙을 실현하고 국제사회에 편입되려면 일단 국제사회와의 관계, 그중에서도 북미관계가 개선되어야 함을 강조한다. 그러나 중국은 북미관계 개선과정에서 한반도에 대한 중국의 영향력이 배제되는 것을 경계하고 있다. 따라서 무엇보다 북중 간의 전략적 협력관계를 강화함으로써 한반도 지역에서의 중국의 영향력이 확인되는 전제하에 북미관계 개선을 권장하고자 한다.

이처럼 상기 대북정책논리에 근거할 경우 중국의 대북 영향력 확대는 무엇보다 중요한 우선적 과제로 된다. 왜냐하면 첫째, 중국이 대북영향력을 확대해나가는 것은 양국 간 전략적 신뢰를 강화하고 중국의 대북 정보력 한계를 극복함으로써 한반도 정세를 안정적으로 관리해나가는 데 이롭다. 둘째, 북미관계 개선을 이끌어내는 과정에서도 중국은 항상 적극적인 역할을 할 수 있다. 셋째, 북한체제 안정, 점진적 대외개방 등 중국에 유리한 방향으로 북한

---

73) 鄭繼永, 「后朝核時代中國的朝鮮半島政策選擇」, 『韓國研究論叢』, 2009年 第20輯, p.159.

의 변화를 유도하기 위해서도 대북 영향력 확대는 여전히 필요하다.

이러한 논리대로라면 중국은 북한과의 경제적·정치적 협력관계를 강화해나가는 것을 전제로 정책의 중요도에 따라 주로 다음과 같은 대북정책들을 추진해야 한다. 우선, 북한체제 취약성은 항상 한반도 위기 초래의 잠재적 요인으로 작용하기 때문에 우선적으로 북한체제 안정을 기하는 것이 중국 대북정책의 관건이 된다.

둘째, 북미관계 개선을 적극 주선하고 반도 평화체제 구축을 위해 적극 노력해야 한다. 중국은 한반도문제의 열쇠는 근본적으로 미국이 쥐고 있으며 북미관계가 개선될 경우 북한 개혁개방을 위한 양호한 국제환경도 마련될 수 있다는 인식을 갖고 있다. 따라서 중국은 6자회담의 틀 내에서 북미 간 대화를 적극 주선함과 동시에 한반도 평화체제 구축의 문제를 중요 대화 의제로 적극 제시해야 한다.

셋째, 한반도문제의 궁극적 해결을 위한 수단적 방편으로 북한의 국제사회로의 편입(개혁·개방)을 적극 권장해야 한다. 양자관계를 북핵문제에 결박시키기보다는 정경분리의 원칙에 근거하여 국제교류와 협력을 통해 북한의 변화를 유도하고자 할 것이다. 여기에는 중국의 동북지역 개발에도 이익을 창출할 수 있다는 인식도 함께 작용하고 있다. 이러한 중국의 대북정책 논리와 정책 로드맵을 도표화할 경우 <표 6>과 같다.

<표 6> 중국의 대북정책 논리 및 정책로드맵

대북정책 논리	– 한반도문제 해결은 반도 평화와 안정이 전제 – 한반도 평화와 안정을 위해서는 북한체제 '연착륙'(개혁·개방)이 필요 – 북한체제 '연착륙'을 실현하려면 북미관계 개선이 필요 – 북미관계 개선에 앞서 중국의 대북 영향력 확대 필요
대북정책 로드맵	– 대북 정치적 신뢰 및 경협관계 강화(대북영향력 확대) – 북미대화 추진을 통한 북한 국제환경 개선 노력 – 북한 개혁개방 독려 및 지원 – 정상국가 북한의 한반도 비핵화 실현

3. 2차 핵실험 이후 중국의 대북정책

앞에서도 논의되었지만 2009년 북한의 제2차 핵실험을 전후하여 한반도지역 정세는 새로운 국면에 들어섰다. 첫째, 글로벌 경제위기로 미국은 국내경제문제 회복을 위해 곤혹을 치르고 있는 데 반해, 중국은 상대적으로 안정적인 경제관리를 통해 국제사회에서의 영향력이 급격히 제고되었다. 미국의 부진과 중국의 약진이라는 총체적 추세 속에서 중국은 사회주의적 시장경제라는 국정경험에 대한 자신감이 상승하였다. 이에 반해, 오바마 정부의 급선무는 부시정부 시기 추락된 미국의 국제이미지를 복원하는 것이었다. 특히 미국은 부상하는 중국에 대한 견제 및 동북아지역에서의 주도권 회복이 무엇보다 절실해졌다. 둘째, 북한 국내정세가 악화되었다. 2008년부터 김정일 건강 이상설이 불거짐과 동시에 북한은 급급히 후계체제 수립에 들어섰다. 설상가상으로 2009년 북한이 단행한 화폐개혁이 실패하면서 북한체제 급변설이 광범위하게 회자되기 시작했다. 심지어 한·미 양국은 북한 붕괴에 대비하기 위한 논의를 활발하게 진행하고 있다는 사실이 언론을 통해 공개되었고, 이명박 대통령도 한반도 통일이 다가오고 있다면서 북한 붕괴 가능성을 시사했다.[74] 셋째, 남북관계가 경색국면에 들어섰다. 이명박 정부는 집권 이후 민족주의에 기반했던 지난 정부의 대북정책을 부정하고 상호주의 노선으로 선회했다. 따라서 비핵화 문제를 남북 대화의 선결조건으로 하는 이른바 '비핵·개방·3000' 구상을 제시하고 정경결합의 원칙에 따라 대북문제를 풀고자 했다. 이 와중에 금강산관광사업이 중단되는 등 남북 쌍방은 상호 강경태세를 취하면서 한반도 위기가 심화되었다.

북한은 2009년 4월 5일 '광명성 2호'를 발사한 지 불과 한 달여 만에 제2차 핵실험을 단행하였다. 국제여론의 비난이 거세지자 북한은 "6자회담 영구적 퇴출"을 선언한 데 이어 핵실험 단행 이후에는 '조선전쟁정전협정' 퇴출을 선언하면서 "……이로부터 다시는 해상군사분계선 서북 5도의 법적 지위를 인정하지 않고 주변해역 항행 안전을 보장할 수 없다"고 선포했다.[75] 또한 북한은 유엔안보리 1874호 대북제재 결의안에 대응하여 "보복으로 제재에 대응하고", "민족존엄과 국가 자주권을 수호하기 위해…… 핵무기를 절대 포기하지 않을 것임"을 선언[76]하는 등 강경한 태도로 국제사회에 대응하고 나섰다.

---

74) 신상진, 「중국의 대북정책과 6자회담」, 『북한경제리뷰』, 1월호(2011, 겨울), p.40.

75) 高浩荣·张滨阳, "朝鲜对韩国加入'防扩散安全倡议'采取强硬军事措施", 新华网: www.sina.com, 2009.5.27(검색일 2011.8.15.)

76) 高浩荣,张滨阳, "朝鲜宣布将采取3项措施应对联合国安理会决议", 新华网: www.sina.com, 2009.5.27(검색일 2011.8.15.)

그럼에도 불구하고 북한의 2차 핵실험 이후 중국의 대북정책은 새로운 변화를 나타내기 시작했다. 국제사회의 대북제재 강도가 높아짐에도 불구하고 북중 양국 협력과 교류는 오히려 강화되는 모습을 보였기 때문이다. 2차 핵실험에 대한 중국의 대북 비난성명도 1차 핵실험에 비해 강도가 상대적으로 낮았다. 2차 핵실험 이후 불과 5개월 만에 중국 원자바오 총리가 북한을 방문하고 전략적 소통과 북중경협 강화를 약속함으로써 항간의 주목을 받았다. 이 와중에 2010년 5월을 기점으로 12개월 내에 김정일 국방위원장이 이례적으로 세 차례나 중국을 방문함으로써 북중관계는 새로운 국면에 들어서는 모습을 보였다. 양국 정상회담의 내용들을 분석해볼 경우 중국과 북한은 주로 양국 간 전략적 제휴 및 전통우의 강화, 양국 경협의 확대, 그리고 6자회담을 포함하는 한반도 정세 등 세 가지 측면들에서 심도 있는 논의가 전개되었다. 여기서는 중국 외교부 (中華人民共和國外交部, http://www.mfa.gov.cn)에서 발표된 북중 정상회담 관련 자료들에 근거하여 중국이 제2차 북핵실험 이후 대북문제를 둘러싸고 어떠한 노력을 전개했는지에 대해 분석하고자 한다.

1) 정치·외교적 측면: 전략적 제휴

세 차례에 거친 정상회담을 통해 북중 쌍방은 시대적 변화에 따라 양당·양국 전통우의 전승과 고위층 왕래, 국내문제를 포함한 전략적 소통, 국제 및 지역사무 협조 강화 등에 대해 공감대를 형성하였다. 물론 이러한 공동인식은 2006년 김정일 방중 시에도 제시되었던 내용이지만 기존의 것과는 달리 양국 정상들이 "중조 전통우의 세세대재 전승"을 누차 강조했다는 점에 주목할 필요가 있다.[77] 이번 정상회담에서 김정일은 "조선당과 정부는 시종 전략적, 장기적 시각에서 조중관계를 보고 있으며 끊임없이 공고·발전해 나가고 있는 조중관계를 지속적으로 전승해나가기로 결심했다"고 강조하였다. 이는 북한 후계체제 및 중국 제5대 지도부 출범 이후의 양국관계에 대한 입장을 서로 간접적으로 확인한 것으로 판단될 수 있다.

한편 그동안 중국은 북핵협상을 중재하면서도 핵개발에 대한 북한의 진정한 '바텀라인'(底線)을 확인하는 데 실패했었다. 또한 언제든지 발생할 수 있는 군사적 돌발행위는 수시로 반도 정세를 극단의 상황으로 밀고 갈 수 있기 때문에 이는 중국의 주변환경 관리에 직접적인 영향을 미칠 수 있는 부분이다. 이러한 맥락에서 후진타오(胡錦濤)는 다양한 형식을 통해 고위층 왕래를 유지하고, 양국 국정·외교에 관련된 중대문제 및 국제형세·치당치국(治黨治國) 등 공통된 관심 영역에 대한 소통을 통해 지역사무에 대한 상호 간의 협조를 강화시킬 것을 건의했다. 이는 중국이 양국 지도부 간 전략적 신뢰를 강화하고 중국의 대북 정보력 한계를 극복하고자 하는 의도임을 알 수 있다.

---

77) 2006년 1월 김정일 위원장 방중 시 중국 후진타오 주석은 "중조 전통우의는 양당과 양국 인민의 공통된 소중한 재산이며 중조 선린우호협력관계를 공고, 발전시키는 것은 중국 공산당과 정부의 견정불이한 전략방침"이라고 제시했다. 또한 김정일도 이에 "중조관계는 양국 로일대 지도자들이 공동으로 구축한 것으로, 새로운 형세하에 보다 발전되어 가고 있다"고 지적한 바 있다.

특히 유의해야 할 점은 양국 간의 이러한 전략적 소통은 형식적 의미를 떠나 실무적 측면들에서 활발하게 전개되었다는 것이다. 2010년 8월 제2차 북중 정상회담 이후 쌍방은 상호 합의내용에 따라 고위층 왕래, 전략적 소통, 중국 동북지역과 북한 경제협력 강화 등의 차원에서 일련의 고위층 상호방문이 진행되었다. 예컨대 2010년 9월 30일 북한 중앙정치국 위원 최태복 등 노동당 고급대표단이 중국을 방문하여 조선노동당 당대표자대회 개최상황을 중국에 소개했다. 같은 해 10월 9일에는 중국 중앙정치국 저우융캉(周永康) 상임위원이 북한을 방문하였는데 여기에는 대외연락부장 왕자루이(王家瑞), 부부장 류제이(劉結一), 외교부 부부장 장즈쥔(張志軍), 상무부 부부장 천젠(陳健) 등 외에 길림성 서기 쑨정차이(孫政才), 요녕성 부서기 천시(陳希), 흑룡강성 부서기(杜宇新) 등 지방 관리들도 함께 동행하였다. 불과 일주일 후인 2010년 10월 16일에는 노동당 중앙위원회 서기 겸 평양시당 책임비서인 문경덕을 단장으로 북한 9개 도와 남포시·나선시 대표들을 포함하는 20여 명의 대표단이 중국 북경·상해와 동북 3성을 고찰하였다. 또한 2010년 11월 1일에는 북한 내각 총리 최영림이 30명의 대표단을 거느리고 중국 동북 3성 지역을 방문했다. 이는 양국이 정상회담에서 형성한 공감대를 원칙으로, 실무적 차원에서 전략적 소통을 강화하겠다는 의도로 분석될 수 있었다. 특히 양국 간 상호방문에서 지방 관리들 간의 교류활동이 활성화 되었다는 점은 당시까지만 해도 동북 3성과 북한 간의 경제협력이 진일보 확대될 것임을 예시해주는 부분이었다.

2) 경협 측면: 경제무역협력에서 지역공동개발에로

북중 고위층 교류가 활성화되는 가운데 양국 간 무역규모도 가파른 상승세를 나타냈다. 특히 남북 경협이 경색 국면에 들어서면서 북한의 대중국 무역규모는 2010년 현재 30억 달러를 넘어섰으며 2011년에는 56.2억 달러로 급증했고, 북한의 대중무역 의존도는 지속적으로 높아져 2011년 현재 이미 90%선을 선회하는 것으로 집계되고 있다.

<표 7> 북중 교역규모 및 대중무역 의존도 추이

(억 달러, %)

연도	'99	'00	'01	'02	'03	'04	'05	'06	'07	'08	'09	'10	'11
북중교역총액 (증가율)	3.7	4.8 (31.8)	7.3 (51.1)	7.3 (0.1)	10.2 (38.6)	13.7 (34.6)	15.8 (14.8)	16.7 (5.6)	19.7 (16.1)	27.8 (41.2)	26.8 (-3.8)	34.6 (29.1)	56.2 (62.4)
대중수출	0.5	0.3	1.6	2.7	4	5.9	5	4.6	5.8	7.5	7.9	11.8	24.5
대중수입	3.2	4.5	5.7	4.6	6.2	7.9	10.8	12.3	13.9	20.3	18.8	22.7	31.6
무역수지	-2.8	-4.2	-4.1	-1.9	-2.2	-2	-5.8	-7.6	-8.1	-12.8	-10.9	-10.9	-7.1
대중무역의존도	25	24.8	32.5	32.6	42.8	48.1	52.7	55.7	67.1	72.9	78.5	83	92

자료: 한국무역협회, 『북한의 대외무역동향』, 각 연도.

북중 경제무역이 지속적으로 발전하는 가운데 2009년 북중 정상회담 이후로 양국 경협패턴은 새로운 특징을 나타내기 시작했다. 경제무역과 대북 투자에만 집중했던 기존 형식을 벗어나 지역공동개발 또는 산업협력이라는 차원에서 양자 경협이 보다 강화되었다는 것이다. 2009년 10월 원자바오 방문과 압록강대교 건설에 대한 제안에서 유의해야 할 부분은 원자바오의 중국 방문에 앞서 중국 정부가 이미 '중국 두만강지역 협력개발계획 강요: 창지투를 개발·

개방의 선도구로'(中國圖們江區域合作開發規劃綱要-以長吉圖爲開發開放先導區, 2009.8.31.)와 '랴오닝 연해경제벨트 발전규획'(遼寧沿海經濟地帶發展規劃, 2009.7.1.)을 비준했다는 점이다. 즉 당시 양국 정상은 단지 대북지원이나 압록강대교 건설문제뿐만 아니라 지역공동개발 및 산업협력에 관한 논의를 심도 있게 전개했을 가능성이 높음을 의미한다. 이러한 맥락에서 볼 때 김정일 위원장의 라선시 현지지도(2009.12.16.), 라선시를 특별시로 승격(2010.1.4.), 국가개발은행 설립(2010.1.20.), 라선경제무역지대법 개정(2010.1.27.) 등 북한이 일련의 경제개선조치를 단행한 것도 중국의 지역개발 전략과 무관하지 않다고 볼 수 있다.

2010년 이후 김정일 위원장의 연이은 방중으로 진행된 양국 정상회담에서도 경제문제는 항상 논의의 중점이 되었다. 김정일 위원장은 현 단계 조선노동당의 사업 중심은 민생개선이라 강조하면서 중국기업 대북투자를 환영함과 동시에 양국 간 실무적 협력수준의 제고를 희망했다. 중국은 북측 경제발전 및 민생개선을 지지할 것이라 표명하면서도 "정부인도, 기업 위주, 시장운영, 호혜공영"(政府引导, 企业为主, 市场运营, 互惠共赢)의 원칙을 강조했다. 특히 2010년의 두 차례 정상회담에서 주목해야 할 부분은 중국 정부가 북한이 가장 기피하는 개혁개방의 문제를 김정일 위원장과 직접적으로 거론하였다는 점이다. 후진타오는 경제중심노선, 대외개방, 사회주의 건설, 국정운영(治黨治國) 경험 등 구체적 현안들을 직접 거론했고, 원자바오도 "기꺼이 개혁개방 경험을 소개할 의사가 있음"을 김정일에 직접 밝혔다. 비록 김정일은 민생개선과 "중국 경험에 대한 진일보된 연구"라는 입장을 표명하면서 개혁·개방에 대한 직접적인 언급은 회피했으나, 국경지역 공동개발을 위한 양국 간의 실무적 협력이 급격한 진전을 보인 것 또한 사실이다. 2011년 6월 양국은 '황금평 경제지대 공동개발 착공식'과 '중조 나선경제무역구 공동개발 및 공동관리 항목 착공식'을 진행하였고, 착공식 주최기관인 '중조 경제개발협력 연합지도위원회'의 북측 최고 책임자로 국방위원회 부위원장 장성택, 중국 측 최고 책임자로 상무부 부장(장관) 천더밍(陳德銘)이 참여함으로써 공동개발사업이 중앙정부적 수준에서 추진될 것임을 천명하였다. 양국은 상기 경제특구 건설을 통해 "조선대외교류의 실험지역으로 강성대국의 선구지역으로, 조중경제협조의 시범지역으로 건설"한다는 비전을 내걸었다.

3) 북핵문제: 북한체제 안정과 6자회담 재개노력

북한의 핵개발은 중국에도 직·간접적으로 부정적 영향을 미친다. 첫째, 북한의 핵 실험기지가 중국 국경지역으로부터의 거리가 1백여 km에 불과하다는 점을 감안할 때 중국은 북한 핵시설 유사시 미칠 수 있는 대기오염 등 위험성을 항상 의식하지 않을 수 없다. 둘째, 핵무기나 기술이 외부로 유출될 경우 중국에 보다 심각한 핵안보 위험이 초래될 수 있다. 셋째, 북한의 핵보유가 기정사실화 될 경우 한국·일본 등 국가들의 핵 도미노 현상을 야기할 수 있으므로 이는 전략적 측면에서 중국의 안보에 극히 불리한 영향을 미칠 수 있다. 이에 따라 중국은 줄곧 한반도 비핵화 문제를 중요사안으로 간주해왔다. 그러나 안정적 주변환경을 조성하여 국가 경제발전에 매진하고자 하는 중국으로서는 북핵문제 해결과정에서 나타날 수 있는 위기상황을 극복해야 한다는 딜레마적 과제도 동시에 떠메고 있다. 북핵문제 해결과정에서 무력이나 과도한 압력수단이 사용될 경우 오히려 부정적 결과를 초래할 수 있으므로 대화와 협상을 통한 문제해결이야말로 가장 합리적이고 현실적인 해결 방도라는 것이다. 특히 북한 국내 정세가 불안정한 상황에서 중국은 북한 체제 안정에 우선적 목표를 두고, 한반도 위기상황을 우선적으로 관리하고 북한과의 협력을 강화하는 한편 대화와 협상을 통한 북핵문제 해결을 위해 적극 노력해왔다.

첫째, 중국은 북한에 대한 국제사회의 과도한 압력수단 사용을 거부했다. 2009년 4월 북한이 '광명성 2호' 발사를 계기로 국제사회의 비난이 거세짐에도 불구하고 중국 정부는 유엔안보리의 결의안보다 강제성이 떨어지는 의장성명에만 동의했다. 또한 중국은 의장성명에서 '대륙간탄도미사일 발사시험'이라는 단어사용과 추가제재 조치 내용 삽입에도 반대했다. 천안함 사건 이후 중국은 한반도 안정에 우선적 목표를 두고 "사건의 진실에 따라 객관적이고 과학적인 조사결과"를 요구하고 나서면서 유엔안보리 의장성명에서 북한을 지목하는 것을 반대하고 나섰다. 연평도 포격사건 발생 이후에도 중국은 한미의 연이은 군사훈련에 대해 보다 "냉정하고, 절제적"(冷靜, 克製)인 자세를 취해주길 요구했다.

둘째, 제2차 핵실험 이후 중국은 제1차 핵실험에 비해 다소 강도가 낮은 비난성명을 발표함과 동시에 신속히 대북 대화채널을 복구했다. 물론 중국도 북한의 제2차 핵실험에 대해 당혹감을 감추지 못하면서 핵실험을 단호히(堅決) 반대한다는 입장을 유지했으나,

대북비난성명에서는 1차 핵실험에서 사용했던 '제멋대로'(悍然)라는 문구를 삭제했다. 또한 1차 핵실험 시에는 지역안보에 영향을 미치는 북한의 '모든 활동'(一切活動)을 중지할 것을 요구한 것에 반해, 2차 핵실험 이후에는 지역안보에 영향을 미치는 북한의 '관련 활동'(相關活動) 중지를 요구했다. 그리고 제1차 핵실험에서는 '냉정하고 타당한 조치를 취할 것'(采取冷靜妥善措施)을 요구한 반면, 2차 북핵실험 이후에는 '냉정한 조치를 취할 것'(采取冷靜措施)을 요구했다. 즉 2차 북핵실험에 대한 중국의 입장은 1차 북핵실험에 비해 다소 강도가 낮았다는 것이다.[78] 뿐만 아니라 2차 핵실험 이후 북·중 간 외교활동도 1차 핵실험 이후에 비해 달리 나타났다. 2006년 10월 북한이 제1차 핵실험을 단행한 이후 중국은 이듬해 7월까지 근 9개월간 북한과 고위급 교류를 갖지 않았었다. 그러나 2009년 5월 북한 핵실험 이후 중국은 안보리 1874 대북제재안에 동의하면서도 불과 4개월 만에 양자 간 외교활동을 재개했다.[79] 더욱 이례적인 것은 국제사회 대북 비난이 고조되던 시기에 중국 국무총리 원자바오가 북·중 수교 60주년을 계기로 북한을 전격 방문하면서 중조우호관계 세세대대 전승, 고위층 왕래, 실무적 협력, 중대문제에 대한 소통과 협조 강화를 제시하였고, 신 압록강대교 신축 등 양국 경협 강화를 약속하였다는 것이다.

---

78) 阎学通, 「朝核迷局猜想」, 『领导翠文』, 2009年 第9期, p.135.

79) 2009년 8월 17일 중국 외교부 부부장 우다웨이(武大衛)가 방북한데 이어, 2009년 9월 16일 후진타오 특사격인 국무위원 다이빙궈(戴秉國)가 방북, 김정일과 회담을 갖고 후진타오 친서를 전달한 동시에 "继承传统, 面向未来, 睦邻友好, 加强合作"의 원칙에 따라 양국관계 발전, 반도 비핵화, 동북아 평화와 발전에 관한 중국의 입장을 표명하고, 북측과 함께 고위층 교류, 인문교류, 경협 강화, 전통우의 강화 등에 관해 논의했다. 특히 이번 방북에는 우다웨이 외교부 부부장 외에 상무부 부부장 푸즈잉(傅自应) 등이 함께 대동되었다는 점을 미루어보아 이는 원자바오 10월 방북을 위해 포석을 깐 것으로 이해될 수 있다.

셋째, 6자회담 재개를 위해 적극 나섰다. 중국에 있어서 6자회담은 중국 주도하의 북핵문제의 평화적 해결이라는 측면에서 동북아지역에서의 '책임 있는 대국'으로서의 지위를 부각시키는 데 중요한 역할을 한다. 따라서 중국은 줄곧 6자회담 재개를 주장해왔다. 특히 2010년에 들어서면서 중국은 "북미대화 → 다자회담 → 6자회담"이라는 6자회담 재개 프로세스를 관련국들에 제안하였다. 중국은 일반적으로 북핵문제의 핵심 당사자는 미국과 북한이라고 보고 있기 때문에 북미 접촉이 우선적으로 이루어질 필요가 있음을 강조한 것이다. 그러나 천안함 사건과 연평도 사건 폭발로 인해 반도 정세가 초긴장 국면에 들어서면서 한미일은 3자 공조를 강화하는 한편 중국의 제안을 거부했다. 오히려 미국은 "남북대화 → 다자회담 → 6자회담"이라는 본회의 재개 방안을 제시했다. 그러나 미국이 제시한 재개 방안 중 '다자회담'은 실지로 중국의 역할을 축소 또는 배제하려는 의도가 있다는 우려가 제기되면서 중미 간 6자회담 관련 논의는 공전상태에 빠지게 된다. 2011년 1월 후진타오(胡錦濤)의 미국 방문을 계기로 양국은 정상회담 공동성명문에서 남북관계 개선의 중요성을 강조하면서 각자 제시한 6자회담 프로세스를 수정하고 "남북대화 – 북미대화 – 6자회담"이라는 절충안에 합의하였다. 이러한 배경 속에서 2011년 7월 인도네시아 발리에서 열린 아세안지역안보포럼(ARF)에서 남북 비공개 접촉이 있었고, 곧이어 김계관이 4년 만에 미국을 방문하여 북미대화를 진행하면서 6자회담 재개설이 또다시 떠오르게 된다.

　이처럼 중국은 6자회담 재개를 위해 부지런히 관련국들과 셔틀외교를 진행하는 동시에 북한에 대해서도 한반도 평화와 안정 및

6자회담 재개를 위한 설득작업을 꾸준히 진행해왔다. 실지로 세 차례의 북중 정상회담에 관한 공개자료에 근거할 경우 후진타오는 9·19 공동성명에 근거하여 한반도 비핵화 실현을 위해 공동으로 노력할 것을 강조했고, 또한 6자회담 개최를 위해 상호 진정성 있는 행동을 보일 것을 요구했다. 천안함 사건 이후 남북갈등이 중미갈등으로 확대되는 상황에서 후진타오는 천안함 사건 이후 국제정세에 새로운 변화가 발생하고 있다고 평가하면서, 한반도의 평화와 안정을 수호하는 것은 모든 사람들의 공통된 염원(人心所向)이라고 강조했다. 또 한반도 정세완화를 위해 북한이 노력해줄 것을 김정일에 당부했다. 이에 김정일은 북한의 한반도 비핵화 입장을 재천명하고 한반도 긴장정세 완화 및 한반도 평화와 안정을 희망한다고 주장했다. 특히 제3차 회담에서 김정일은 현재 "조선은 역량을 집중하여 경제건설을 추진하고 있기 때문에 안정된 주변환경이 필요하다"고 주장하면서 반도정세 완화와 반도 비핵화 목표를 위해 조속히(盡快) 6자회담이 재개되길 희망했다.

요컨대 제2차 핵실험 이후 중국의 대북정책을 종합해보면, 2차 핵실험 이후 중국은 한반도의 안정을 전제로 대북영향력 증대→북미관계 개선→북한체제 '연착륙'→한반도 평화국면 조성이라는 중국의 대북 정책 로드맵에 따라 대북정책을 전개해왔다. 특히 북핵문제가 답보상태에 놓여 있고, 또한 국제사회의 대북제재가 강화되는 상황에서 중국은 무엇보다 북중 간의 정치·경제적 협력을 강화하여 북한 체제 안정성과 점진적 변화를 유도하는 데 정책적 중점을 두었다고 평가할 수 있을 것이다.

제5장
두만강지역 개발과 북중
국경경협의 정치경제

1. 지경학적 시각에서 본 두만강지역 개발사업

1) 지경학적 시각이란?

'지경학'(Geo-economics)의 학문적 기원은 전통적 지정학(traditional geopolitics)에 대한 성찰 또는 비판적 시각이 대두되었던 1990년대를 배경으로 한다. 탈냉전 이후 국제정치 지형에 급격한 변화가 나타나면서 20세기 전반을 주도했던 전통적 지정학이 이론적 한계에 직면하게 된다. 따라서 이와 관련된 대안적 논의들이 다양하게 전개되면서 그 일환으로 '지경학'이라는 새로운 이론적 시각이 출현하게 되었다.

지경학은 지정학에서 그 사상적 맥락을 찾고 있다는 점에서 지정학에 대한 일반적 논의가 우선될 필요가 있다. 일반적으로 지정학은 국가이익을 근본 출발점으로 국제사회의 각종 정치세력 및 그들 간 관계에 관한 공간적 분석을 통해 대외정책 또는 전략을 구사하는 이론이라고 할 수 있다.[80] 한 국가의 대외정책은 필히 그 국가가 처한 지리적·인문적 요인의 공통된 영향을 받는다는 논리이다. 헬렌(Kjellén)이 '지정학' 개념을 처음으로 제시하면서부터 매헨(Mahan)의 '해양세력론'(Sea Power Theory)이나 맥킨더의 '심장지대론'(Heartland Theory) 등에 이르기까지 지정학 이론은 실질적으로 서구열강들의 군사력 강화와 대외팽창 전략을 정당화시키는 데 유용한 분석도구가 되었다. 이러한 학설들의 기본관점들을 종합 분석할 경우 지정학은 주로 다음의 세 가지 기본 가설들에서 출발하고 있다.[81] 첫째, 확장성이다. 국력 증강에 따라 지역적 통제력이 팽창될 것이며, 이에 따라 이러한 국가들은 불가피하게 대외확장을 추구한다. 둘째, 대항성(對抗性)이다. 이른바 권력은 특정 국가가 처해 있는 지리적 조건에 의해 결정되며 이는 국제사회 충돌의 성격을 규정한다. 셋째, 패권적 특성이다. 대륙세력 또는 해양세력의 확장의 최종목적은 그러한 행위를 통해 절대적 우위를 확보하는 데 있다. 따라서 지정학은 국제정치에서 가장 중요한 행위주체는 주권국가이며, 응당 국가의 생존 및 발전에 관한 것들에 우선적 관심을 가져야 한다고 주장한다. 또한 지정학은 지리적 공간을 가장 근본적인 물리적 기반으로 간주하고 있으며, 응당 전략적인 시각에 서서 국제정치역량들 간의 복잡한 관계를 판독해야 한다고 본다.

---

80) 孙相东, 「地缘政治学'概念研究」, 『东方论坛』, 2008年 第6期, p.123.
81) 苏浩, 「地缘重心与世界政治的支点」, 『现代国际关系』, 2004年 第4期, p.55.

지정학 이론은 냉전시기에 이르러 정치이데올로기와 점철되면서 국제사회의 현실과는 무관하게 다만 영구불변한 '그들'과 '우리들' 간의 투쟁을 해석하는 분석도구로 전락했다. 예컨대 스파이크맨(Spykman)이 일찍 제시했던 연변지대(rimland)론은 동서 양대 진영의 각축의 장을 형성하는 데 지적 기반을 제공했다. 그의 주장에 따르면 해양세력과 대륙세력이 충돌하는 각축의 무대는 양 세력의 연결공간인 이른바 '연변지대'이며, 이를 통제하는 자가 세계를 통제한다는 것이다.[82] 실질적으로 제2차 대전 이후의 냉전시대는 연변지대를 중심으로 한 동서진영 간의 치열한 쟁탈과정이라 해도 과언이 아니다. 물론 미소 간 대결로 점철된 이른바 연변지대에는 동북아지역 중심부에 위치한 한반도도 포함된다.

그러나 탈냉전 시대에 진입하면서 국제정치 지형의 급격한 변화와 함께 기존의 전통적 지정학은 근본적으로 새로운 시대적 변화에 적응해야 했다. 첫째, 사회주의 진영의 붕괴는 40여 년간 지속되어왔던 이데올로기적 갈등을 와해시켰고, 군사·안보의 '고위정치'(high politics)가 갖는 효율성이 감소되었다. 오히려 이보다는 경제적 이익에 초점을 맞춘 '저위정치'(low politics)의 중요성이 더욱 부각되기 시작했다. 둘째, 세계시장에서 생산요소의 초국적 이동이 활발해지면서 이는 국가적 장벽을 완화시켰다. 따라서 국가 간 상호의존도가 대폭 높아지면서 경제블록화 추세도 강하게 나타났다. 셋째, 이러한 시대적 변화와 함께 국제사회에서는 다국적 기업과 같은 다양한 비국가행위자들이 출현하였고, 이들은 국경·이데올

---

82) Nicholas J. Spykman, The Geography of the Peace, New York: Harcourt Brace Jovanovich, 1944, p.43.

로기·사회제도를 초월하는 다차원적 협력관계를 구축해나가기를 희망했다. 이러한 국제사회 변화를 배경으로 1990년대 초반에 미국 학자 루터워크(Edward N. Luttwak)에 의해 지경학이라는 개념이 새롭게 제기된다. 지정학시대의 충돌논리(영합 게임)는 이제 지경학적 경제논리(비영합 게임)에 자리를 내주어야 한다는 것이다.[83] 물론 아직까지 학계에서 일반화된 결론이 도출된 것은 아니지만, 최근의 다양한 논의들을 종합해보면 지경학은 주로 다음과 같은 몇 가지 함의를 내포하고 있다.

첫째, 지경학은 민족국가를 국제사회의 핵심행위자로 간주한다. 합리적 행위자로서의 국가는 국익을 우선시하는 합리적 행위체이며 궁극적으로 세계 경쟁적 환경에 적응하고 상대적 우위를 차지하고자 한다.

둘째, 지경학은 지구화시대 국제관계를 새롭게 해석하고자 한다. 즉 '고위정치'보다 '저위정치' 요소들의 중요성이 부각되는 시대적 상황에 부응하여 군사·안보에 기반한 국가 간 대치와 갈등보다는, 경제·과학기술·정보·생태환경 등 비폭력적 요소들의 시장영역에서의 경쟁을 강조한다. 물론 안보를 위한 '필요악'으로서의 국가의 존재 이유와 가치를 부정하는 것은 아니다.

셋째, 지경학은 지연적(地緣的) 요인을 국가 전략목표 제정 및 실현과정의 중요 변수로 간주한다. 지구화시대 국가 간 상호의존성 증대는 궁극적으로 지역적 블록화를 추동한다. 역내 국가들은 공통된 전략적 이익과 목표를 위해 상호작용 또는 협력하면서 다양한

---

83) Edward. N. Luttwak, From Geopolitics to Geoeconomics: Logic of Conflict, Grammar of Commerce, the National interest, 1990(20): 17~23.

수준의 질서와 규범을 만들어내면서 공통으로 지역사무를 관리하고자 한다. 이 과정에서 역내 국가들이 놓여 있는 지리적 위치, 자원 분포, 인문환경 등 요인들은 국가 간 정치경제행위에 중요한 영향을 미치게 된다. 국가들 간의 크기, 강약, 발달정도, 정치적 안정성 등 요인들은 한 국가가 취하게 되는 대외정책의 근본 출발점이 된다.

이처럼 지경학은 국가가 행위주체가 되어 지연적 요인을 기반으로 특정된 공간적 범위 내의 정치와 경제의 상호작용을 통해 국익을 추구하는 학문이라고 할 수 있다. 물론 지경학은 국익을 근본 출발점으로 하고 또한 지연적 요인을 국제관계 처리에서의 중요한 변수로 보고 있다는 점에서 지정학과 공통된 이론적 구조를 갖는다. 하지만 지경학은 안보적 불안을 해소하기 위한 전략적 목표를 갈등과 충돌이라는 전통적 시각보다는 '저위정치' 영역에서의 경쟁 및 협력을 통해 실현하고자 한다는 점에서 전통적 국제관계이론들에 비해 보다 유연하고 개방적인 태도를 취하고 있다고 평가할 수 있다.

요컨대 현시대 국가들은 대부분 경제발전을 핵심적 목표로 삼고 있고, 특히 선의의 경쟁과 협력을 통해 발전을 추구함으로써 결과적으로 국제협력과 교류를 활성화시키고자 한다.[84] 그러나 현재의 동북아 정치경제구도를 조감해보면 역내 국가들은 본질적으로 이념적 대립의 초월 및 경제협력의 구도 이행이라는 국제적 흐름에 편승하고 있지 못하고 있는 실정이다. 즉 탈냉전기 국제사회의 변화와 상관없이 동북아 역내 국가 간 상호작용은 지경학적인 것이라기보다는 지정학적 사고에 보다 많이 편중되어 있다고 볼 수 있다.

---

84) 段进军·陆大道,「论大国东亚地缘经济战略与东亚地区经济合作」,『经济地理』, 1999年 第2期.

2) 두만강지역 국제협력 요인

두만강지역 개발 프로젝트(TRADP: Tumen River Area Development Program)에 포함된 지역은 주로 중국·북한·러시아 3개국이 인접하는 두만강 삼각주 지대이다. 좁은 의미에서 훈춘-경신, 포시에트-자루비노, 나진-선봉을 말하고, 넓은 의미에서는 일반적으로 중국 연길, 러시아 블라디보스토크, 북한의 청진 등 3개 도시를 정점으로 하는 이른바 '대삼각지역'을 가리키며 그 면적은 약 1만㎢에 달한다. 동 지역을 정점으로 동북아 6개 국가, 즉 중국 동북지역·극동러시아지역·한국·북한·일본·몽골 등을 망라할 경우 총면적은 1,000만㎢로 아시아 총면적의 1/4을 차지하게 되고 인구는 3억 명에 달할 것으로 집계되고 있다.[85] 두만강지역은 지리적으로 유라시아대륙과 서태평양을 연결하는 핵심적 위치에 놓여있기 때문에 지경학적 가치는 지정학적 가치 못지않게 중요한 의미를 지니고 있다.

첫째, 두만강지역은 역내 국가들의 상호 협력에 상당히 유리한 지리적 우위를 제공하고 있다. 국가 간 상호의존도가 갈수록 높아지고 있는 상황에서 두만강지역은 서태평양과 유라시아를 연결할 수 있는 국제운수통로(International Transportation Corridor)의 중추적 위치에 놓여 있다. 예컨대 총 길이 9,288km의 시베리아횡단철도(TSR)는 한반도의 동해선과 연결되고 서쪽으로 유럽을 경유하여 중동지역 각 국가들과 연결될 수 있다. 이럴 경우 희망봉 항운노선에 비해 1/2의 거리를 줄일 수 있으며 운행일 수도 35일 단축시킬

---

85) 윤승현, 『두만강지역의 신개발 전략과 환동해권 확대 방안』, 강원발전연구원, 2009, p.10.

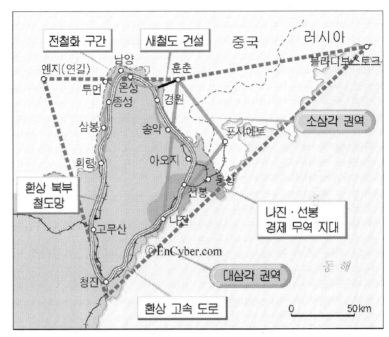

자료: http://100.naver.com/100.nhn?type=image&media_id=539090&docid=718405

<그림 1> 두만강 경제개발계획

수 있다.[86] 그 외에도 중국횡단철도(TCR) 등 철도선로도 국가 간 경제협력을 위해 거래비용을 절감하는 등 무역·에너지·자원개발 등 영역의 지역협력 추진을 위해 중요한 기능을 할 수 있다.

둘째, 생산요소의 차원에서 두만강지역은 전체 아세아지역에서도 지하자원·해양자원 등 자연자원이 풍부한 지역 중 하나다. 러시아는 세계적으로 자원이 가장 풍부한 국가 중 하나로 2008년 기준 석유 확인매장량은 108억 톤, 세계 7위(세계 비중 21.8%)를 차

---

86) 朴英姬, 「韩国·朝鲜及东北亚铁路连接与物流合作」, 王胜今·朱显平 主编, 『图们江区域合作开发研究』, 吉林人民出版社, 2010, p.325.

지하며 생산량은 488.5백만 톤으로 최대 석유 공급국이 되고 있다. 천연가스의 경우도 확인매장량은 약 1,529조㎥로 세계 매장량의 23.4%를 차지한다.[87] 중국도 연간 1.894억 톤의 석유를 생산하는 세계 4대 석유생산국 중 하나이다.[88] 6,000개 이상의 광물자원 매장지를 보유하고 있는 몽골지역도 세계 주요국들이 경쟁적으로 진출하고 있어 그 전략적 가치가 현저히 높아지고 있다. 특히 몽골은 석탄·구리·금·우라늄·철광석·아연·텅스텐·몰리브덴 등 80종 광물자원을 보유하고 있는 자원부국이며 최소 1억 톤 이상의 석유가 매장된 유전이 20~30군데 있을 것으로 추정되어 향후 석유 생산이 매우 유망한 곳으로 주목받고 있다.[89] 북한도 천연자원이 풍부한 나라로 전체 영토 면적의 80%에 광물자원이 매장되어 있으며 그 경제적 가치가 1조 달러에 달할 것이라고 추정되고 있다.[90] 특히 마그네사이트의 매장량은 세계 제1위를 차지하며 기타 텅스텐, 몰리브덴, 흑연 등 7가지 광산물 매장량도 세계 10위 안에 든다. 그 외에도 147억 4천만 톤(그중 무연탄 117억 4천만 톤)의 석탄과 대량의 철광석이 매장되어 있는 것으로 추정되고 있다. 그 외, 한국과 일본은 비록 천연자원이 극히 결핍한 나라이지만 고부가가치 산업을 성공적으로 발전시킨 국가들로 첨단기술능력과 자본력이 뛰어난 국가이다. <표 8>에서 알 수 있듯이 두만강 유역 역내

---

87) BP, Statistical Review of World Energy 2009, 2009.

88) 물론 중국은 2003년 이후 석유 수요량이 급증하면서 원유 수입국으로 변모했고, 2009년 현재 석유소비량은 이미 4억 톤을 넘어 세계 2대 석유 소비국가로 되었다. 2009년 현재 석유 대외의존도는 53.6%에 달한다. "2009年中国石油消费量超4亿吨, 居世界第二", 中国石油期货网: http://www.oilprice.cn/news/ShowNews.aspx?newsId=230083&classId=44(검색일 2010.6.)

89) 대외경제정책연구원, 「주요국의 대몽골 경제협력 현황과 한국의 진출방안」, 『KIEP지역경제포커스』 제4권 25집, 2010.6.3.

90) 孔軍, 「中国对朝鲜经济援助内幕」, 『上海譯報』, 2009.6.17.

각 국가들은 생산요소의 비교우위를 충분히 활용할 수 있는 잠재적 공간을 확보하고 있다.

<표 8> 동북아 국가 간 경제적 상호 보완성

국가/지역	우세조건	열세조건	주요 수출 자원 및 제품	주요 수입 자원 및 제품
일본	자본, 첨단기술, 자본재, 신속 이동 가능한 고급 기기, 경영기법	에너지, 공업원료 대외 의존, 일부 농산물 부족, 노동력 부족	자본, 자동차, 첨단기술 및 제품	옥수수 등 농산품, 방직복장, 기기전자제품, 의약, 노동력 등
한국	자본, 산업기술, 이동 가능한 기기 중간재 생산	에너지와 공업원자재 대외 의존, 노동력 부족	자본, 첨단기술 및 제품	경공업 제품, 의약, 노동력 등
중국 길림 지역	석유, 석탄, 농림자원 풍부, 일정한 중화학공업 기초, 풍부한 노동력, 광대한 시장	자본, 선진설비, 기술과 경험부족, 저임된 인프라의 상대적인 부족	옥수수, 콩 등 농산품, 기계전자제품, 방직품 및 복장 노동력 지원	자동차 부품 등 공업제품, 자본, 첨단기술장비 및 선진 설비
러시아 극동 지역	삼림자원, 비금속광석, 석유, 가스, 석탄, 일부 중화학공업제품	농산물과 경공업제품의 부족, 자본 부족, 낙후된 산업구조와 경제기술	목재, 석유, 천연가스, 석탄과 중공업 제품	옥수수 등 농업제품, 방직복장, 기기전자제품, 의약과 노동력 지원
북한	광물자원, 금속광석, 초급 가공품, 수산물, 양질의 노동력	자본과 기술부족, 농산물과 경공업제품 부족, 낙후된 산업과 기술, 인프라 미비	금속광물 및 초급 제품	옥수수 등 농산품, 기기전자제품, 의약 등
몽골	풍부한 광물자원 및 축산물	교통, 통신 등 인프라 미비, 자본, 기술, 설비, 농산물, 경공업제품 부족	목축업제품 및 광물자원	기기전자제품, 복장방직, 의약 등

자료: 张国坤 외, 「吉林省与东北亚地区经贸合作的特点与趋势」, 『经济地理』, 2005年 第6期, pp.779~782 참조 및 재정리.

3) UNDP 주도의 두만강지역 개발

두만강지역 개발 프로젝트(TRADP) 기본구상은 지난 1980년대 말과 1990년대 초를 계기로 일부 학자들에 의해 우선 제기되었다. 1991년 UNDP 주도로 뉴욕 UN본부에서 '두만강지역 개발 프로젝트'가 공식 천명되었다. 20년의 시간을 들여 동 지역에 300억 달러를 투자하여 중·북·러 3국의 접경지역인 두만강 삼각주를 "동북아의 홍콩, 로테르담 또는 싱가포르"로 건설할 것이라는 방대한 구상이었다. TRADP의 추진경과를 살펴보면 1991년 7월 UNDP가 몽골 울란바타르회의에서 TRADP를 동북아 지역의 중점사업으로 지정한 이래 대체로 4단계에 거쳐 추진해왔다(<표 9> 참조).

<표 9> TRADP사업 정부 간 회의의 주요 논의 및 합의 사항(1992~2009)

단계	회의명	일시	장소	주요 논의 및 합의사항
논증 단계 (1992~1995)	제1차 PMC대회	1992.2.	한국 서울	− 분야별 실무작업반 구성·운영방안 검토 및 각국대표(NT) 중심 운영합의 − TRADP의 개발방안, 대상지역, 재원조달 문제 등 논의
	제2차 PMC대회	1992.10.	중국 북경	− TRADP 추진 관련 4가지 기본원칙 합의 − 2원화(5개국/3개국)된 정부 간 조정기구 설립 합의
	제3차 PMC대회	1993.5.	북한 평양	− 두만강지역 개발에 관한 협정 잠정안 확정 − 두만강지역 개발 회사 설립 및 정부 간 조정협의위원회(Commission) 창설에 관한 협정잠정안 확정
	제4차 PMC대회	1994.7.	러시아 모스크바	− Commission 협정문 합의, 환경 양해각서 협의 완료 − 지역개발전략 확정(점진적 조화)
	제5차 PMC대회	1995.5.	중국 북경	− Commission 협정문 및 환경양해각서 가서명 − 두만사무국 설치문제 논의 − 교역, 투자, 인프라 등 6개 분야 사업우선순위에 대해 잠정 합의
	제6차 PMC대회	1995.12.	미국 뉴욕	− Commission 협정문 및 환경양해각서 서명 − Commission 산하에 통신, 인프라, 환경 등 실무작업반 및 Commission 산하에 조정·조화·홍보 실무작업반 설치

구체적 협력방의 실시단계 (1996~2000)	제1차 Commission 회의	1996.4.	중국 북경	– 사무국 소재지는 3년간 북경으로 하되 이후는 5개국 간에 순환 – 사무국 운영경비는 5개국이 연 25천 달러씩 균등 분담 – 중장기 사업계획 심의
	제2차 Commission 회의	1996.10.	중국 북경	– 재원조달문제, 두만사무국 조직 및 운영, 97년도 사업계획 토의 – 일본의 Commission회원국 가입권유 결의안 채택
	제3차 Commission 회의	1997.11.	중국 북경	– 인프라확충용 재원조달방안 논의(두만강지역 개발금융 설치 구상 발표 – 제2단계 사업계획(97-99) 서명 – 일본 옵서버 유지로 결정
	제4차 Commission 회의	1999.6.	몽골 울란바타르	– 동북아 두만투자공사 설립안 논의 – TRISA투자네트워크 구축 합의
TRDP에서 GTI에로의 전환단계 (2001~2005)	제5차 Commission 회의	2001.4.	중국 홍콩	– 3단계(01-03)사업계획 확정서명 – 일본의 회원국 가입 적극 추천 – TRADP 사업대상지역 확대 – 회원국의 역할 강화 합의
	제6차 Commission 회의	2002.6.	러시아 블라디보스토크	– 일본가입을 위해 UNDP가 일본 정부와 접촉 – ADB의 역할 재조명과 북한, 러시아의 회원가입 희망
	제7차 Commission 회의	2004.7.	중국 북경	– 2005년 이후에도 TRADP에 대한 UNDP의 프로젝트별 지속적인 지원 약속 – 향후 사업운영은 가이드라인을 작성하여 실현 가능한 사업 위주로 진행
GTI단계 (2005 이후)	제8차 Commission 회의	2005.9.	중국 장춘	– '대두만강 행동계획 장춘 협정' 체결 – GTI 체제로 출범키로 합의 – Commission 협정문 및 환경양해각서 서명 당시 협의한 시효를 10년 연장함.
	제9차 Commission 회의	2007.11.	러시아 블라디보스토크	– TRADP를 10년간 연장하고 회원국의 Owenership을 강조하는 GTI체제로 출범키로 합의한 후 열리는 첫 회의 – 핵심분야별 협의체 설립(에너지이사회, 관광협의회, 기업인 자문회의, 환경협력) – GTI 신규 프로젝트 선정(10개 프로젝트)
	제10차 Commission 회의	2009.3.	몽골 울란바타르	– 동북아의 역내 경제협력 강화를 위한 비전 – 민관협력을 통한 투자유치 증진방안 – 북한 불참

출처: 윤승현, 『두만강지역 신개발 전략과 환동해권 확대 방안』, 강원발전연구원, 2009, pp.18~19.

<표 10>에서 볼 수 있는 바와 같이 두만강지역 개발은 근 20년
간의 추진과정을 통해 나름대로의 성과를 거두어왔다. 그러나 두만
강 삼각지대를 "동북아의 홍콩, 로테르담"으로 건설하겠다던 UNDP
의 애초 계획과 비교하면 거리가 먼 것 또한 사실이다. 현재의 수준
에서 두만강지역 협력은 아직도 초기단계에 놓여 있다고 평가해도
과언이 아닐 것이다.

<표 10> 두만강지역 개발의 성과

단계	국가	주요 성과
대외개방도 가일 층 제고	중국	- 중국의 두만강지역 개발 훈춘시에서 연변지역으로 확대 전개 - 북·러와 항구 공동사용에 관한 협의 체결, 차항출해(借港出海)의 목표 초보적 달성 - 중국 정부는 훈춘시를 기타 일부 변경도시와 함께 변경개방도시로 인준
	북한	- 라진-선봉지역 자유경제무역구 설립(1992.12.), 장기적 폐쇄국면 완화
	러시아	- '블로디보스토크발전계획', '연해변강지역프로발전계획' 등 일련의 발전프로젝트 제정 - 선후로 극동지역 시베리아, 사할린, 나호드카, 블라디보스토크 등 자유경제무역구 설립 - 블라디보스토크, 나호드카, 자루비노, 보세트 항구 개방
기반시설 개선	중국	- 국가급 경제개발구인 훈춘변경경제개발구의 기초시설건설 초보적 생산여건 구비 - 훈춘시 에너지·교통·통신·인터넷 등 기반시설 건설 중점적 추진, 투자환경 개선 - 연변지역 기반시설 건설 가속화, 대내외 연결 교통망 확충
	북한	- 라진-선봉자유경제무역구 투자 소폭확대, 철도·도로·항만 및 통신시설 등 기반시설 강화 - 라진-원정리 도로 개보수(비포장도로) - 라진-두만강리 우의철교-러시아 철도 개보수(43km) - 라진-훈춘 연결 원정리 통상구 국가1급 통상구로 비준
	러시아	- 러시아 마리닌노-중국 훈춘구간 철도 부설(1997.10.) - 블라디보스토크-훈춘구간 1급도로 건설 - 극동지역에 대한 도로, 철도, 항만, 통신시설 등 기반시설 투자 확대

초국경 관광업 발전	중·북	– 훈춘 – 라선지역 관광코스/화룡 – 삼지연 – 백두산 관광코스/화룡 – 삼지연 – 평양 – 백두산 관광코스/용정 – 청진 – 칠보산 관광코스
	중·러	– 훈춘 – 블라디보스토크 관광코스/훈춘 – 슬라브양카 관광코스/훈 춘 – 블라디보스토크 – 모스크바 관광코스/훈춘 – 자루비노(보세트) 관광코스 등 정식 개통
물류네트워크 발전		– 중국은 북한의 라진항, 러시아 자루비노항·포세트항을 이용하여 한국과 일본으로 통하는 해운업 운영 – 한국 "동춘항"이 운영하는 훈춘자루비노 – 속초 간의 페리항선 개 통(2000.4.) 등 – 철도·도로·항공·세관, 항만 등 인프라시설개선에 대한 지금 투입 확대, 상대적으로 큰 개선을 가져옴.

출차: 윤승현, 앞의 글.

4) 두만강지역 개발에 관한 역내 국가별 주요 인식

그렇다면 왜 거대한 발전 잠재력을 갖고 있음에도 불구하고 두
만강지역 협력은 소기의 성과를 이루어내지 못하였는가. 무엇보다
두만강지역 개발에 대한 역내 국가들의 충분한 참여를 이끌어내지
못한 데 있다고 본다. 이런 맥락에서 두만강지역 협력사업을 추진
함에 대한 역내 각국들의 참여 태도 및 정책적 성향을 파악하는 것
이 중요해진다. 왜냐하면 이는 지역협력의 문제점을 찾고 궁극적으
로 상호 win-win할 수 있는 협력구도의 근본 방향을 찾기 위한 중
요한 작업이 될 수 있기 때문이다. 따라서 이 부분에서는 역내 각
국가들이 자신이 처한 구체적 상황에 맞추어 두만강지역 개발을 어
떤 시각에서 바라보고 있는지에 대해 구체적으로 알아보고자 한다.

(1) 러시아

두만강지역과 인접해 있는 러시아 극동지역은 러시아 전 영토의

41%를 차지할 정도로 광대한 지역이다. 그러나 러시아 인구와 국내총생산(GDP)에서 차지하는 비중은 각각 6.1%, 5.6%의 수준밖에 이르지 못하는 편벽한 지역이다.[91] 극동지역은 냉전시기 동북아 강대국(미국, 일본, 중국 등)들과 국경을 사이 두고 있다는 이유로 지정학적 가치만 부각되었을 뿐 경제개발 차원에서는 항상 중앙정부의 관심 밖에 놓여 있었다. 그러다 1990년대부터 극동지역 개발을 위한 정책구상들이 정부에 의해 제시되기 시작했고, 특히 2000년대 푸틴 정권이 들어서면서부터 러시아 중앙정부는 극동지역 경제개발에 보다 적극적인 관심을 보이기 시작했다. 러시아 정부가 최근 들어 극동지역에 대해 적극적인 개발전략을 구사하고 있는 것은 대체로 다음의 전략적 고려에서 연유된 것으로 볼 수 있다. 첫째, 2000년 이후 러시아의 지속적인 고성장에도 불구하고 극동지역은 여전히 낙후한 경제 상황을 면치 못하고 있었다. 열악한 자연조건과 취약한 경제기반 때문에 극동지역의 경제발전 속도는 줄곧 러시아 전체 연방관구의 최하위권에 머물고 있었다. 둘째, 동북아 지역 역내 기타 국가들이 냉전 이후 급속한 발전과 경제협력이 진행되고 있다는 사실은 러시아 정부의 동 지역에 대한 불안감을 더해주었다. 극동·자바이칼 지역의 동북아 국가에 대한 수입의존도가 심화되고 이들 국가들의 극동시장에 대한 지배력이 강화되고 있는 상황에서 극동지역 주민들은 오히려 낙후된 사회경제적 조건 때문에 지속적으로 동지역을 이탈함으로써 이른바 지역 '공동화' (空洞化) 현상이 심화된 것이다. 예컨대 1989년 인구조사가 실시된

91) 中國發展和改革委員會東北振興司, 「俄總理普京稱遠東2025年發展戰略獲得通過」, 『俄羅斯對外經濟合作動態信息(82)』, 2010年.

이래로 극동연방관구 인구는 무려 20%나 감소했고, 최근 10년간 (1996~2006) 극동지역에서 빠져나간 인구는 총 72만 명으로 이는 지역 전체 주민의 10%가 동 지역을 이탈했음을 의미한다.[92] 따라서 러시아 정부는 지역 사회경제기반 개선을 전제로 역내 주민의 정착을 강화하고 전략적 차원에서의 동 지역에 대한 주도권을 확보하기 위해 극동지역 개발이 절실했다고 볼 수 있다.

그러나 극동지역에 대한 개발전략이 애초의 예상대로 활발한 투자나 지원이 이루어지지 못하면서 러 정부는 지속적으로 동 지역에 대한 개발계획을 수정, 보완해오다가 2010년에 들어서서 또다시 새로운 극동지역 발전전략인 '2025년까지의 극동·자바이칼 사회경제발전전략(이하 '2025 극동 발전전략')을 제시했다.[93] 뿐만 아니라 2012년 아시아태평양경제협력체(APEC) 정상회의를 블라디보스토크에서 개최하는 등 동지역을 동북아 경제협력 허브로 발전시킬 계획을 적극 추진해왔다. '2025 극동 발전전략'을 보면 러시아의 극동진흥계획은 기반시설 건설을 추진하여 중국을 포함한 역내 국가들과의 경제협력을 진일보 발전시킴으로써 극동지역의 안정적 성장 및 지역 발전을 꾀하는 데 주목적을 두고 있다. 그러나 앞에서 제시된 러시아 극동지역 개발계획이나 전략들이 향후 어느 수

---

92) 정여천 편, 「러시아 극동지역의 경제개발 전망과 한국의 선택」, 외교통상부, 2008, p.34.

93) 러시아 정부는 『2025 극동 발전전략』을 주로 3단계로 구분하고 있다. 첫째 단계(2009~2015)의 주요 목표는 러시아경제 평균성장 속도에 근거한 투자규모의 점차적 확대, 에너지 절감기술의 보급, 취업률의 제고, 기반시설 건설의 지속적 전개와 기타 공업 및 농업 분야와 관련된 프로젝트들을 실시한다는 것이다. 둘째 단계(2016~2020)에 이르러서는 대규모 에너지개발 프로젝트 전개, 초국경 여객운수와 화물운수 규모 확대, 도로·철도·공항·해운 등 영역의 핵심 운수네트워크 구축, 원자재 채굴과 이에 대한 심가공 제품의 수출 비중 확대 등 목표를 실현한다는 것이다. 셋째 단계(2021~2025)에서는 혁신형 경제를 발전시켜 대형 에너지 자원 개발, 가공 및 수출 비중을 높이는 등 특정 과학기술 영역에서의 선도적 지위를 확보한다는 것이다. 中國發展和改革委員會東北振興司, 위의 자료.

준까지 목표를 달성할지에 관해서는 상이한 평가들이 존재한다. 우선, 일부에서는 구소련시기부터 극동 및 시베리아 지역개발과 관련된 다양한 정책과 프로그램들이 추진되었지만 실제 실행률은 지속적으로 하락했던 역사적 사실에[94] 대한 우려가 존재한다. 심지어 러시아의 극동개발은 단순히 정치적 지지도 확보를 위한 수단의 일환, 또는 동 지역에 대한 지정학적 고려에서 출발한 전략적 사고에 의해 제시되었을 뿐이라는 시각도 있다. 이에 반해 러시아의 극동개발정책에 낙관적 입장을 취하는 시각도 있다. 예컨대 러시아의 재정상태가 상당히 개선되는 양상을 보이고 있다는 것이 그 근거가 된다. 최근 몇 년간 경제가 복원되고 있고 재정적자도 지속적으로 감소세를 보이고 있는 상황에서[95] 극동지역에 대한 정부적 차원의 적극적인 지원정책이 가능해지기 때문이라는 것이다. 실지로 2010년 극동지역 경제성장률은 7%를 기록하여 처음으로 러시아 평균수준을 초월하는 등 양호한 발전 추세를 보여주었다. 러시아 정부가 그만큼 극동지역 개발을 위한 노력을 경주하고 있고 또한 어느 정도 효과를 보고 있음을 반영하는 것이다.

(2) 일본

일본은 유라시아 대륙을 연결하는 두만강지역 지경학적 가치를

---

94) 1930년부터 시작해서 1996년 대통령 프로그램(1996~2005년)까지 이어진 여러 프로그램별로 투자과제 실행률을 살펴보면 각각 130%, 80%, 65%, 30%, 10%로 계속 하락해왔다. 이재영 외, 「러시아의 동부지역 개발전략과 한국의 확대방안: 에너지 부문을 중심으로」, 대외경제정책연구원, 2006, p.34 재인용.

95) 2009년 현재 재정적자는 5.9% 수준.

최초로 제시할 만큼 두만강지역 국제협력 참여의 경제적·전략적 이익을 충분히 인지하고 있다. 우선, 두만강지역은 미국·유럽·일본을 연결하는 전략적 위치에 자리 잡고 있는 만큼 일본은 두만강지역 국제협력에 적극 참여하여 세계 물류중심의 위치를 복원함으로써 세계경제 속에서의 전략적 우위를 확보할 수 있다. 둘째, 자본 및 기술적 우위를 갖고 있는 일본은 역내 국가들과의 상호보완성을 강화해나감으로써 국제분업체계에서의 이니셔티브를 확보할 수 있다. 셋째, 일본 서해안 지역의 두만강 개발 참여는 동 지역의 다양한 제품과 기술 공급의 기회를 창출할 수 있는 등 서해안 경제의 국제화수준을 제고하고 일본산업발전을 서부지역의 확장을 위해 유리한 환경을 마련할 수 있다.

그럼에도 불구하고 현재까지 일본은 두만강지역 개발에 대해 줄곧 관망적 태도를 취해왔다. 그 주요 원인은 주로 다음의 몇 가지 제약요인들에서 발견될 수 있다.

첫째, 두만강지역의 복잡한 정치경제관계는 줄곧 두만강 국제개발 참여의 적극성 및 동기부여에 제약요인으로 작용했다. 두만강지역은 주로 북한, 러시아 극동지역, 중국의 동북 3성 등 상대적으로 낙후한 지역들이 교착되어 있고 국가별 정치제도, 경제발전수준 격차도 크다. 뿐만 아니라 일본은 북한과 아직 외교관계 정상화를 수립하지 못한 상황이고, 러시아와도 북방열도 문제로 갈등상황이 여전히 진행형으로 존재하고 있다. 이러한 국제환경 속에서 두만강지역은 일본에 있어서 항상 경제적 요소보다는 지정학적 요소가 보다 부각되는 지역으로 존재해왔다.

둘째, 동아시아 지역에서 형성된 국제분업체계로 인해 두만강지

역 협력에 대한 관심도가 저조하다. 일본은 20세기 70년대부터 동
아시아에 대한 대규모 직접투자 및 무역을 주도하면서 자본·기술
밀집형 및 노동밀집형 산업을 통합하는 일본 중심의 동아시아 산업
협력체계를 구축해왔다. 이러한 협력체 내에서 일본은 이미 수평적,
수직적 분공의 이익을 확보하고 있기 때문에 두만강지역 국제협력
에 대한 진일보된 동기부여가 부족한 상태이다. 그 외에도 두만강지
역은 사회기반시설이 낙후하고 공업발전수준이 낮기 때문에 일본의
두만강지역 국제협력에 대한 참여를 충분히 이끌어내기 어려웠다.

(3) 한국

한국이 두만강지역 개발에 참여하는 동기는 크게 두 가지로 나
누어 볼 수 있다.[96] 첫째로, 두만강개발계획의 경제적 잠재력을 높
이 평가하여 장기적인 동북아 경제협력 추진의 일환으로 이 사업
에 참가하는 것이다. 특히 나진·선봉지역을 그 비교우위에 기초하
여 국제적 중계무역의 중심지로 등장하도록 하는 것은 장기적으로
투자할 만한 가치가 있다. 둘째로, 이러한 다자간 지역협력사업을
통하여 남북한 간의 경제교류 확대와 북한의 실질적인 개방을 유
도하는 등 궁극적으로 통일에 대비하는 측면에서 유리하다. 특히
남북한 당국 간의 공식적 관계가 악화된 시점에서 다자간 통로를
통하여 경제적인 측면의 접촉과 협력을 모색하는 것은 최소한 남
북 경협을 심화시키는 역할을 할 수 있는 것이고, 궁극적으로 기대

---

96) 심의섭·박광훈, 『두만강 개발 10년 평가와 전망』, 지역연구회시리즈 01-06, 2001, pp.110~111.

이상의 효과를 거둘 수 있다.

그럼에도 불구하고 한국 정부는 현재 두만강 개발에 대해 역시 소극적인 태도를 취하고 있다. 한국은 두만강 개발의 직접적 수혜자가 아니며, 또 구체적인 정보도 부족한 상황에서 두만강 개발사업에 재정적 기여와 기술제공을 하더라도 두만강 경제권 접경 3국보다는 발언권이 약할 수밖에 없다는 판단에서였다. 이러한 상황에서 한국은 중앙정부적 차원보다는 동해안 지방정부들이 두만강 개발에 상대적으로 보다 많은 관심을 가져왔다. 예컨대 강원도의 경우 2000년에 속초항에서 자루비노 항(훈춘 연결)을 거쳐 블라디보스토크까지 화물 여객선 항로를 개설한 데 이어, 2008년에 또다시 속초-니카타-자루비노로 이어지는 신항로를 개통한 바 있다. 부산도 2008년에 부산-동해-러시아 보스토니치를 연결하는 컨테이너선을 취항시킨 바 있다.

북중경협의 심화와 더불어 중국에 대한 북한의 '종속'적 상황을 우려하면서 현재 두만강 개발 참여를 주장하는 견해가 한국 내 일부학자들에 의해 제기되고 있다. 그러나 역시 역내 정치·안보적 문제, 열악한 인프라 환경 등 구조적 요인들로 인해 한국 정부는 줄곧 적극적인 참여의지를 보이지 않고 있다. 단, 추후 북한 비핵화 논의가 진전이 있고 북한이 보다 개방적 성향을 보일 경우 한국은 그 여느 국가들에 비해 적극적으로 두만강 개발에 뛰어들 가능성이 높다.

(4) 북한

북한은 두만강지역 국제환경 개선에 하나의 중요한 키워드가 된다. 북한이 어떤 자세로 두만강 개발에 참여하느냐에 따라 동 지역의 정치환경 및 국제협력 수준은 상이한 변화를 가져올 수 있기 때문이다. 북한은 2차 핵실험 이후 두만강지역에서 중국과 러시아의 개발·개방정책에 편승하여 외부자본을 유치하고 국내 기반시설을 개선함으로써 궁극적으로 경제 상황을 개선하겠다는 의지를 강하게 나타냈다. 그러나 여기에 본질적 한계가 병존하고 있다. 첫째, 북한의 대외안보 환경의 불확실성이 가중되고 있다는 것이다. 북한의 '핵 보유' 의지가 유지되고 있는 가운데 국제사회의 대북제재도 갈수록 강화되고 있다. 이러한 상황에서 남북관계도 당분간 새로운 출구를 찾기가 쉽지 않을 것이다. 둘째, 체제 안정화 우선으로 전개되고 있는 북한의 경제특구 건설은 아직 사회주의 계획경제체제라는 총체적 틀을 벗어나지 못하고 있는 상황이다. 정권 과도기에 놓여 있는 북한으로서는 경제발전을 위한 대외자본 유치는 설령 개방적이라 하더라도 내부적 안정성을 우선적으로 고려하지 않을 수 없다. 한편 제도적 측면에서의 불안정성은 항상 투자자들에게 불가예측의 손실을 가져다주고 있기 때문에 투자리스크가 상당히 높다는 점도 이미 주지의 사실일 것이다.

요컨대 협력과 불신이 공존하는 복잡한 동북아 정치구도는 동 지역 경제개발을 저해하는 첫째가는 요인이다. 냉전체제의 비대칭적 해소로 인해 국가 간 상호 불신이 장기적으로 심화되면서 두만강 개발에 대한 지경학적 고려가 항상 부족했다.

또한 동북아 경제의 이른바 '황막지대'(荒漠地帶)로 불릴 만큼 두만강지역은 사회기반시설이 낙후하고 공업발전수준이 낮기 때문에 역내 선진국들의 두만강지역 국제협력에 대한 참여를 충분히 이끌어내기 어려웠다. 특히 안보 리스크가 항상 중요한 고려사항으로 작용하는 가운데 투자자들의 적극적 참여를 이끌어내는 것 또한 한계가 있었다. 이러한 점들을 고려할 때, 지역적 인프라 구축과 국제정치환경 개선은 두만강 개발의 우선적 과제라고 할 수 있는 것이다.

특히 협력과 안보라는 양 측면의 선순환적 고리를 형성하고 궁극적으로 불안정 국면을 돌려세움으로써 역내 국가들로 하여금 두만강 국제협력에 보다 적극적으로 참여할 수 있도록 하는 것이 현재 동북아 역내 국가들이 공통으로 직면한 과제다.

2. 중국의 북중 국경지역 개발과 '창지투 선도구' 개발전략

1) 북중 국경지역 개발의 국제정치경제

2009년 중국이 북중국경지역 개발을 공세적으로 펼치게 된 것도 글로벌 금융위기 여파로 인한 출구전략 추진의 필요성, 즉 내적 요인과 두만강지역 재개발을 통한 동북아지역 정치국면의 타개라는 외적 요인이 함께 작용한 결과라고 볼 수 있다. 첫째, 중국 정부는 미국발 금융위기로 인해 실물경제부문도 직접적인 타격을 입기 시작하자 2008년 11월 긴급회의를 소집하고 4조 위안 규모의 경기부양책을 제정했다. 이런 맥락에서 2009년 '창지투규획'·'랴오닝경

제벨트규획' 등[97] 국가전략 수준의 지역개발규획 십여 건이 연이어
발표된다. 둘째, 국경개발 프로젝트는 국가균형발전의 차원에서 장
기간 추진되었던 동북노공업기지 진흥이 성과를 내지 못하면서 이
에 대한 대응책으로 추진된 것이라고 볼 수 있다. 앞에서 논의되었
지만 1991년 UNDP 주도로 추진된 '두만강지역 개발 프로젝트'
(TRADF)가 답보상태에 놓여 있었고, 2003년 동북노공업기지 진흥
계획과 함께 2005년 대두만강지역협력(GTI)이 재차 추진했음에도
불구하고 주변국들의 시각은 여전히 관망적이었다. 이에 따라 중국
은 일국적 차원에서 적극적으로 지역개발을 강행하여 궁극적으로
국제협력을 이끌어내겠다는 구상을 갖게 된 것이다. 셋째, 북한의
지전략적 가치 때문이다. 정치적 측면에서 지역개발의 고질적인 문
제는 역시 한반도 정세 불안정이었고, 또한 경제적 측면에서 보아
도 지역개발의 경우 북한이라는 문호를 확보하여 지역 개방도를
높여야 할 필요성이 존재했다.[98] 물론 안보적 측면에서 한반도는
줄곧 외세침략의 발판이 되었다는 전통인식이 작용했다는 점도 결
코 부인할 수 없다. 환언하면 중국의 동북 국경지역개발은 북한에
대한 개혁·개방 유도를 통해 동북아 지역의 장구적인 평화 국면
을 조성해야만 국제협력도 보다 현실적으로 가능해질 수 있다는
계산이 깔려 있었다. 이런 맥락에서 중국 국무원은 2009년 8월 30일
"중국 두만강구역 합작개발규획 강요(中国图们江区域合作开发规

---

97) 이하에서는 논의의 편의를 위해 『창지투규획』, 『랴오닝경제벨트 규획』을 통칭하여 동북 국경
지역개발이라 부르기로 한다.

98) 『창지투규획』 보고서 작성과정에 참여했던 자문위원들에 의하면 애초의 개발 계획은 주로 창
춘(長春)과 지린(吉林) 지역에만 집중되었다 한다. 그러나 두만강지역 대외통로 확보를 전제
로 한 개방도 제고가 없이는 개발계획이 소기의 목적을 달성하기 어렵다는 다수 전문가 의견
에 따라 연변-훈춘지역이 포함되면서 '창지투 규획'으로 범위가 확대되었다.

划纲要: 以長吉圖爲開發開放先導區)』"(이하 '창지투 선도구 전략)
를 인준했다.

2) 창지투 선도구 전략의 주요 내용

'창지투 선도구 전략'은 총체적으로 다음과 같은 전략적 구상을
갖고 있었다. 즉 훈춘(琿春)지역을 대외개방의 창구로, 옌지(延吉)-
룽징(龙井)-투먼(图们)지역을 전초지로, 창춘(长春)-지린(吉林)지
역을 성장엔진으로, 그리고 동북전역을 선도구 전략 추진을 위한 발
판으로 삼는다는 것이다. 이러한 개발전략을 기반으로 궁극적으로
동북지역 개방을 위한 새로운 관문을 개척하는 것이 이번 '창지투
선도구 전략'의 총체적 그림이다. 다시 말해서 지린 성 지역의 잠재
력을 충분히 발휘하여 한국·일본 등 국가들을 상대로 해외자본
유치를 강화함과 동시에 연해지역과 내륙지역의 역동관계를 조성
하여 궁극적으로 동북지역의 전면적 대외개방의 새로운 국면을 맞
이한다는 것이다. 이에 따라 '창지투 선도구 전략'은 연변(沿邊)지
역 개발개방의 새로운 모델 모색, 동북노공업기지 진흥 촉진, 동북
아지역협력의 강화, 지린성 사회경제발전의 가속화를 실현할 것이
라는 전략적 목표를 제시했다.[99]

'창지투 선도구 전략'의 내용을 분석해보면 대체로 중대의의, 창
지투 개발개방 선도구 건설 가속화, 창지투지역과 국내지역 간 역
동관계 형성, 두만강지역 국제협력 강화, 규획의 실시를 위한 부대

---

99) 吴昊·闫涛,「长吉图先导区: 探索沿边地区开发开放的新模式」,『東北亞論壇』, 2010年 第2期.

정책 등 6개 부분으로 구성되어 있다. 구체적 내용을 요약 정리하면 <표 11>과 같다.

<표 11> '창지투 선도구 전략'의 주요 내용

구분	주요 내용
대상지역	- 중국 두만강지역의 핵심지역은 창춘시(长春市 도시지역, 德惠市, 九台市와 农安县), 지린시(吉林市)의 부분지역(지린시 도시지역, 蛟河市와 永吉县), 연변주(延边州) 등 총면적 3만㎢에 달하는 지역으로 인구는 770만 명에 달함. 창지투지역 면적 및 역내 인구 수는 각각 길림성 총면적과 인구의 1/3을 차지하며 경제총량은 길림성 전체의 1/2을 차지함.
발전목표	- 1단계(2012년까지): 2008년 경제총량(3,640억 위안)의 2배, 삼림피복률 60% 이상 유지 - 2단계(2020년까지): 경제총량의 4배 이상 도달, 삼림피복률 68% 이상 유지
개발구도	- 훈춘을 창구로, 연길-용정-도문을 최전방으로, 창춘-지린을 성장동력으로, 동북 전역을 발판으로 함.
8대 중점프로젝트	- 두만강지역 국제자유무역지대 건설: 중·한·일·러 간 양자·다자간 초국경 자유무역구 건설(1단계)→두만강지역 국제자유무역구 건설(2단계) - 창춘·지린 내륙통상구 건설: 국제중계통상구인 창춘통상구 건설, 세관·상품검역·국경심사 및 해당 시설의 체계화 운영 실행 - 과학기술혁신구 건설: 창춘시 국가바이오산업기지, 광전자산업기지를 바탕으로 다수의 하이테크 R&D센터와 산업단지 조성 - 성급(省級) 국제협력산업구 건설: 한중, 중일, 중러 등 초국경 산업단지 - 현대화 물류구역 건설: 동북 내지는 동북아지역을 상대로 창춘·연길공항과 훈춘 등 통상구에 기반하여 보세가공·보세물류·보세창고 등이 집결한 물류집산지 구축 - 생태관광구 건설 - 최첨단 서비스 집중지역 건설 - 현대농업시범지역 건설

자료: 吉林省政府网, "长吉图开发开放先导区特别专题": http://www.jl.gov.cn/zt/cjtkfkfxdq/ 내용 참조 및 재정리.

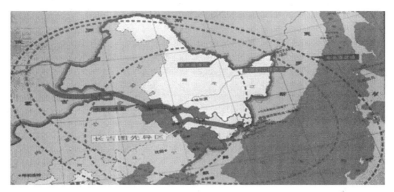

<그림 2> 창지투 개발개방 선도구 건설 조감도

3) '창지투 선도구 전략'의 주요 특징

2010년부터 본격적으로 추진되고 있는 '창지투 선도구 전략'은 국가전략의 차원으로 승격되면서 금융, 재정, 외교를 아우르는 다양한 측면에서의 국가적 지원이 강화되었다. 또한 기존의 두만강지역 개발 경험과 교훈에 기반을 둔 이번 '창지투 선도구 전략'은 추진과정에서 다음과 같은 사항들에 초점을 맞추고 있다. 첫째, 국익을 근본 출발점으로 두만강지역 개발을 국가전략의 수준에서 접근하고 역내 국가들에 비해 보다 선두적으로 참여하고 나섬으로써 지역개발에서의 이니셔티브를 확보하고자 하는 것이다. 앞에서 제시한 바와 같이, 이번에 국무원에서 발표한 '중국 두만강지역 협력개발규획강요'는 '창지투 개발·개방 선도구'라는 부제를 달았는데 이는 중국이 먼저 자체적으로 지역개발을 진행하겠다는 의지를 내재하고 있다.100) 예컨대 중국 국가발전개혁위원회 지역사(地区司)

판헝산(范恒山) 사장(司長)은 세계화와 지역통합(一體化)이라는 국제환경의 변화 속에서 국가전략의 시각에 서서 두만강지역 국제협력문제를 조감해볼 때, 협력개발은 이미 긴박한 상황에 놓여 있다고 평가했다.[101] 이에 따라 그는 중국 대외개방의 중요한 전략으로서의 창지투 선도구 전략은 두만강지역 국제협력을 가일층 강화하는 데 유리하며 궁극적으로 중국의 총체적 대외개방 구도를 개선시키는 데 유리하다고 주장했다.[102] 이제는 국제협력의 기회를 앞아서 기다리기보다는 보다 적극적인 태세로 기회를 선점하고 지역개발을 주도함으로써 국제사회의 공동참여를 이끌어내겠다는 의도인 것이다.

둘째, 산업발전전략의 측면에서 국내외 산업유치와 산업 공간구조의 합리적 배치에 역점을 두고 있다. 산업을 규모화, 고도화, 생태화 방향으로 육성한다는 것이다. 또한 두만강지역에서 자원우위를 갖고 있는 주도산업과 관련된 산업기지를 건설하여 산업구조 고도화를 실현하고자 한다. 그 외에도 창춘시와 지린시를 30분 생활권으로 만들어 하나의 도시권을 형성한다는 목표를 갖고 있다. 즉 지역자원을 보다 효율적으로 이용하기 위해 사회·경제적으로 긴밀히 연계되어 있는 여러 중심도시들을 연결하는 밀집된 교통망을 구축함으로써 복합 도시군을 형성한다는 것이다. 행정획분(行政劃分)의 경직성을 약화시키고 지역적 시각에 착안하여 도시 간 경제적 연계를 강화하고 경제 및 시장의 통합을 추진시켜 기초시설

---

100) 郭文君, 『东北增长极: 图们江区域合作开发』, 吉林人民出版社, 2010年.

101) 吉林省人民政府, "国务院调研组为图们江地区合作开发献计献策", 吉林省人民政府网: http://www.jl.gov.cn/(검색일 2010.8.)

102) 石明山, 「长吉图开发开放先导区打造东北新增长极」, 『科学时报』, 2009.9.21.

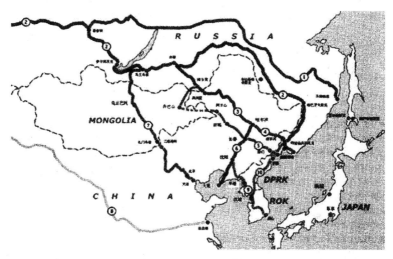

출처: 于潇,「长吉图开发开放先导区与国际大通道建设研究」,『东北亚论坛』, 2010年 第2期, p.12.

<그림 3> 동북아지역 국제교통운수통로

투자 및 효율성을 극대화함으로써 지역경제 및 사회·환경의 지속적 발전을 촉진한다는 것이다.[103]

셋째, 항만, 철도, 고속도로, 통상구 건설을 포함하는 국제물류통로 건설을 중점사업 중 하나로 추진하고자 한다. 이번 '창지투 선도구 전략'은 교통운수 기반시설 협력항목을 중점적으로 추진할 것을 제시하고 있다. 동북지역을 관통하는 국제대통로를 구축하는 것은 창지투지역이 두만강 국제협력에 참여할 수 있는 중요 경로이기 때문이다. 이에 따라 국제통로개척 프로젝트는 주로 중국, 러시아, 한국, 몽골, 일본 등 국가들을 합종연횡으로 연결하고자 하는 데 있다. 러시아 극동지역과 북한 북부지역 항구에 대한 협력개발 및 이

103) 刘艳军,「我国产业结构演变的城市化相应研究: 基于东北地区的实证分析」, 东北师范大学, 2009年, pp.25~34.

용을 목표로 한 종합교통운수 기반시설 구축과 몽골을 경유하여 동북지역을 관통하는 이른바 중·몽 국제운수 통로를 개척하고자 한다. 그 외에도 장춘 룽자(龍嘉)공항의 통관능력을 제고하여 국제 항공물류통로를 개척하는 것이 중요 과제로 제시되고 있다.

3. 북중 국경협력의 전개와 북한의 참여

그렇다면 북한은 왜 중국의 국경지역 개발에 적극 참여하게 되었는가. 첫째, 이는 경제 개선의 필요성이 보다 돌출이 되는 시기라는 점과 연관된다. 2009년 제2차 핵실험이후 북한은 주체사상과 선군사상을 토대로 정치강국, 그리고 핵무기를 기반으로 군사강국임을 자처할 수 있었지만 '강성대국의 대문을 열기'까지 시간이 얼마 남지 않은 상황에서 경제강국 건설과업은 오히려 요원한 상태로 남아 있었다. 둘째, 후계체제 구축의 필요성 때문이다. 2008년 8월 와병 이후 자신한테 남은 시간이 얼마 되지 않았음을 감지한 김정일은 2009년 1월 김정은 후계자 지명을 하달하고, 점차 후계체제 구축에 들어섰다. 특히 김일성·김정일과 같은 인격적 리더십을 가지지 못한 김정은의 정치적 부담을 덜어주기 위해서는 무엇보다 안정적인 내·외부환경을 만들어주는 것이 필요했다. 셋째, 그럼에도 불구하고 장기적인 경제난과 2차 핵실험 이후 국제사회 대북제재가 지속적으로 강화되고 있는 상황에서 북한은 새로운 돌파구를 찾기가 쉽지 않았다. 2009년 이래 미국의 '전략적 인내' 대북정책은 변함없었고, 경색된 남북관계 개선을 위한 (2009년 후반) 일련의 유화정책은 오히려 한국에 의해 '문전박대'당하고 있는 상황에서 김정일이 협력파트너로 선택할 수 있는 국가는 오로지 중국밖에 없었다. 바로 이 시점에 중국이 대규모 국경지역 개발을 제시했고 북한은 이를 받아들이면서 북·중 국경지역개발에 적극 동참하게 된 것이다.

2010년부터 정식 개시된 북·중 국경협력은 애초부터 상당한 협조관계를 이루며 진행되어왔다. 중국 정부는 2009년 7월과 8월에 이미 인준한 국경개발규획에 대해 11월 중순에 이르러서야 대대적인 대외홍보 및 내부적 동원을 전개했고, 이 시점(12월)에 김정일은 18년 만에 나선시를 방문했다. 이듬해인 2010년 1월부터 북한은 일련의 대외개방조치를 실행했다. 그렇다면 현재까지 북한은 북·중 국경개발에 어떠한 참여 형태를 보여왔는가. 여기서는 주로 국경협력을 위한 북한의 일련의 정책조치와 구체적 영역들에서의 협력현황을 살펴보고자 한다.

1) 북한 대외개방정책의 변화

북한은 2010년 이후로 대외개방을 위한 일련의 조치들을 의욕적으로 실시했다. 북한은 2010년 1월 4일 나선시를 특별시로 승격한 이후, 2010년 1월 15일에는 20년 만에 기반시설·기초공업·지역개발을 중심으로 한 「국가경제개발 10개년 전략계획」을 발표했다. 2010년 1월 27일에는 라선경제무역지대법을 개정한데 이어 7월 8일에는 외국투자를 전반적으로 관리하는 합영투자위원회를 설립했다. 또한 2010년 8월 김정일 제2차 방중을 계기로 10월에는 나진·신의주 공동개발에 관한 북·중 협정이 체결되었다. 2011년 5월 하순 김정일의 제3차로되는 파격적 대중 행보 이후 6월 8일과 9일에는 황금평·위화도 경제지대 공동개발 착공식과 나선경제무역지대 공동개발 착공식이 진행되었다.[104] 이를 배경으로 2011년 11월부터 12월까지 북한은 수정된지 2년도 채 안되는 라선경제무역지대법을 다시 거의 신규수준으로 개정했을 뿐만 아니라, 황금평·위화도 경제지대법 등 10여 개의 외국인투자관계법들을 신규 공표 또는 수정했다. 이들 법규들은 투자기업 특혜조치, 국제법 기준 수용 등 대부분 외자유치와 관련하여 투자기업에 대한 우대내용으로 구성되어 있어 '기업 친화적' 조치라는 평을 받기도 했다.[105]

2010년 이후 북한 경제개발의 청사진이라 할 수 있는 「국가경제개발 10개년 전략계획」(이하 '10년 개발계획')은 2020년까지 해외 선진기술과 과학적인 경영관리 기법 및 해외자본을 받아들여 경쟁력을 갖춘 세계적인 생산기지를 만들겠다는 목표를 세우고, 주로 '나선-청진-김책'의 동북축과 '신의주-남포-평양'의 서남축을 중심으로, ⓐ 자원개발 및 산업단지 조성(산업분야), ⓑ 철도·도로·

---

104) 동 착공식을 통해 황금평·위화도 총 16㎢의 부지에 양국은 정보산업·관광문화산업·현대농업, 그리고 가공업 등 4대 산업단지와 상업센터를 조성하기로 약속했다. 나선무역지대의 경우 주로 원정리-나선시 도로보수 공사, 나진항을 이용한 중국 내 화물 운송, 나선 시범농업지대, 연간 생산 100만 톤 규모의 시멘트 공장 건설과 나선지역 자가용 운전 관광 항목 등이 약속되었다.

105) 2011년 11월 29일 합영법, 외국인투자법, 합작법, 외국투자기업 및 외국인 세금법, 외국인기업법, 등이 수정 보충되었고 12월 김정일 사후에도 불구하고 12월 21일에는 외국인투자은행법, 외국인투자기업등록법, 외국인투자파산법, 외국인투자기업재정관리법, 외국인투자기업회계법, 외국인투자기업로동법 법령들이 수정 공표되었다. 이에 관한 구체적 평가는 배종렬, "최근 개정된 북방특구법제의 개혁·개방성: 라선경제무역지대법을 중심으로", 『수은북한경제』, 2012, 봄호, pp.49~77; 유현정, "북한의 대외경제관련 법규정비 평가", 『세종정책연구』, 2012.18, 2012, 참조.

항만 등 인프라(SOC) 개발 분야, ⓒ 금융 등의 분야에 대한 건설을 중점적으로 진행하겠다고 선포했다. 물론 기술과 자본이 극히 궁핍한 상황이므로, 북한은 주요대상들을 국가예산과는 상관없이 주로 10년간 1,000억 달러 투자를 유치해 개발한다고 하였다.[106] 개발사업은 애초 국방위원회 산하의 조선대풍국제투자그룹과 내각 산하의 합영투자위원회(이하 '합영투위')의 주도로 추진되었으나[107] 그동안 자본유치 실적이 미진한 탓에 2012년 대외경제 관련 조직체계가 개편된 결과, 대풍그룹은 합영투위 산하의 국으로 통폐합되었고 그 대신 합영투위 산하 해외 유일 투자유치 전담부서인 '조선투자사무소'가 중국 베이징에 설립되어 외자유치 활동을 전개했다.

2) 북중 국경협력 추진 실태

그렇다면 위에서 제시된 일련의 경제조치 하에 현재 북한의 국경협력 참여는 어떠한 상황을 보여 왔는가. 여기서는 주로 사회간접자본 건설, 투자유치, 인적교류 영역들에 대해 알아보고자 한다.

(1) 사회간접자본 건설

중국정부는 2009년에 발표된 「창지투규획」에서 동북 변경지역

---

106) 박희진, "김정일체제의 경제적유산과 북한경제전망: 거점개방과 반개혁의 이중주", 『KDI경제리뷰』, 2012년 5월호.

107) 조선합영투자위원회(위원장 리수영)은 내각 산하기관, 조선대풍그룹(총재 박철수)는 국방위 산하 기관으로 알려짐. 합영투위는 통상적인 외자유치를, 대풍그룹은 대규모 인프라 사업 등 목적성 사업을 위한 외자유치를 담당했던 것으로 알려짐. 김치관, "북, 제한조치 대폭 완화된 투자법을 올해 공표", 2011, 『민족21』.

경제개발구 건설을 적극 추진함과 동시에 북한 및 러시아 원동지역 항만을 경유하는 대외통로 확보를 2012년까지 일차적으로 완성해야 한다는 목표를 제시한 바 있다. 북한 항만을 경유하는 대외통로 확보가 중국 동북지역개발에서 그만큼 중요한 위치를 차지한다는 의미이다. 중국정부는 창지투 선도구 규획 100대 중점추진 프로젝트 중 북한의 나진항과 청진항으로 통하는 도로, 철도 및 통상구 다리 등 교통 인프라건설에 총 160.5억 위안(약 25억 달러)을 투자하여 국내 구간은 2015년까지, 북한 내 구간은 2020년까지 완공할 것을 계획했다.

지금까지의 상황을 보면, 북·중을 연결하는 중요 세관인 권하-원정리 교각건설이 이미 완공되었고, 원정리-라선지역을 잇는 2급 도로로도 2012년 현재 이미 개통되었다. 단동과 신의주를 연결하는 신압록강대교는 2010년 착공을 시작하여 18억 위안(약 2.8억 달러)이 투자되어 2014년 7월에 완공될 예정이다. 그 외에도 투먼(圖們)-청진 철도(171km), 투먼-나진 철도(159km)에 총 32.78억 위안을 투자하는 등 10여 개 대외통로 프로젝트를 계획한 바 있다.[108]

항만개발의 경우, 2012년 9월 1일 연변 하이화그룹(延邊海華集團)은 북한 항만총회사와 계약을 체결하여 청진항 해운항만합작경영회사를 공동 설립하고 연간 하역능력 700만 톤인 청진항의 3, 4호 부두를 30년간 공동관리 및 이용하기로 합의했다.[109] 대련 창리

---

108) 중국 연변대 임금숙 교수 인터뷰, 2012.7.3.

109) 청진항은 동항과 서항으로 구분된다. 동항 1, 2호 부두는 아직 대외에 개방하지 않고 있으며, 하이화 그룹이 임대한 부두는 조건이 다소 열악한 서항의 3, 4호 부두이다. 하이화 그룹은 현재 6천 만 위안을 들여 3, 4호 부두 개보수 공사를 마쳤으며 2015년까지 수만 톤에 불과한 청진항 물동량을 100만 톤으로까지 올리겠다는 계획을 갖고 있다.

(創立)그룹은 2008년 나선항 제1호 부두 10년 사용권을 확보한 데 이어, 2009년부터 석탄부두 개조 건설을 진행했다. 2010년 중국 해관총서의 비준 하에 "국내 화물 초국경 운송"(内贸货物跨境运输) 무역형식의 해상운송통로를 확보하고, 2011년부터 훈춘광업집단 석탄 50만 톤을 1호 부두를 통해 중국 상하이 등 지역으로 운송하기 시작했다. 그러나 2012년 5월까지 7회에 거쳐 총 10.4만 톤이 운송되었지만 석탄 가격 변동, 특히는 권하－원정리 도로 보수공사가 시작되면서 현재까지 일시 중단된 상태다.

특구건설의 측면에서 보면, 2012년 8월 장성택 방중을 계기로 라선경제무역관리위원회와 황금평·위화도 경제구관리위원회가 각각 설립되면서 양 지역 협력이 가속화될 전망이었다. 그러나 북한의 제3차 핵실험은 상기 공동개발에도 상당한 영향을 미친 것으로 보인다.[110] 예컨대, 2011년 나선특구에 100만 톤 규모 시멘트 공장을 건설하기로 했던 야타이그룹(亞泰集團)이 2012년 8월 14일 북한 라선시인민위원회와 투자합작 MOU를 정식 체결하고, 합작기한을 50년으로 2013년부터 생산에 투입할 계획이었다. 그러나 2013년 9월 현재까지 본 투자항목의 실질적 추진은 그다지 순리롭지 않은 것으로 추정된다.[111]

---

[110] 예컨대 중국 포털사이트 써우후 닷컴은(sohu.com) 2월 14일 한국 언론의 보도 내용을 빌려 "중국지도부는 이번 북핵실험에 비상한 관심을 갖고 있으며, 유엔 대북제재 결의이후 대북 단독제재방안을 논의하고 있다"고 밝혔다. 심지어 나선, 신의주－황금평 공동개발에 관한 재토론의 가능성도 제기되었다. 이에 관해서는 "韩媒: 中国取消朝鲜罗津特区会议或为制裁朝鲜", http://news.sohu.com/20130214/n366067796.shtml 참조.

[111] 야타이그룹 소개에 따르면, 2013년 9월 8일, 라선시 인민위원장 조정호 일행이 야타이그룹 방문, "양자 간 소통을 강화하고 야타이그룹 시멘트 공장 건설항목 추진을 가속화해줄 것을 희망"했다고 한다.

(2) 투자유치

김정은 체제의 정당성 확보에 있어서 경제문제 해결은 가장 시급한 과제이다. 그러나 주지하다시피 북한은 공장가동률 저하와 원부자재 및 전력 등 생산요소들의 만성적 결핍으로 경제회생의 내적 동력을 잃은 지 오래다. 비록 '경제개발 10개년 계획'이라는 야심찬 청사진을 마련했지만 핵실험으로 인한 국제사회 대북제재가 발효 중인 가운데 중국으로부터의 투자유치가 경제회생의 유일한 대안으로밖에 될 수 없는 상태였다. 앞에서도 논의되었듯이 북한은 2012년 이후 대중 투자유치를 높이기 위해 대풍그룹을 합영투위에 통폐합시키고 해외 유일 투자유치 전담부서인 '조선투자사무소'를 중국 베이징에 설립함으로써 해외기업 대북투자 관련서비스를 제공하고 있다.[112] '조선투자사무소'는 조선합영투위의 대외 창구 역할을 담당하는 기관으로 국가신용을 담보로 투자항목의 합법성과 진실성을 보장하는 데 목적을 두고 있다. 또한 북한 시장, 투자항목, 투자유치 관련 정책·법규에 대한 설명과 시장고찰 등 대북투자 제반 절차에 편의를 제공하는 기능을 하고자 한다.[113] <표 12>에서 보다시피 조선투자사무소에 의해 공표된 투자항목은 광산, 물류, 가공·제조, 어로양식, 유통, 금융, 관광, 기반시설, 가공구 등 다양한 분야들을 모두 포괄하고 있다. 조선투자사무소는 상대적으로

---

112) '조선투자사무소'는 조선합영투위의 대외 창구 역할을 담당하는 기관으로 국가신용을 담보로 투자항목의 합법성과 진실성을 보장하는 데 목적을 두고 있다. 또한 북한 시장, 투자항목, 투자유치 관련 정책·법규에 대한 설명과 시장고찰 등 대북투자 제반 절차에 편의를 제공하는 기능을 하고자 한다. 朝鮮投資事務所, http://www.cestcenter.com/firm.aspx(검색일 2013.9.30)

113) 朝鮮投資事務所, http://www.cestcenter.com/firm.aspx(검색일 2012.8.30.)

영세기업의 대북투자보다 대형항목들에 보다 높은 관심을 보였다.

<표 12> 북한의 투자유치 항목

분류	주요 항목
광물 채취	금광, 철광, 동광, 석탄 등 23종
물류항목	해운, 육로운수, 항공운수, 창고저장, 정보서비스
가공제조	가공: 경방직, 목재, 식품, 건재, 조명; 조립: 자동차, 전자, 기계설비 등; 제조: 각종 대형공장
어로양식	어로: 대마력 어선 어로; 양식: 해수 양식
상품유통	장식 건재, 가전제품, 종합매점, 면세점, AS
금융항목	합자은행, 지행개설, 판사처설립, 회계사사무소
관광항목	관광협력, 관광지 매점, 객운서비스, 호텔 및 판점
기반시설	비행장, 부두, 도로, 건축, 발전소, 주유소, 창고 등
가공단지	보세가공구, 항만가공구, 종합가공구

출처: 朝鮮投資事務所(http://www.cestcenter.com).

투자규모와 상관없이 실제로 북한이 유치하고자 하는 투자항목들을 파악하기 위해 중국 단동화상해외투자유한공사(中国丹东华商海外投资有限公司)에[114] 공개된 유치계획 항목 158건에 대해 분석해 보면 <표 13>과 같다. 전체적으로 북한이 실지 계획하고 있는 유치항목들은 광산·물류·가공/제조·어로양식·유통·금융·관광·기반시설·가공구 등 다양한 분야들을 포괄하고 있으며, 항목 수로 볼 때 경공업·광산업·농수산업·서비스업·화학공업 등 순으로 나타났다. 인민생활 수준 향상이라는 목표하에 경공업을 우선적으로 발전시키고자 하는 북한의 의도가 돋보이는 부분이다.

---

114) 丹东华商海外投资有限公司는 대북 경제협력 민간단체와 대북경협 사업단위(事业单位, 국가기관 성격)를 바탕으로 설립되었다. 기존의 사업 우세를 빌어 북한 투자유치 항목에 관한 서비스를 제공하고 있다. 주로 북한 투자관련 자문, 시장조사연구, 협의 및 계약과정에 방편을 제공하고 있다. <丹东华商海外投资有限公司, http://www.cxtzw.com>, (검색일 2012.12.10.)

분류	농수산업	광산업	서비스업	경공업	화공업	합계
항목 수	18	49	14	68	9	158

출처: 丹東華商海外投资有限公司(http://www.cxtzw.com).

경공업의 경우 품목별로 종이·인쇄, 식품가공, 의류·신발, 가전제품·전기기기, 조명, 플라스틱 제품 생산 등 다양한 영역들이 포함되어 있으며 생산된 제품에 대해서는 내수를 전제로 수출 가능하다는 입장을 취하고 있다. 특히 아이스크림·햄버거·비누·껌·조미료·생활용세척제·태양에너지온실항목 등 상대적으로 '인민생활수준 향상'을 돋보이게 할 수 있는 생필품 생산은 평양지역에 투자할 것을 희망하고 있다.

광산개발의 경우, 철·금·동 등 10여 종의 광산 관련 투자유치를 희망하고 있는데 개발대상 지역은 주로 함경북도, 황해남도, 평안남도, 평안북도 등의 순으로 나타나고 있다. 주로 현장탐사를 통한 자원량 평가 및 투자기업의 자본조달 능력에 따라 투자규모가 확정되는 것으로 보인다. 협력 방식은 북한이 노동력과 자원 및 부분 시설을 제공하고 중국 측이 자본과 기술·설비를 제공하는 방식을 취하고 있다. 중국 측이 단순히 광물을 채굴해가는 형태에서 벗어나서 전반적인 채굴, 가공, 운송 체계까지 구축해주기를 원하고 있는 것이다. 제품은 내수와 대중 수출을 동시에 도모하고 투자금 상환은 보통 보상무역을 통해 실현하고자 한다.

서비스업의 경우, 대부분 평양지역에 투자할 것을 요구하고 있다. 주로 현대화 호텔 건설 항목, 육·해운수와 물류센터 건설 항목 등이 포함되어 있다. 특히 평양지역에는 택시·공공버스·LPG

충전소 등 방면에도 투자유치를 희망하고 있다는 점이 새롭다. 예컨대 중국 측이 100대 정도의 택시·버스차량 및 부품을 제공하고 북한이 이를 보상무역 또는 지분에 따라 이윤을 배분하겠다는 것이다.[115] 뿐만 아니라, 북한은 현재까지 도시 교통운영에 관한 합작운영의 경험이 없기 때문에 가급적으로 중국 기업 측에 구체적인 운영계획을 요구하고 있는 것으로 나타났다. 북한은 '인민생활수준 향상'을 상징할 수 있는 생필품 및 서비스 분야 투자를 평양시에 집중하는 경향을 보이고 있다. 생산성 제고와 더불어 기득권층에 우선적으로 보다 나은 생필품과 서비스를 제공하겠다는 것으로 볼 수 있는 것이다.

이처럼 중국을 향한 북한의 투자유치 희망항목은 전방위적이다. 그러나 중국을 향한 북한의 이러한 희망사항이 어느 정도의 성과를 이루었는지에 대해서는 쉽사리 판단을 내리기 어렵다. 왜냐하면 중국이 "정부인도, 기업위주, 시장운영, 호혜공영"(政府引导, 企业为主, 市场运作, 互惠共赢)이라는 국내 시장 운영모델을 북한에도 적용하면서 무엇보다 시장기제에 기반을 둔 기업의 참여를 적극 권장하고 있으나, 중국기업들의 시각에서는 북한의 정책·정치적 위험부담을 항상 고려하지 않을 수 없기 때문이다. 환언하면, 정부적 차원에서 볼 때 북한은 무엇보다 중국정부에 대규모 투자를 요구하고 있지만,[116] 중국은 시장기제에 기반을 둔 기업 위주의 방

---

115) 실지로 2013년 현재 중국 화타이그룹(华泰集团)은 북한과 1,000대 규모의 승용차 수출계약을 맺었다. 이미 100대 공무용차량 및 300대 택시용차량이 수출되고 있는 것으로 알려지고 있다.

116) 예컨대 북한 김일성종합대 최영옥 교수에 따르면 "(나선경제무역)지대 내의 하부구조정비와 관련한 투자수요만 보더라도 초보적으로 수십억 달러 이상에 달하며 그의 개별적 계획대상들의 대부분은 수억 달러의 투자를 요구하는 것들이다." 그러나 "현재 이 지역에 대한 외국

식으로 북한개발에 참여함으로써 북한의 개혁·개방을 이끌어내는 것에 주목적을 두었다. 예컨대, 김정일 시기 나선항 4, 5, 6호 부두 50년 사용권을 양도함과 동시에 중국에 300억 달러 규모의 투자를 요구했다는 설이 회자되었을 때 중국은 직접적 개발원조보다는 기업을 내세워 30억 달러 규모의 나선특구개발 항목을 추진했었다.[117] 2012년 8월 중순 장성택 행정부장 방중 시에도 북한이 중국에 10억 달러 규모의 차관을 요구했다는 설이 나돌았으나,[118] 중국은 결국 9월 22일 민간기구인 중국해외투자연합회가 대표로 북한 '북경투자사무소'와 협의를 체결하고 30억 위안규모의 '대북투자 전문 펀드'를 조성하는 방식을 취했다. 그럼에도 불구하고 기업의 차원에서의 대북투자는 항상 '가시 돋친 장미'로 비유된다. 기업 위주의 방식은 수익성 문제가 동반되지 않을 수 없지만 그러나 미개척지인 북한시장은 상당히 매력적일 수는 있어도 미숙한 제도적 기반과 열악한 인프라, 그리고 정책적·정치적 위험부담이 항상 존재하기 때문에 우려스러운 부분이 적지 않다. 특히 2012년 장성택 북한 행정부장의 방중에 즈음하여 중국 언론에 공개된 시양그룹(西洋集團) 사건이 그 단적인 예였다.[119]

인 투자의 실태를 보면 연평균 외국인 투자액은 몇 천만 달러정도이며 그것마저도 계약단계에 있고 실지 실현된 것은 연평균 수백만 달러에 불과하다"고 주장한다. 또한 "부문별 투자 총액의 68.5%가 서비스부문에 27.2%가 생산부문에, 4.3%가 하부구조부문에 투자되었다."고 한다. 최영옥, 「라선경제무역지대에 대한 외국인투자의 현 실태와 제기되는 몇 가지 문제들」, 『두만강포럼2013』 발표논문, 2013년 10월 21일.

117) "张成泽访华受关注 传要向中国借10亿美元", 『大公報』 <http://www.takungpao.com/news/content/2012-08/16/content_943432.htm>(검색일: 2012년 9월 10일).

118) "10억弗 규모 차관 장성택中에요청", 『조선일보』, 2012년 8월 15일.

119) 중국 시양그룹이 언론에 발표한 자료에 따르면, 중국 500대 기업 중 하나인 시양그룹(민간기업)은 양국 정부 비준 하에 2007년 북한 령봉연합회사와 계약을 맺고 '양봉합영회사'를 설립하고 황해남도 옹진군 옹진철광에 2.4억 위안(약 3천만 유로)를 투자하여 2011년 4월부터 생산에 들어갔다(연간 생산량 50만 톤). 그러나 2011년 9월 북한이 토지임대세 1€/㎡, 공업용

물론 북한도 투자환경 이미지 개선을 위한 일련의 조치들을 취했다. 2012년 8월 시양그룹 사건이 언론에 공개되자 북한은 이례적으로 대외경제투자협력위원회 명의로 9월 5일 성명을 발표하여 관련사건에 대한 적극적인 해명에 나섰으며, 9월 9일에는 홍수로 갇혀 있는 중국 투자자들을 김정은이 직접 비행기를 파견하여 구출했다는 소식을 전하는 등 적극적인 홍보작업을 전개했다. 이러한 배경 속에서 2012년 9월 22일 중국 해외투자연합회와 북경투자사무소 간의 '대북투자 전문 펀드' 관련 협약에 체결된. 특히 중국해외투자연합회는 중국 상무부·외교부 및 학자들과 공동으로 북한을 방문하여 합영투위 주최 하의 북한 투자유치 설명회(광산·도시기반건설항목·CBD상업구 BOT건설[120)·5성급호텔·온천레이저단지 등)에 참석하고, 북한 시장동향 고찰, 정부·기업·금융·전문가 등이 공동으로 참여하는 2012년 제1차 중조국제경제합작투자 고위층 포럼을 김일성종합대학에서 개최하기로 약속했다. 그러나 11월 24일 출발 예정이었던 이번 방북 계획은 북한 위성발사 문제로 세 차례 연기되다가 12월 말에 이르러서야 소극적으로 타진된 것으로 보인다.

전반적으로 보았을 때 북한은 현재 저렴한 노동력과 자원 및 기존 시설을 토대로 중국의 기술과 자본을 유치하여 생산성 제고 및 인민생활 수준을 향상시키는데 일차적 목표를 두고 있다. 따라서

수 0.141€/㎡ 등 총 16가지 요구를 부가하면서 쌍방은 갈등을 빚게 되었고 중국기업은 2012년 3월 강제추방 당했다. 2012년 4월 북한은 시양그룹에 이전금 명목으로 3,124만 달러를 지급하기로 약속했으나 8월 현재까지 집행되지 않은 상황이다. "辽宁西洋集团投资2.4亿元铁矿项目遭朝鲜毁约", 『中国选矿技术网』, 2012.8.16.

120) BOT(build-operate-transfer), 즉 건설-경영-이전 방식을 가리킨다. 정부가 계약을 통해 사영기업(해외기업 포함) 일정 기한내 특허권을 부여, 특정 공용기반시설 융자건설과 경영을 허가하고, 기업이 경영이익을 통해 투자 회수 및 이윤 창출을 도모하게 된다. 특허권 만기 이후 기반시설을 무상으로 정부에 이전한다.

투자부문에서 보면 북한은 '경제회생'이라는 명목하에 자본을 확보하는 것이 무엇보다 절실한 상황이라 할 수 있다. 경제도 사회주의식으로 '속도전'을 진행하려는 북한 엘리트들의 관습적 사고방식의 반영일 수 있으며, 또한 정당성 확보를 위해 하루빨리 실적을 보여줘야 하는 김정은 체제의 전시행정이 반영됐다고도 할 수 있다. 그러나 중국의 시각은 다르다. 정부적 차원에서는 제도적 환경을 조성하며, 주로 기업이 주요 행위체가 되고 있기 때문에 중국의 대북경협은 무엇보다 수익성이 우선시되고 있는 것이다. 즉 상무부·외교부, 해관총국 등 기관들이 북한과의 협상을 통해 투자환경을 조성해주면, 주로 기업들이 북한사회에 투자하기를 희망한다. 그러나 기업 차원에서는 투자 리스크를 항상 감안해야 하기 때문에 자본회수가 빠른 광산업에 보다 많은 관심을 갖게 되며, 설령 다른 항목들에 투자를 한다고 해도 그 대가를 광산자원으로 지불해 주길 희망하고 있다.[121] 따라서 북한은 실제로 보다 다양한 영역들에서 중국기업의 투자를 희망하고 있으나 그 여건이 충분치 않고, 또한 남북 간 교역도 중단된 상황에서 무연탄, 철광석 등 광물자원 개발과 수출을 확대할 수밖에 없는 것이다. 이런 맥락에서 2011년 북한의 대중 수출 대표적 물품은 무연탄, 철광석 등 광물제품으로 수출액은 16.47억 달러에 달해 전년 대비 136.4% 증가함으로써 전체 수출액의 67%를 차지했다.[122] 북한 대중국 수출항목 중 석탄 등 고형연료 수출은 2009년의 2.09억 달러에서 2011년 현재 11.41억

---

121) 예컨대 중국 뤼띠(綠地集團)는 현재 라선특구 7㎢에 기반시설 투자를 계획 중이나, 그 투자 대가를 석탄 등 광산자원으로 받기를 원하고 있다. "綠地集团´招商局等国企组团投资中朝经济区", http://business.sohu.com/20120817/n350885423.shtml(2012.8.17.)

122) 이상국, "북중 경제교류·협력 동향과 시사점," 앞의 자료, p.5.

달러로 5.5배 증가했고, 철광석은 0.48억 달러에서 3.23억 달러로
6.7배 증가했다.123)

(3) 인적교류

북중 국경협력 개시 이후 또 다른 변화는 양국간 인적 교류가 그
어느 시기에 비해 활발히 전개되고 있다는 점이다. 2010년 김정일
방중을 계기로 북중 양국은 정상회담을통해 고위층왕래, 전략적 소
통 및 중국동북지역과 북한 간 경제협력 강화 등을 합의하면서 양
국 간 인적교류가 갈수록 활발해졌다. 일련의 고위층 상호방문이
연이어 진행되는 가운데 국경지역 지방관리들 간의 교류활동도 함
께 활성화 되는 추세를 보였다. 이는 동북3성과 북한 간 경제협력
이 진일보 활성화 되고 있다는 징표로 볼 수 있다.

2010년 5월 이후로 고위층 인사들의 대중 고찰이 증가되었으며
2011년 이후로는 지방정부 관원들의 실무적 방중이 증가했다. 양
국 관료들 간의 의례적인 방문보다는 현실적 사안을 해결하기 위
한 방문과 고찰이 늘어났다는 것이다. 대표인 것이 나진 특구와 황
금평-위화도 경제구 기초 관원들이 2011년부터 중국 대학에서 관
리 경험을 학습한 사례다. 중국 상무부 주관으로 약 200명 규모의
나진특구 및 황금평-위화도 경제구 관원들이 중국 지린대학(吉林
大學)과 다롄행정학원(大連行政學院)에서 각각 두 달 간의 학습과
현지고찰을 진행했다. 대학별로 매 회 20명씩 5회에 나누어 연수가

---

123) 박윤환, "2011년 남북교역·북중무역 동향비교", 『Trade Focous』, Vol.11 No.17, 한국무역협
회, p.16.

진행되었으며 중국 측에서는 학자, 기업인, 정부관원 등이 강사로 나서서 주로 노동력시장, 노동력 공급, 도시와 농촌개혁, 세제개혁, 개발구 규획과 관리 등 중국의 경험들을 전수했다.

<표 14> 2010년 이후 북한 관리 방중 현황(관방교류)

	일시	주요 항목
고위층	2010.5.	김정일 방중, 정상회담
	2010.8.	김정일 방중, 정상회담, 흑룡강성·길림성 방문
	2010.9.	중앙정치국 위원 최태복 등 노동당 고급대표단 방중
	2010.10.	당 중앙위 서기 문경덕 등 9개 도·시 지방관리 20명 대표단 북경, 상해, 동북 3성 등 지역 고찰
	2010.11.	최영림 내각 총리 등 30명 대표단 중국 동북지역 고찰
	2011.5.	김정일 방중, 북경·길림성·흑룡강성·강소성 등 지역 고찰
	2011.7.	북한 최고인민회의 양형섭 부위원장 방중
	2011.11.	내각 부총리 한광복 방중, 북경·천진 등지 고찰
	2012.8.	행정부장 장성택 방중, 황금평·위화도경제구 공동관리위원회 설립
지방관리	2011.6.	남포시 시장 길림성 집안시 방문
	2011.9.	라진시 림경만 책임비서 일행 길림성 경제고찰
	2011.9.	량강도 한홍원 당비서 길림성 경제고찰
	2011.10.	량강도 허영웅 부위원장 길림성 경제고찰
	2011.11.	라진시 전력부문 대표 길림성 훈춘시 방문
	2011.11.	평양항공통항검사소 김원회 부소장 일행 북경공항 고찰
	2011.11.	함경북도 경성군 어길선 제1부위원장 도문시 방문, 경제교류협의서 체결
	2012.4.	라선시 황철남 등 대표단 길림성 방문
	2011.8.	라선특별시 림경만 책임비서 대련항 고찰
	2012.9.	조선 무역성 김정기 참사관 절강성 방문, 협력MOU 체결

자료: 언론에 노출된 부분을 무작위 수집 및 정리(2010~2012.9).

특히 2010년 이후의 북한의 대중 인적교류는 관리 계층의 방중에서만 반영되는 것이 아니다. 중국 국가관광국(中國國家旅遊局)이 발표한 통계자료에 따르면 북한주민의 중국 방문자 수는 2010

년 이후 급격히 늘어난 것으로 파악된다. 예컨대 2009년 현재 북한 주민 중국 방문자 수는 10.39만 명이었으나 2013년에는 20.66만 명으로 늘어났다. 불과 5년 사이에 배로 증가했음을 의미한다. 여행목적 별로 분석한 결과 회의·사업(會議/商務) 및 취업(服務員工)을 목적으로 한 방문자 수가 가장 선명하게 증가하고 있다(<그림 4 참조>). '회의·비즈니스' 등의 목적으로 중국을 방문한 북한주민은 2009년의 1.94만 명에서 2012현재 5.5만 명으로 불과 3년 만에 3배로 늘어났고, '취업'(服務員工)을 목적으로 한 방문자 수는 2009년의 5.2만 명에서 2012년 8만 명으로 증가했다. 투자유치·무역 및 취직 등 경제활동을 목적으로 한 인적왕래가 2010년 이후로 급격히 증가하고 있음을 설명해주는 부분이다.

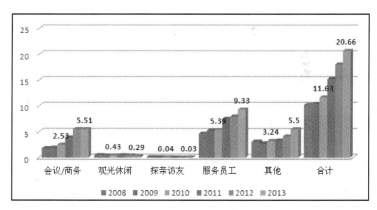

출처: 中国国家旅游局 각 연도 통계.

<그림 4> 북한주민 중국 입국 통계(2008~2013)

여행·친척방문·기타 등의 목적의 중국 입국자가 최근 몇 년이래 큰 변화가 없다는 점을 감안하여 '회의·비즈니스' 및 '취직·주

재'를 목적으로 한 입국자들의 분기별 중국 입국 현황을 구체적으
로 살펴보면 <그림 5>와 같다. 상기 두 유형의 분기별 입국자 수
는 2011년부터 선명한 증가세를 나타냈다. 우선 회의・비즈니스
(상용비자)를 목적으로 한 분기별 입국자 수는 2008, 2009년 줄곧
5천 명 수준에 그쳤으나 2010년 2분기, 즉 김정일 방중 이후부터
늘어나기 시작하여 2011년 2분기에 들어서면서 분기별 입국자 수는
이미 1만 명 선을 넘었고 2012년 4분기에는 1.5만 명을 넘어섰다.

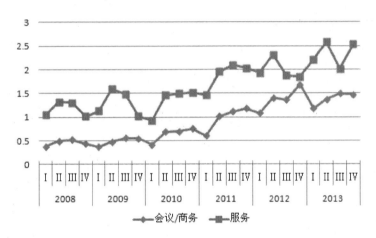

출처: 中国国家旅游局 각 연도 통계.

<그림 5> 북한주민 중국 분기별 입국자 수 변화 추이

취업목적의 입국자 상황을 보면 그 증가세는 보다 선명하다.
2010년까지 분기별 취업목적의 입국자 수는 대체로 1만 명~1.5만
명 규모를 유지해왔다. 그러나 김정일 방중 이후인 2011년부터 분
기별 취업 목적의 입국자 수는 약 2만 명 규모에 이르러 전년 동기

대비 5천 명 정도 늘어났고 이러한 규모는 2013년 제3차 핵실험 이후에도 계속 유지되고 있다. 북한 노동자들의 중국 진출이 대부분 서비스업 및 봉제업 등에 종사하는 경우가 많다는 점을 고려하여 여성입국자가 전체 입국자에서 차지하는 비중을 살펴보면, 2010년까지 10~12% 선을 유지하면서 큰 변화가 없었지만, 2011년 2분기부터 점차 상승세를 나타내기 시작했으며 2013년 현재 중국 입국자 중 여성이 차지하는 비중은 23.7%로 증가했다.

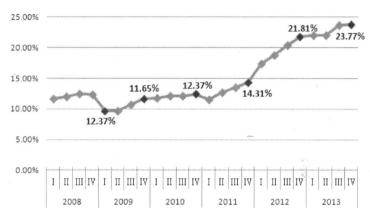

출처: 中国国家旅游局 각 연도 통계.

<그림 6> 입국자 수 중 여성이 차지하는 비중

4. 북중경협 평가 및 과제

위에서 분석된 바와 같이 2009년 이후 북중 양국은 국경지역 개발을 중심으로 밀접한 경협관계를 발전시켜나가기 시작했다. 어찌 보면 북중 국경협력은 양국 간의 이해관계가 맞아떨어진 측면이 있다. 중국으로서는 북한의 개방적 자세를 이끌어내어 동북아지역 협력국면을 이끌어냄으로써 동북아지역에서의 주도권을 확보하겠다는 의도가 있었다. 북한의 경우 제2차 핵실험 이후 경제강국 건설, 후계체제 구축 등 내부적으로 대외협력의 필요성이 증대되고 있는 상황이었고 이 와중에 중국의 동북지역 개발 프로젝트가 하나의 유인이 되었다고 볼 수 있다.

2009년 중국 원자바오 총리의 방중과 2010년 김정일 북한 국방위원장의 이례적 행보를 통해 북중 양국은 국가와 당적 차원에서의 전통우위 전승과 고위층 왕래, 전략적 소통 및 국제사무 협조 강화 등에 대한 공감대를 형성한 데 이어 일련의 경협조치들을 추진해나가기 시작했다. 특히 경제무역에만 집중했던 기존 형식을 벗어나 황금평 경제지대 개발과 나선경제무역구 공동개발 등 지역공동개발 또는 산업협력의 차원에서 양자 경협이 보다 강화되는 모습을 보였다. 그럼에도 불구하고 지난 몇 년간 추진된 북중 경협의 내면을 들여다볼 경우 서로 간 협력의 동기, 방법, 이행 등에 있어서 문제점들이 존재하고 있는 것도 부인할 수 없을 것이다.

첫째, 협력 동기의 측면에서 볼 경우, 앞에서도 논의되었겠지만 2009년 후반기에 들어서면서 중국의 대북정책은 북한의 체제안정과 체제개혁에 목표를 두는 성향을 보였다. 중국지도부는 2010년 북한 김정일 위원장과의 정상회담에서 이례적으로 대외개방 및 개혁개방과 같은 중국의 경험을 직접적으로 거론했고 또한 구체적인 경협과정에서는 공동개발지대개발과 협력기제의 정착을 우선시하고자 했다. 그러나 북한은 '민생개선'에 집중하겠다는 의사를 보이면서 부분적 개혁조치들을 취하면서도 '개혁·개방'이라는 중국식 표현에는 항상 민감한 반응을 보였다.

둘째, 협력의 구체적 방법에 있어서도 양국은 시각적 차이가 존재한 것으로 보인다. 앞에서도 논의되었지만 북한은 '경제회생'이라는 명목하에 자본 확보가 절실했다. 이는 경제도 자국식의 '속도전'을 진행하려는 북한 엘리트들의 실적중심의 사고방식의 반영이라고 볼 수 있다. 이에 따라 북한은 중국에 차관형식의 대규모 대북원조를 기대한 것으로 추정된다. 그러나 중국의 시각은 달랐다. 최근 몇 년간 북한이 보여준 불확실한 행태로 인해, 국가적 차원의 투자금이 국가 개발에 쓰일 것인지 아니면 국방 또는 비생산적 영역에 쓰일 것인지에 대한 확신이 안 서기 때문이다. 따라서 중국 정부는 '정부인도, 기업 위주, 시장운영, 호혜공영'의 원칙하에 정부가 법제도적 투자환경을 개선하고 주로 기업들이 북한 사회에 주도적으로 투자하는 방식을 취했다. 기업들의 대북 투자가 늘어날 경우 점차적으로 북한의 제도적 개선문제가 제기될 것이고, 이럴 경우 북한도 이에 긍정적 방향으로 대응할 수밖에 없다는 내부적 압력이 생기기 때문에 어찌 보면 중국은 북한의 변화에 궁극적인 목표를 둔 것으로 평가할 수 있다.

셋째, 실제 협력행태에서도 차이를 나타낸다. 앞에서 논의되다시피 북한의 투자유치항목은 인프라, 경공업, 광산 등 광범위한 영역을 아우르고 있다. 그러나 중국기업들의 시각에서는 북한의 정책·정치적 리스크를 항상 고려하지 않을 수 없기 때문에 자본회수가 빠르고 수익률이 높은 광산업에 보다 많은 관심을 갖게 되었다. '자주적 노선'을 견지하고 있는 북한으로서는 북중경협에서 광산개발이 지나치게 높은 비중을 차지하는 것이 상당한 부담감으로 다가올 수밖에 없다.

넷째, 열악한 인프라 및 생산구조도 문제겠지만 이보다 더 중요한 것은 북한주민들의 시장인식의 결여다. 북한주민들로서는 원초적인 인간의 합리성(또는 이기성)을 갖고 있다 하더라도, 시장을 뒷받침할 수 있는 질서의 확립 및 그에 대한 이행의 인식이 결여되어 있다. 따라서 반칙과 특권이 난무하다 보니 외국인 투자자들의 이들에 대한 신용도가 상당히 낮다. 지속적이고 광범위한 교류와 협력을 통해 이들에게 진정한 시장 마인드를 심어주는 것 또한 중요한 과제이다.

요컨대 2010년 이후 북중 경협은 단지 무역이 아닌 지역공동개발과 투자확대 차원으로 범위를 넓히면서 새로운 패턴을 보이기 시작했다. 중국의 대북투자는 2012년 현재 누계기준 3억 달러로 집계되고 있으나, 중국 상무부에 등록되지 않은 민간기업들을 포함할 경우 그 규모는 훨씬 더 클 것으로 추정된다. 비즈니스 목적의 민간인들의 중국 방문자 수와 노무목적의 중국방문자 수도 급격히 늘어나면서 인적교류 측면에서도 기존에 비해 크게 활성화되었다. 그러나 북한체제의 내부적 속성, 빈약한 경제기반은 북중경협의 심화 발전을 항상 저해하고 있다. 지난 몇 해 동안 전통우의를 지속적으로 강조해왔고 또한 밀접한 경협관계 발전을 약속해왔음에도 불구하고 2012년 3월에 발생한 '시양그룹사건'이나, 2012년 5월 중국어선 억류사건 등을 감안하면, 북중 양국은 각자의 전략적 목표를 염두에 두고 불편한 관계를 유지하고 있다고 보아야 한다. 특히 2012년 11월 24일 평양에서 개최키로 한 중국해외투자연합회 주도의 "2012년 제1차 중조경제투자협력 고위층 포럼"도 북한 미사일 발사 계획으로 세 차례나 연기되었다는 점도 북중경협 자체도 북핵문제라는 본질적 한계를 뛰어넘기 힘들다는 점을 설명해준다. 결국 북한의 체제개혁을 위한 외부적 노력은 중국 일국적 차원보다는 국제적인 공감대 형성을 전제로 국제사회의 다각적인 공동참여가 가능할 때라야만 보다 효과적일 수 있다.

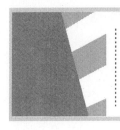

제6장
김정은시대 북한 체제개혁의 과제:
격동기(1976~1978) 중국의 경험을
중심으로

1. 북한의 체제개혁과 외적 변수

2012년 이후, 새롭게 막이 오른 김정은 체제에 대한 학계의 시각은 새로운 변화 모습을 보여왔다. 대체로 북한 '붕괴론'적 시각이 줄어들고 개혁·개방 논의를 중심으로 김정은의 새로운 리더십, 새로운 정책에 주목하는 성향을 나타냈다. 그러나 구체적 사안에 입각해서는 보다 신중한 자세를 보였다. 구체적으로 김정은 체제 이후의 북한은 개혁·개방을 할 것인가, 하면 어떠한 길을 택할 것이고, 설령 개혁·개방을 하더라도 구조적 한계 내에서 그러한 구상들이 성공적으로 실현 가능할 것인가라는 문제들에 주목했다. 여기서 유의할 점은 '개혁·개방'(the reform and opening-up policy) 논의가 증대되고 있다는 것은 학계 내에서 북한체제 안정이라는 전제에 대해 암묵적인 합의를 형성하고 있음을 의미한다. 왜냐하면 '개혁·개방'이라는 중국식 표현은 일반적으로 1970년대 말부터 중국이 추진한 경제개혁정책과 대외개방정책을 의미하기 때문에 학술적으로 '체제개혁'(system reform)의 함의와 보다 가깝다고 볼 수 있기 때문이다. 따라서 본 연구도 김정은시대 북한의 체제변화 문제를 실질적으로 '체제개혁'이라는 시각으로 접근하고자 한다. 즉 중국처럼 사회주의 기본 틀, 특히 정치 틀이 유지되는 가운데 진행되는 경제정책의 방향 전환으로 보는 것이다.[124]

그러나 이 연구의 목적이 결코 북한의 체제개혁의 구체적인 기본모델이나 방식을 예견하고 대비하고자 하는 데 있는 것은 아니다. 오히려 이 연구는 지극히 폐쇄적이고 전통적인 북한체제가 어떻게 하면 자체적인 한계를 극복하고 진정한 체제개혁의 길을 선택할 수 있을 것인가라는 문제에 주목하고자 한다. 즉 시장화, 사유화 과정이나 그 방식에 대한 논의보다는 현재의 북한을 체제개혁의 이전 단계로 설정하고, 체제개혁이 추진될 수 있는 여건을 창출하려면 북한이 현재 어떠한 과제들을 극복해나가야 하는지를 알아보는 데 주목적을 두고자 한다. 이런 맥락에서 이 연구는 구조-행태론적 시각에서 분석틀을 제시하고, 전통적 사회주의 계획경제체제로부터 개혁·개방 시기로 이행했던 중국과 오늘날 북한의 상황을 비교해보고자 한다. 특히 이 연구는 개혁·개방의 징표인 11기 3중전회 이후 중국의 개혁 추진과정보다는, 마오쩌둥 사망 직후 문

---

124) 김근식, 「사회주의 체제전환과 북한 변화: 비교사회주의 관점에서」, 『통일과 평화』, 제2집 2호, 2010.

화대혁명 세력이 청산되었던 1976년부터 11기 3중전회가 개최된 1978년까지의 시기를 비교 대상으로 삼고자 한다. 물론 비교의 적실성 여부에 있어서 이견이 존재할 수 있겠으나, 일인숭배하에서의 사회적 동원체제, 전통적 사회주의 계획경제, 고립적 대외환경 등의 측면에서 양국은 유사한 '초기 조건'(initial conditions)들을 갖고 있었다고 평가할 수 있다. 또한 국가 수령 사망 직후의 후계체제 정통성 승계, 분파 갈등, 국민경제 개선 욕구, 대외환경 개선 노력 등 지배엘리트와 구조적 환경 간에 나타나는 특징들도 상당히 유사한 측면들이 많다. 특히 중국은 1976년부터 1978년까지의 과도기를 거치면서 '체제개혁'의 측면에서 성공적이었다는 점을 감안할 때, 오늘날 북한의 상황과 비교하여 상이성을 찾아내는 것 또한 김정은시대 북한 체제개혁의 과제를 밝혀내기 위한 유의미한 작업이 될 것이라 사료된다.

이러한 비교를 통해 이 연구는 김정은 체제 이후 북한은 어떤 체제개혁적 성향을 보여왔는가, 그리고 북한의 성공적 체제를 유도하기 위해서는 어떠한 과제들을 극복해야 하며, 국제사회는 이를 위해 어떠한 노력을 해야 하는가라는 문제들에 대해 논의하고자 한다. 체제개혁은 근본적으로 지배 엘리트의 전략적 선택에 의해 결정되는 측면이 있다고 할지라도, 사회주의 국가들의 경험이 말해주듯이 상이한 한정적 조건하에서 지배엘리트의 정치선택들은 서로 다를 수 있다. 즉 북한 지배엘리트의 합리적 행동을 제약할 수 있는 외적 변수를 어떻게 적절히 통제할 수 있느냐는 점을 감안할 때 북한과 특수한 관계를 유지하고 있는 관련국들의 개입 공간이 형성될 수 있다는 것이다.

2. 이론적 시각: 구조 - 행태론적 접근

일반적으로 전통사회주의와 자본주의는 계획과 시장, 국유재산과 사유재산, 독재와 민주주의 등 제도적으로 상호 대립되는 체제로 간주된다. 따라서 코르나이(Kornai)는 20세기 후반의 전통사회주의 국가들의 체제전환(system transformation)은 본질적으로 "정치영역에서의 다원민주화, 경제영역에서의 시장경제체제로의 이동"을 의미한다고 주장한다.[125] 전통사회주의 국가는 장기적 경제 어려움으로 인해 대중들의 불만이 증폭하면서 집권자의 정통성이 약화되고 이에 국제환경 등의 요인이 함께 작용하면서 체제전환이 촉발된다는 것이다.

그러나 실지로 전통사회주의 국가들의 체제전환에 대한 일반화 논의는 현재까지 줄곧 합의점을 찾지 못했고, 특히 방법론적 측면에서의 적실성 여부를 중심으로 다양한 시각들이 존재해왔다. 우선, '워싱턴 컨센서스'에 기반을 둔 이행학적 관점들은 체제의 단기적 불안정을 감수하면서라도 자본주의 시장의 제도화가 우선 진행되어야 한다고 본다. 또한 시장의 성공적 제도화는 필히 민주적 정치체제의 성립을 가져온다는 가정,[126] 즉 사회주의는 필히 자유민주주의 체제로 전환될 것이라는 믿음을 갖고 있었다. 그러나 전통사회주의 국가들의 체제전환에 대한 일반화 노력에도 불구하고 현실적으로 오히려 상당히 많은 예외적 상황들이 연출되었다. 예컨대

---

125) János Kornai, The Socialist System: The Political Economy of Communism, Princeton: Princeton University Press, 1992, pp.382~392.

126) Frank Bonker, Klaus Miller and Andreas Pickel, "Cross-Disciplinary Approaches to Postcommunist Transformation: Context and Agenda", pp.4~5.

신자유주의자들에 의해 급진적, 이중적 전환을 경험했던 동유럽 사회주의 국가 상당수가 장기적 경제침체, 사유화 과정의 왜곡, 비민주적 정치체제 형성 등 부작용을 발생했다는 것이다. 이에 반해 중국, 베트남 등 '점진적 이행'을[127] 경험한 일부 사회주의 국가들의 부분적 자유화는 오히려 그것의 정치체제 안정화를 위해 기여하는 상황이 연출되기도 했다. 따라서 이행학적 시각의 목적론적 가설은 서구적 정치·경제제도 이식에 대해 과도하게 집착한 나머지 각 국가 자체의 특수성을 간과함으로써 자체의 설득력을 잃게 되었다는 비판이 제기되었다.

이행학이 갖고 있는 고민을 해결하기 위한 일환으로 경로의존적 체제전환론이 제기된다. 경로의존적 체제전환론은 왜 동유럽 사회주의 국가들이 공통적으로 급진적 전환방식을 택했지만 실제 전환 과정 및 결과가 일치하지 않았는가에 주목한다. 따라서 초기조건 (initial conditions)이 체제전환에 중요 변수로 작용한다는 명제가 제기되었고, 전환국 각각의 초기조건 특수성이 미칠 수 있는 구조적 제약 또는 경로의존성(path-dependence)에 따라 체제전환 경로 및 결과도 상이한 특성을 갖게 된다는 입장이 제시되었다. 특히 구조적 제약으로 작용할 수 있는 초기조건에 대해서 일군의 학자들은 단지 경제적 변수뿐만 아니라 국가의 정치·경제체제의 제도적 변화에 작용하는 문화·역사적 요인, 지배적 가치와 신념체계 등의 요인들도 함께 고려되어야 한다고 주장했다.[128] 그러나 이러한 논

---

127) 전통사회주의 국가의 체제전환은 일반적으로 구조적이고 장기적인 측면에서 하나의 '과정'(process)으로 설명된다. 특히 체제전환의 속도(speed)에 따라 '점진형'과 '급진형'으로, 전환의 수순(sequence) 즉 정치체제전환과 경제체제 전환의 우선순위에 따라 '이중전환'(dual transition)과 '단일전환'(mono transition)으로 유형화된다.

의들은 본질적으로 '역사적 결정론' 또는 정태적 구조결정론이라는 비판에서 자유롭지 못했으며, 더군다나 지나치게 포괄적인 '초기조건'(사회경제적·제도적·문화적·이념적)을 어떻게 경험적으로 정의할 것인지, 그리고 다양한 변인들 중 어떤 변수들이 중요하고, 어느 정도의 영향을 미치는지를 파악하기 어렵다는 난제에 봉착하게 되었다.

이러한 논의들을 배경으로 최근의 보다 많은 연구들은 '구조-행태론적' 접근을 통해 사회주의 국가 체제전환을 설명하는 것이 보다 설득력이 있다고 보고 있다.129) 이러한 관점들은 무엇보다 아직까지 고전적 사회주의체제를 유지하고 있는 북한의 체제전환문제를 어떻게 상정할 것인가에 암묵적인 전제를 두고 있다. 따라서 구조적 시각에서 동아시아의 역사적 유제와 조건은 동유럽과 상이하기 때문에 체제전환의 특성도 상이하게 나타날 수밖에 없다고 보면서 이행학적 관점을 경계했다. 또한 사회주의 국가의 중앙집권적 특성에 따른 지배엘리트 집단의 정치적 자율성에 주목하고,130) 궁극적으로 체제전환과정에서 정치적 지배엘리트의 선택과 대응이 핵심적일 수밖에 없다고 본다.131) 이런 맥락에서 볼 때 '구조-행태론적' 접근은 동아시아 사회주의 국가의 '국가주도형 체제전환론'

---

128) Bonker, Frank., Klaus Miller and Andreas Pickel. "Cross Disciplinary Approaches to Postcommunist Transformation: Context and Agenda", Frank Bonker et al.(ed.), Postcommunist Transformation and the Social Science: Cross-Disciplinary Approaches. Lanham, MD: Rowman & Littlefield, 2002; 이무철, 「사회주의 체제전환과 북한의 발전전략: 비판적 평가」, 『韓國政治外交史論叢』, 제33집 1호, 2011.

129) 예컨대 최완규·최봉대, 「사회주의 체제전환 방식의 비교연구」, 윤대규 편, 『사회주의 체제전환에 대한 비교연구』, 서울: 한울, 2008, pp.9~78; 이무철, 앞의 논문, 2011; 김근식, 앞의 논문, 2010 등을 들 수 있다.

130) 최완규·최봉대, 위의 논문, p.35.

131) 김근식, 앞의 논문, pp.126~127.

에 일정한 친화성을 갖고 있다고 하겠다. 중국의 경우, 지배 엘리트 내부의 분파적 경쟁과 긴장이 오히려 그 자체를 '살아 있는 조직'으로[132] 만들었고, 이러한 '조직'(당－국가체계)이 정치적 안정 유지를 전제로 경제자유화와 대외개방의 속도와 범위를 상시 조율하면서 순차적으로 확장시켜왔기 때문이다.[133] 다시 말해서 중국의 개혁·개방과정은 본질적으로 '지도된 것'이라기보다는 다양한 이익집단 간의 경합과 한정적 구조 간의 역동적 과정 속에서 배태된 결과라는 것이다. 물론 구조－행태론적 접근은 경로의존적 체제전환론의 한계를 극복하기 위해 구조적 변인들을 보다 열린 시각에서 보고자 한다. 즉 특정 구조적 변수는 단정적이거나 결정적 영향력을 갖는 것이 아니며 동일 변수가 상이한 체제전환방식에 미치는 영향력도 달리 나타난다는 것이다. 구조적 요인들은 '거의 우연히도', '복합적'으로 작용하기 때문에 결정적 변인이라기보다는 지배 엘리트의 정치선택에 영향을 미치는 내·외적 요인으로 간주될 수 있다. 환언하면 체제전환 과정은 정태적 구조의 인과관계보다는 수많은 기회와 갈등 및 예외적 상황들이 함께 출현하는 불확정적인 과정이며 이러한 과정에서 '정치행위자'는 최종 결과에 중요한 영향을 미친다고 할 수 있는 것이다.

이러한 논의를 토대로 본문이 전제하고자 하는 기본 가설은 다음과 같다. 첫째, 합리적 존재로서의 정치행위자는 체제전환 과정

132) 서진영, 『21세기 중국 정치: '성공의 역설'과 중국적 사회주의의 미래』, 서울: 폴리테리아, 2008, p.241.

133) 백승욱, 「중국과 동아시아 발전모델」, 한국산업사회연구회 편, 『노동과 발전의 사회학』, 서울: 한울, 2003; 김형국, 「중국 자동차산업과 정책변화: 사회주의 발전국가의 정책자율성과 구조적 한계」, 『한국정치학회보』, 제36집 제3호, 2002.

에서 핵심적 위치에 놓여 있다. 둘째, 정치경제·사회문화가치·이념체계 등의 구조적 조건은 정치행위자의 선택을 제약한다. 셋째, '한정적 구조' 내에서 합리적 행위자의 전략적 선택은 국가로 하여금 발전, 정체 또는 후퇴라는 상이한 경로를 선택하게 한다. 이러한 논리를 다시 북한의 체제개혁 논의에 접목시키면 다음과 같은 분석체계를 구성할 수 있다.[134] 우선, 분석수준의 차원에서 지배엘리트를 중심으로 한 집단행위자, 그리고 이러한 행위자들에 영향을 미치는 구조적 요인(외부적 요인)을 국내적 요인(국가-사회관계, 국가-시장관계) 및 국제적 요인(국가-국제환경)들 간의 역동적 관계라는 특성 속에서 북한 체제개혁문제에 접근할 수 있을 것이다. 다음, 분석단위의 측면에서 보면, 집단행위자 내부의 분파적 갈등은 주로 각 분파들 간의 '역학관계'의 차원에서 관찰될 수 있다. 국내적 요인 중 국가-사회관계는 변화하는 정치적 상황에 대한 사회적 수용, 즉 지배엘리트의 '정당성' 확보의 차원에서 접근할 수 있다. 국가-경제영역은 대외경협 측면에서의 반영되는 국가 행태를 통해 파악될 수 있다. 대외환경이라는 외재적 요인은 주로 '정치·안보적' 측면과 '세계시장과의 연계성' 등의 측면을 통해 관찰될 수 있다.

이러한 논리적 구성은 김정은 체제의 '변화'를 분석하는 데 있어서 다음의 몇 가지 상황을 만족시킬 수 있다고 본다. 첫째, 현 단계에서 북한은 아직 공식적 체제개혁이 추진된다고 보기 어렵기 때문에 이행학적 시각에서 북한의 변화를 판단하는 것은 시기상조라

---

134) 최완규·최봉대(2008)의 연구는 한 나라의 체제전환방식을 복합적 위기국면에서 전개되는 지배 엘리트와 [사회(대중)-경제(시장화)-대외관계] 사이의 상호작용에 의해 규정된다고 주장한다. 본 연구의 연구체계도 상기의 분석 틀을 상당 부분 수용했음을 밝혀두는 바이다.

할 수 있다. 따라서 현재의 북한을 체제변화 직전의 상황으로 간주하고 지배엘리트와 내·외적 요인 간의 역동성이라는 보다 유연한 시각에서 문제를 관찰해야 한다. 둘째, 설령 북한이 체제개혁을 공식 선포한다 할지라도 그러한 조치가 필히 성공적으로 발전할 것이라는 담보는 없기 때문에 북한 개혁조치를 퇴행, 정체, 발전이라는 세 가지 경로를 모두 열어놓고 관찰해야 한다. 셋째, 외부적 시각에서 볼 때 북한의 체제변화는 궁극적으로 북한 내부적 상황에 따라 결정될 것이다. 그러나 지배엘리트의 '합리적 선택'에 영향을 미칠 수 있는 외재적 요인들에 대한 통제는 또다시 지배엘리트의 합리적 행동에 영향을 미칠 수도 있다. 다시 말해서 북한 지배엘리트의 합리적 행동을 제약할 수 있는 외적 변수를 어떻게 적절히 통제할 수 있느냐는 문제를 둘러싸고 외부적 담론의 장을 만들어 갈 수 있다는 것이다.

3. 중국의 경험: '문화대혁명'의 종식과 체제개혁

중화인민공화국의 60년사는 주로 30년의 계획경제시대(1949~1978)와 30년 개혁·개방시대(1978~현재)로 양분될 수 있다. 전자의 경우는 단순 계획경제체제 성격뿐만 아니라 '계급투쟁'을 핵심으로 한 장기간의 정치투쟁이 점철된 역사였다. 1978년 중국공산당 11기 3중전회 이후 현재에 이르기까지 중국은 30여 년간의 개혁·개방기를 경험해왔다. 중국은 연평균 9%대라는 높은 경제적 성과를 바탕으로 '사회주의 시장경제론'을 내걸고 개혁·개방을 진일보로 심화시키면서 급격한 경제성장을 누려왔다. 1980년대 이후 구소련, 동유럽 등 대부분 구사회주의 국가들이 사회주의로부터 자본주의로의 급속한 역이행의 과정을 밟아오면서 거의 예외 없이 극심한 정치적 혼란과 경제적 위기를 경험하면서 성공적 체제전환을 이루어내지 못했다. 이에 반해 13억 인구 대국 중국이 고속성장을 이루어 오면서 세계 경제대국으로 군림할 수 있게 된 것은 경이로운 일이 아닐 수 없다. 이에 따라 학계에서도 11기 3중전회 이후 추진된 중국의 국정운영방식, '중국식 발전모델'에 대해 상당한 연구가 진행되어왔다.

그럼에도 불구하고 현재까지 학계는 중국이 계획경제시대로부터 개혁개방시대로의 전환, 특히 '문화대혁명세력' 숙청으로부터 11기 3중전회 개최까지의 중국의 사회적 변혁기에 대해서는 충분한 관심을 돌리지 못하고 있다. 실지로 이 시기야말로 계급투쟁 중심의 급진좌파(일명 '4인방'세력)가 숙청되고, 국내외적 안정 도모와 함께 덩샤오핑(鄧小平)을 대표로 하는 '개혁파'가 주도세력으로 등장하는 등, 중국의 운명을 좌지우지했던 격동기였다고 평가할 수 있다. 이는 어찌 보면 지배엘리트의 내적변화, 구조적 환경 등 측면에서 오늘날 김정은 체제와 유사한 점들이 상당히 많다. 따라서 이 부분에서는 '4인방'(四人幇) 숙청 이후 사회적 안정(정당성 확보)과 노선투쟁으로 반영되는 분파 간 갈등, 개혁·개방을 상징하는 11기 3중전회의 개최 직전의 굴곡적 과정 등에 대해 고찰함으로써 북한 김정은 체제의 현주소를 파악하기 위한 경험적 토대를 마련하고자 한다.

1) 마오(毛)체제하에서의 전통적 사회주의의 정치경제

1976~1978년 당시의 상황을 구체적으로 이해하기 위해서는 신중국 수립 이후부터 격동기 이전까지의 상황에 대한 부분적 이해가 필요하다. 체제개혁과정에 나타난 엘리트 내부 갈등과 구조적 문제는 이 시기와 연원을 같이하기 때문이다.

(1) '계급투쟁'노선의 확립과 '대약진'(大躍進)의 실패

신중국 수립 당시 중국공산당은 장기간의 반침략전쟁과 내전으로 인해 초래된 혼잡한 국내환경을 안정시키는 동시에 국제사회에서 신정권의 정당성을 확보해야 한다는 이중적 사명을 안고 있었다. 이에 따라 중국 정부는 경제적 측면에서 건국 직후(1949~1952)를 국민경제 회복기로 지정하고 관료자본 몰수, 토지개혁 및 재정 통합조치를 실시하여 안정적인 경제국면을 도모하고자 했다. 또한 1953년부터 시행한 '제1차 5개년계획'은 소련의 대폭적인 경제·기술지원하에 이른바 '일화삼개'(一化三改)정책,[135] 즉 군수산업을 비롯한 중공업화 건설과 농업, 수공업, 공상업의 집단화를 완성하게 된다. 국제적 측면에서는 미소 양 대국 갈등의 심화로 냉전구도가 형성되고 있는 시점에서 국민당정권하에 수립되었던 기타 국가들과의 외교관계를 청산하고, 신중국의 신분으로 새롭게 국제

---

135) 이른바 '一化三改'는 신중국 수립 직후 사회주의로의 과도기 총노선이다. '一化'는 사회주의 공업화를 가리키며, '三改'는 정부의 농업·수공업·자본주의공상업에 대한 사회주의적 개조를 의미한다.

사회와 외교관계를 수립했다. 이른바 "부엌을 따로 세우고"(另起爐灶),136) "방을 깨끗이 청소하고 다시 손님을 모신다"(打掃干淨屋子再請客)는 정책으로 제국주의 국가들과 선을 긋고 대소련 '일변도'(一邊倒) 노선을 주장한 것이다.

당시 중국은 한국전쟁으로 막대한 대가를 치른 상황이었고, 대만과도 여전히 군사적 긴장관계가 유지되고 있었다. 또 서구진영의 대중 봉쇄정책 및 제재조치가 지속되는 등 열악한 국제적 상황에서 놓여 있었다. 특히 1956년 스탈린에 대한 평가문제를 둘러싸고 구소련과도 노선갈등이 심화되면서 중국은 진일보로 대외적 긴장감에 빠지게 되었다. 이를 배경으로, 1956년 4월 개최된 중앙정치국 확대회의에서 마오는 '10대 관계를 논함'(論十大關係)이라는 주제의 발언을 통해 "소련의 경험을 교훈으로 삼아 나라 안팎의 모든 적극적 요소를 동원하여 사회주의 사업에 유용하게 사용하자"137)는 기본노선을 제기함으로써 기존의 스탈린식 사회주의 모델을 이탈하는 등 독자노선의 길을 선택하기 시작했다. 1957년 9월 개최된 중국 공산당 제8기 3중전회 확대회의에서 마오는 "무산계급과 자산계급 간 모순, 사회주의와 자본주의 간의 모순은 중국이 직면한 의심할 바 없는 주요 모순"이라고 주장하게 된다.

이 시기 마오는 국내 건국 직후의 국내 경제성과 및 '인간의 능동성'을 과신하는 성향을 보였다.138) 마오는 혁명시기 제창했던 '자

---

136) "另起爐灶"는 국민당정권하에서 수립했던 기타 국가들과의 외교관계를 단절하고, 신중국이 국제사회와 새롭게 외교관계를 수립해야 한다는 뜻으로 사용된다.

137) 毛澤東, "论十大关系", ≪人民日报≫, 1956.12.26.

138) 중국은 이 단계에서 농공업부문의 성장과 물가 안정을 이루게 되었다. 주요 공산품은 건국 이전의 생산량 최고수준을 넘어 1952년 공업총생산량이 1949년에 비해 144.9%가 증가하였고, 연평균 증가율은 34.8%, 농업총생산량은 토지개혁에 힘입어 1949년보다 48.5%가 증가

력갱생'의 연안정신(延安精神)과 강력한 군중노선을 제창하면서 급진적인 경제발전을 요구하고 나섰다. 이에 따라 1958년 전국에 급속히 전개된 '대약진 운동'(大躍進)은 중공업 특히 강철공업 건설을 더욱 강화할 것을 강조하면서 단기간 내에 영국과 미국의 생산 수준을 능가할 것을 선언하는 등 비현실적인 발전지표를 책정했다. 경제적 논리를 뒤로한 채 사회적 동원체제에만 의존했던 '대약진 운동'은 3년간의 연이은 자연재해와 함께 수많은 아사자를 발생하는 등 심각한 사회경제적 위기를 초래하게 된다.

(2) '조정기'(調整期, 1961~1966): 국민경제 활성화를 위한 개혁조치

1959년 7월~8월, 중국 공산당은 장시성 루산(江西 庐山)에서 개최된 중앙정치국 확대회의 및 제8기 8중전회(庐山會議라고도 함)는 '대약진운동'을 어떻게 평가할 것인가라는 문제를 둘러싸고 치열한 논쟁이 전개되었다. 그러나 최초 취지는 대약진 단계에서 발생한 '좌적' 착오를 바로잡자는 것이었으나 회의는 점차 좌-우 간의 갈등으로 확산되기 시작했다. 일부에서는 배급제, '공산풍'(共産風) 등 대약진 시기 일부 조치들이 농민들의 적극성을 약화시켰다고 주장하면서 대약진의 문제점을 제시했고, 이에 보수세력들은 이를 '우경(右傾) 기회주의'라고 비난했다. 특히 7월 14일 국무원 부총리 겸 국방부장(장관) 펑더화이(彭德懷)는 "좌경 사상의 착오

하였다. 특히 식량의 평균 증가율은 12.6%, 면화의 연평균증가율은 43.6%를 보였다.

및 경험교훈에 관한 의견"이라는 제목으로 된 친필서한을 모택동에게 보내 "급진주의", "실적 불리기 풍조"(浮夸风), "민주의 결여", "개인숭배" 등이야말로 이번 '대약진 운동' 실패의 근본적 원인이라 지적했다. 이에 마오는 펑(彭)의 편지를 당대회 토론에 붙이고 펑과 그의 지지자들을 상대로 이는 당에 대한 공격이며 "자산계급의 동요성"을 반영한 우경기회주의라고 비판한다. 이후 펑을 비롯하여 그의 견해에 동조했던 황커청(黄克诚), 장원톈(张闻天), 저우샤오저우(周小舟) 등은 '우경기회주의자', '반당집단'으로 몰리면서 직위해제 된다.[139] 이에 따라 '루산회의'는 '좌적 착오'를 바로잡자는 애초의 취지가 왜곡되어 오히려 '反우파운동'으로 전락하게 되었다.

그럼에도 불구하고 '대약진'에 의해 초래된 경제적 난국을 벗어나기 위해 중국은 이른바 '조정기'(調整期, 1960~1966)에 들어서게 된다. 1959년 4월 제2기 전인대 1차회의에서 류사오치(刘少奇)가 중화인민공화국 주석으로 당선되었고, 저우언라이(周恩來), 덩샤오핑(鄧小平) 등 '온건파'가 국민경제를 주도하게 되면서 "조정, 공고, 충실, 제고"(調整, 稳固, 充实, 提高)의 8자 방침에 근거하여 비효율적인 생산부문을 축소하고, 석탄, 석유, 트랙터 등 선행부문 건설을 우선적으로 추진하는 동시에 산업구조 고도화를 추진했다. 이에 따라 중국경제는 회생의 계기를 맞게 된다. 특히 이 시기 일부 고위층 인사들이 일련의 새로운 '개혁조치'들을 제기하고 나섰다. 예컨대 통일전선부장 리웨이한(李维汉)은 민족자산계급에 대한 정책, 민족·종교 정책 등을 수정하여 국내사회 정치관계를 완화하

---

139) 당시 黄克诚은 중국인민해방군 총참모장, 张闻天은 외교부 제1부장, 周小舟는 후난성위원회(湖南省委) 제1서기직을 역임하고 있었다.

고 통일전선사업을 강화해야 한다고 제의했고, 중앙대외연락부장 왕자샹(王稼祥)도 장기적인 평화환경을 조성하기 위해 대외관계를 개선하고 대외 원조규모를 국가 역량(능력)에 기준하여 진행해야 한다는 등 견해를 제시했다. 특히 농촌 분야에서는 '세 가지 자유, 한 가지 도급'(三自一包) 정책이 성행하기 시작했다. 이른바 '3自' 는 "자류지, 자유시장, 독립채산"(自留地, 自由市場, 自负盈亏)을, '1포'(一包)는 "가정경영도급제"(包产到户)를 의미한다. 농촌공작부 부장 덩즈후이(邓子恢)는 이러한 정책과 더불어 농촌재래시장 개 방을 제기하기도 했다. 정부적 차원에서도 평균주의의 상징이었던 '공공식당'을 해체하고, 가정부업 경영권(家庭副业经营权)을 부여 하는 등 농민들의 생산 적극성을 불러일으키는 데 주력하기 시작 했다. 그 외 기타 일부 개혁조치들도 중앙 내지는 지방정부의 직접 적 또는 암묵적 지지를 받으면서 상당규모로 추진되었다. 이러한 노력들을 거쳐 1965년에 이르러 중국의 농업생산은 1957년, 즉 '대 약진운동' 이전의 수준으로 되돌아서게 된다.[140]

(3) 강경노선으로의 선회: 문화대혁명

'대약진'운동의 실패로 인해 마오는 '조정기' 온건파들의 정책에 부분적으로 긍정적 태도를 보였다. 그러나 '조정'조치가 점차 심화 됨에 따라 나타나는 일련의 개혁 동향들에 대해서는 상당한 민감 성을 보였다. 특히 '계급투쟁 중심' 노선이 '온건파'들에 의해 부분

---

140) 李建中, 「1956~1966年农村社员小私有问题研究」, 『史学月刊』, 2010年 第1期.

적으로 제지당하자 마오의 1선 지도자들에 대한 불만이 깊어지기 시작했다. "중앙에 수정주의자들이 출현했다"는 인식하에 1965년 11월부터 1966년 5월에 이르기까지 양상쿤(杨尚昆), 뤄루이칭(罗瑞卿), 펑전(彭真), 루딩이(陆定一) 등 중앙지도자들이 직위해제 및 타도의 대상이 되는 등 중앙서기처 절반에 가까운 구성원들이 숙청되면서 사회적으로 "중앙의 수정주의 성향이 심각하다"는 잘못된 인식이 형성되기 시작했다. 1966년 마오는 이른바 "5·16통지" (五一六通知)를 통해 국내 무산계급과 자산계급 간 투쟁이 이미 아주 심각한 상황에 이르렀으며, 자본주의 복벽의 위험은 긴박한 사안이므로 한차례 전면적이고, 격렬한, 아래로부터의 '정치대혁명'을 통해 이러한 사람들을 숙청(清洗)함으로써 무산계급 독재를 공고히 해야 한다고 주장한다. 같은 해 5월 "5·16통지"(五一六通知)가 중앙정치국 회의에서 통과되면서 이는 문화대혁명 발동의 시초가 되었다.

외교안보적 측면에서 보면 냉전심화, 중소갈등 노골화, 베트남전쟁 가열화 등 열악한 국제정세는 마오의 안보위기감을 자극했고 이에 따라 중국은 전쟁준비를 위한 '삼선건설'(三線建設)과 더불어 핵개발을 강행했다. 마오는 국방건설 중심으로 사회생산을 진행할 것을 주장했다. 또한 전쟁준비를 위한 군사적 전략조치로 대후방 (大後方) 지역에 군수 생산 기지를 만드는 이른바 '삼선건설'정책을 추진했다. 한편 한국전쟁시기부터 미국의 핵위협을 받아온 중국은[141] 그만큼 핵개발에 있어서도 강경한 입장을 취해왔다. 경제적

---

141) Rosemary Foot, The Practice of Power: U.S. Relations with China Since 1949, Clarendom Press, 1995, p.11781.

으로도 가장 어려웠고 미소를 포함한 국제적 반대도 만만치 않았던 시기임에도 불구하고 중국은 핵개발을 강행한 것이다. 실지로 중소 간에 체결된 '국방 신기술에 관한 협정'에 근거하여 1957년 10월부터 소련은 중국의 핵개발을 위해 기술적 지원을 진행하고 있었다. 그러나 흐루시초프가 미소관계 개선의 수요에 따라 '핵실험 금지조약' 협상이 추진되었고, 이에 따라 1959년 6월부터 200여 명 소련 핵기술자 및 설계자료들을 중국에서 전부 철수시키면서 소련의 대중 핵기술 지원은 전면 중단되었다. 미국 또한 중국의 핵개발에 대해 '선제타격'도 불사하겠다는 위협까지 가했다.[142] 그러나 마오는 첫 핵탄두 이름을 소련이 핵기술 지원을 중단한 일시인 1959년 6월을 빌려 '596'이라 명칭하는 등 강경 태도를 유지했다. 드디어 미국 대선이 진행된 1964년 중국은 첫 핵실험을 성공적으로 진행했고, 핵실험 성공 당일 "핵무기를 우선적으로 사용하지 않을 것"과 "세계 각국 정상회의를 개최하여 핵무기 금지 및 전면 감축에 관한 문제를 논의할 것"임을 공표했다.

2) 포스트 마오체제의 확립과 11기 3중전회: 1976~1978

신흥공업국들이 급속한 경제성장을 이루고 있는 시점에서 중국은 오히려 10년이라는 '문화대혁명'시대를 경험하면서 정체 또는 후퇴의 길을 걷게 되었다. 1976년 1월 현재 2.5억 명에 달하는 사람들이 먹는 문제를 해결하지 못하고 있었다. 지속되는 생활고와

---

142) 이에 관해서는 刘子奎·王作成, 「美国政府对中国发展核武器的反应与对策(1961-1964)」, 『中共党史硏究』, 2007年 第3期 참조할 것.

장기간의 비생산적 정치투쟁 속에서 '문혁'에 대한 민중의 회의감이 증폭하기 시작했고, 이는 1976년 저우언라이 총리 사망을 계기로 발생한 '천안문사건'을 통해 직·간접적으로 반영되었다.[143) 특히 1975~1976년 사이에 중국공산당 최고층 핵심인물들이 연이어 사망하면서 중국은 한 시기 '권력 공백기'에 들어서게 되었다. 그 결과 급진좌파인 '4인방'과 온건파 간의 대결이 보다 첨예해지게 되었다. 1976년 10월 6일, 예젠잉(葉劍英), 리셴녠(李先念), 화궈펑(華國鋒) 등 국가원로들이 중앙정치국 명의로 '4인방'세력을 숙청함으로써 중국은 새로운 시대로 도약할 수 있는 격변기에 돌입하게 된다.

<표 15> 문화대혁명 후기 중앙정치국 상무위원회 임원 구성

	10기 1중전회(1973)	10기 2중전회(1975)	
주석	毛泽东	毛泽东	사망, 1976.9.
부주석	周恩来 王洪文 康生 叶剑英 李德生(1975年1月辞职)	周恩来 王洪文(급좌) 康生 叶剑英(온건) 李德生 邓小平	사망, 1976.1. 사망, 1975.12. 사퇴, 1975.1. 보선, 1976.4. 해직
상무위원	朱德 张春桥 董必武	朱德 张春桥(급좌) 董必武	사망, 1976.7. 사망, 1975.4.

143) 1976년 1월 저우언라이 총리 사망을 계기로 발생한 천안문광장에서의 군중들의 자발적 추모대회를 '4인방'이 방해하고 나서자 이에 분노한 군중 자발적 추모대회가 3월 하순부터 남경, 정주, 항주, 서안 등 주요 대도시들로 확산되었고, 4월 5일에는 북경 천안문광장에 200여만 명 규모의 추모대회가 열리면서 '4인방' 세력과 물리적 충돌을 빚게 되었다. '4인방'은 1973년부터 국무부총리로 재임되어 전국적 경제개선조치를 취한 덩샤오핑을 그 배후자로 지목했고, 이에 따라 덩은 "회개하지 않는 당내 최대 주자파"(走資派), "국제자본가 대리인"으로 지목되어 당적만 유보한 채 모든 직위에서 다시 해임된다.

그렇다면 극단적 방식을 감수하면서도 중국 사회가 안정적으로 관리되고 궁극적으로 개혁·개방의 징표인 11기 3중전회까지 개최될 수 있었던 원인은 무엇인가. 여기에는 다음의 몇 가지 요인이 작용했다고 본다.

(1) 정통성 승계 및 정당성 확보

사회주의 국가에 있어서 지배엘리트는 항상 핵심적 위치에 놓여 있다. 당시 중국의 경우 장기적으로 일인숭배 및 사회적 동원체제가 가동되어왔기 때문에 국가가 절대적 자율성을 갖고 있는 것은 사실이다. 그럼에도 불구하고 온건파들의 차원에서 볼 때 문혁세력 청산은 자칫하면 사회적으로 마오에 대한 배신으로 비쳐질 수 있는 상황이었기에 장기간 정치(계급)투쟁으로 좌경화되어 있는 사회적 저항을 의식하지 않을 수 없었다. 이런 상황에서 당시 신지도부는 정통성 승계 및 정당성 확보를 위한 일련의 조치들을 취하게 된다. 첫째, 마오로부터 정통성을 이어받은 화궈펑으로의 권력이양이다. 화궈펑은 마오의 유훈에 따라 중앙정치국에 의해 마오의 후계자로 공식 인정된 인물이다. '10·6' 사건 직후인 10월 7일 온건파들은 중앙정치국 회의를 긴급 소집하고 화궈펑을 중공중앙 주석, 중공중앙 군사위 주석 등 당정군 최고 책임자로 추대했고, 10월 8일에는 모택동기념당(毛澤東紀念堂) 건설, 『모택동선집』 출판과 『모택동전집』 편찬에 관한 결정 등을 내리면서 정통성 승계를 강조했다. 또한 '4인방' 제거는 마오 주석 지시에 따른 것이며, "화국봉 동지를 우리 당의 영수로 모시는 것은 모 주석의 영명한 결정"이라는

취지에서 대대적인 홍보를 진행하게 된다.[144)

둘째, 군부를 기반으로 정치국 중심의 당 지도체제가 복구되었다. 당시 중국 지도체제는 대부분 마오와 함께 혁명에 참가했던 군인출신의 정치원로 또는 개훈세력들로 구성되었다. 그러나 문혁시기 '4인방' 세력은 "자본주의 복벽"(資本主義復辟)을 막아야 한다는 이유로 마오의 지지하에 집권파(當權派)들에 공격을 가했고 이에 따라 정상적인 당-국가체제의 파괴와 더불어 상당수 정치(군사)원로들이 공격 대상이 되어 정치적 피해를 입게 되었다. 따라서 '10·6사건' 이후 문혁세력에 부정적 입장을 취했던 기존의 당·군부 세력은 온건파들에 지지를 보낼 수밖에 없었다. 또한 당시 군부 1호 인물이라 할 수 있는 예젠잉은 군부 배경이 취약한 화궈펑의 영도적 지위를 인정하는 동시에[145) 덩샤오핑의 복귀를 적극 추천하는 등 국정운영의 제1선에서 물러나 후견인 역할을 했다. 따라서 문혁 당시 피해를 입었던 덩샤오핑 등 정치관료들이 정단에 대거 복귀하면서 당-국가체제가 보다 안정적으로 정착하게 된다. 그 외 장기적인 정치투쟁에 피로감을 느낀 기득권 계층의 신지도부에 대한 기대감도 크게 작용했다. 예컨대 문혁이라는 공안정국 속에서 당시 억울한 누명을 쓰고 직·간접적으로 정치적 피해를 입은 공

---

144) 예컨대 1976년 10월과 11월 중국공산당 기관지 ≪해방군보(解放軍報)≫와 ≪홍기(紅旗)≫ 잡지는 연일 "화궈펑 동지는 우리 당의 당연한 지도자", "모든 행동은 화 주석을 위수로 한 당중앙지도부 지휘에 복종해야", "화궈펑 동지는 모 주석 혁명노선의 탁월한 지도자" 등 문장을 발표하면서 "누가 감히 마르크스 레닌주의 마오쩌둥 사상을 반대할 것이며, 화 주석을 당수로 한 당중앙을 반대할 것인가"라고 주장하고, "모든 공산당원 및 혁명 전사들은 응당 고도로 자각적인 마음으로 당의 수령을 옹호, 보위해야 한다"고 호소했다.

145) 예컨대 군부를 대표했던 예젠잉은 1977년 7월 중공 제10기 3중전회에서 "지도층이 안정되는 것은 우리당 사업을 놓고 볼 때 아주 중요하다. 화 주석의 지도자 지위를 옹호하는 것은 혁명이 우리에게 부여한 책임"이라고 주장했다. 张树军·高新民, 『中共十一届三中全会历史档案』, 北京: 中国经济出版社, 1998, p.13.

산당 간부 및 친속은 약 1억 명에 달하는 것으로 집계된다. 이들은 무엇보다 정치적 명예회복을 갈망했기 때문에 문혁세력을 숙청한 신지도부에 절대적 지지를 보낼 수밖에 없었다.

이처럼 마오로부터 정통성을 이어받은 화궈펑을 중심으로 '온건파' 및 정치원로들이 핵심이 되어 집단영도체제가 점차 복원되기 시작했고, '문혁'에 의해 피해를 입은 대다수 간부들과 민중들이 이에 호응하면서 '4인방' 숙청 이후 중국 사회는 안정적 국면을 유지할 수 있었다. 이에 대해 화궈펑은 훗날 "당시 일부 상황들은 이미 예상했던 것들이었고, 일부는 우리가 예상했던 것보다 좋았다"고 평가했다.

(2) 엘리트 내적 갈등과 이념논쟁: "두 개의 무릇"(凡是) Vs. "실천론"

비록 원로세력 위주로 '온건파'가 정권을 장악했지만 그렇다고 해서 당의 내적 갈등이 완전히 해소된 것은 아니었다. 마오의 계급투쟁노선은 여전히 헤게모니적 위치에 놓여 있었고, 이에 대한 섣부른 비판은 반혁명적 행위로 규정될 가능성이 아주 높았다. 그럼에도 불구하고 문혁과정에서 피해를 입었던 공산당 간부 및 친속 계층의 원성이 표출되면서 마오에 의해 주도된 문혁 10년을 어떻게 재평가할 것인가라는 문제, 궁극적으로 마오사상을 어떻게 승계할 것인가라는 문제를 중심으로 견해가 엇갈렸다.

정치국회의를 통해 최고지도자 위치에 오른 화궈펑은 당시 한

가지 딜레마적 상황에 놓여 있었다. 즉 정통성 유지를 통해 문혁세력 청산 이후 나타날 수 있는 아래로부터의 좌파세력 저항을 해소해야 하는 한편 문혁시대에 억울하게 피해를 입은 상당수 정치원로 및 관료들, 즉 이른바 '우파세력'의 정치적 명예도 회복해야 한다는 과제를 떠안고 있었다. 다시 말해서 마오의 노선을 승계하는 동시에 또한 마오의 오류에 의해 초래된 일련의 정치적 문제들을 수정해야 하는 딜레마적 상황에 놓이게 된 것이다. 이러한 상황에서 그의 선택은 국민경제 복구에 적극 나서는 한편 '마오쩌둥 기치의 승계'를 강조하는 이른바 '두 개의 무릇'(凡是)[146] 사상을 제시하게 된다. 그러나 이러한 노선이 유지될 경우 마오에 의해 해임된 덩샤오핑의 복귀가 어렵게 된다는 우려가 당내로부터 제기되었다. 1977년 4월, 해직상태에 있던 덩샤오핑도 직접 화궈펑과 예젠잉에 편지를 보내 "마오 발언의 어구(語句)나 구절보다는 그의 사상을 체계적으로 받아들이는 것이 중요하다"고 주장했다. 또한 7월 복귀 후 개최된 10기 3중 전회에서는 "이론가들은 마오쩌둥 사상체계를 정확히 해석하는 데 보다 많은 심혈을 기울여야 한다"고 주장하면서 마오의 어록(語錄)을 빌려 '민주집중제' · '실사구시' 등의 개념들을 다시 제시했다.[147] 이러한 배경하에 개혁파로 불리는 중공중앙 당교(黨校) 후야오방(胡耀邦) 등이 적극 호응하고 나서기 시작했다.

---

146) 1977년 2월 7일 공산당 주요 기관지인 ≪인민일보≫, ≪해방군보≫와 ≪홍기(紅旗)≫ 잡지에 "문건을 잘 학습하고 원칙을 바로잡자"(学好文件抓住纲)라는 주제로 장편 사론을 발표했다. 즉 "모 주석이 결정한 모든 것은 우리가 필히 옹호해야 하고, 모 주석이 지시한 것은 우리가 시종일관 따라야 한다"(凡是毛主席作出的決策, 我們都必須拥护, 凡是毛主席的指示, 我们要始终不渝地遵循)는 견해를 발표함으로써 "모택동 기치(旗幟)를 이어갈 것과 정세의 안정"을 강조했다.

147) 鄧小平, "完整地准确地理解毛泽东思想", 『鄧小平文選』, http://bbs.zhongcai.com/zzwj/dxp/wx/b1120.html

즉 난징(南京)대학 후푸밍(胡福明) 교수가 ≪광명일보(光明日報)≫
에 실은 "실천은 진리를 검증하는 유일한 기준이다"(實踐是檢驗眞
理的唯一標准)라는 문장을 전국적인 대토론에 붙이면서 '진리 기
준' 논쟁이 개시된 것이다.

실제로 수십 년의 일인숭배 및 사회적 동원체제가 유지되어왔던
중국 당시의 상황에서 사회적으로 고착된 전통적 사회주의 이념을
개변시키기란 쉬운 일이 아니었다. 또한 개혁적 조치를 민중사회가
어떻게 받아들일 것인지에 대한 확신도 없는 상황에서 '두 개의 범
시'에 대한 비판을 계기로 전개된 '진리 기준' 논쟁은 개혁개방을
위한 이념적 사상체계를 정초하는 시점이 되었다고 평가할 수 있
다. 즉 '진리 기준'에 관한 논쟁은 마오사상에 대한 승계와 함께 이
로 하여금 보다 현실에 부합되는 해석을 가능하게 함으로써 '개혁・
개방'을 위한 이념적 정당성을 확보하는 데 기여했다고 볼 수 있다.

(3) 국민경제 개선 노력: 생산력 발전과 국민생활수준 향상

화궈펑과 덩샤오핑은 비록 마오 및 문혁에 대한 평가문제에 관
해 견해차이가 있었지만, 국민경제 발전에 관해서는 오히려 이견이
없었다. 이에 따라 신지도부는 생산력 발전과 국민생활수준 향상이
라는 취지에서 상대적으로 과감한 조치들을 취할 수 있었다.

첫째, 무엇보다 산업고도화를 위한 해외 선진기술 및 장비 유치
에 방점을 두었다. 당시 중국 공업부문의 주요 기술장비들은 1950
년대 구소련으로부터 들여온 것들로 노후화가 심각한 상황이었기
에 문혁 직후부터 해외 선진기술 도입의 필요성에 대한 주장들이

제기되었다. 이에 따라 1977년 전국계획회의(全國計劃會議)에서는 추후 8년간 65억 달러 규모의 기술장비를 도입기로 결정했지만, 실제로 1978년 한 해에 계약한 장비 도입 항목규모만 해도 78억 달러(약 390억 위안)에 달했다.[148] 국내항목 투자에 필요한 40억 달러를 포함할 경우 중국은 1978년 한 해에만 약 120억 달러 상당의 자본금이 필요한 실정이었다. 그러나 1978년 현재 외환 보유액이 15.75억 달러에 불과한[149] 중국으로서는 상응한 규모의 자금을 조달하기에 역부족이었다. 이에 중국 국가계획위원회는 '문혁'시기에 금기시되었던 일련의 방식, 즉 수출무역의 확대, 국제관광산업 발전, 국내 광물자원(석탄, 원유 등) 수출 등 보상무역을 활용한 채무상환, 그리고 채무상환 시한 연기 또는 분할상환 등 방식들을 통해 자금조달 문제를 해결하고자 했다. 그러나 당시 수출규모는 100억 달러, 비무역 외환수입은 10억 달러 수준에도 미치지 못하는 상황에서 자금난은 국민경제 발전의 발목을 잡는 가장 중요한 사안으로 떠올랐다. 특히 당시에는 해외자본가와의 합자경영, 토지임대 등 경제정책은 여전히 금기시되던 때여서 이러한 한계를 타파하기 위해서는 무엇보다 정치적 시각의 전환이 필요했다. 이에 따라 1978년 9월 16일 덩샤오핑은 '모택동사상의 기치를 높이 받들고, 실사구시의 원칙을 견지하자'라는 주제의 발언을 통해 마오의 '실사구시' 정신을 찬양하면서 "마오 주석의 지도하에 봉쇄정책 등의 국내외적 조건들이 이미 개선된 상황에서, (오늘날에는) 해외 선진기술, 선진적 관리경험 및 자본을 받아들일 수 있게 되었다"는 견

---

148) 陈东林, 「20世纪50-70年代中国的对外经济引进」, 『上海行政学院学报』, 2004年 第6期.
149) 李正华, 『改革开放的酝酿与起步』, 北京: 当代中国出版社, 2002年版, p.269.

해를 제시, 해외직접투자 및 합자경영 등 정책의 제정을 위한 정치적 근거를 제공했다. 이런 배경하에 1978년 12월 15일 대외무역부장 리창(李强)은 홍콩에서 "기존에 비판해왔던 해외자본 직접투자 및 합자경영 방식을 수용할 것"과 "기본적으로 국제무역에서 통용되는 방식들은 모두 가능"하다는[150] 등 중국의 외자유치정책의 중대전환을 선포하게 된다.

둘째, 이 시기 중국 정부가 취한 또 하나의 중요한 조치는 대규모 해외시찰단을 파견하여 자본주의 시장경험에 대한 이해를 깊이 한 것이다. 중국은 비록 해외 선진기술을 받아들이는 등 국민경제 발전과 국제협력을 연동시키는 작업을 적극 전개하고자 했지만, 그동안 폐쇄적인 국가운영 방식과 계획경제를 추진해왔던 관계로 특정된 발전모델을 갖고 있는 것도 아니었고, 그렇다고 시장경제를 운영할 수 있는 기술관료나 엘리트들이 충분한 것도 아니었다. 따라서 개혁과 개방의 기본 방향을 잡기 위해 신지도부는 해외 선진국, 신흥국의 성공적 경험사례를 벤치마킹하는 데 깊은 관심을 두기 시작했다. 1978년 2월, 덩샤오핑은 중앙정치국 회의에서 경제부문과 관련하여 "시급히 시찰단을 파견하여 유럽공동시장에 대해 기술 고찰을 진행할 것과 전문연구팀을 구성하여 일본, 미국 등 선진국에 대해 전문연구를 진행할 것"을 지시했고, 2월 16일, 신지도부는 국가계획위원회 주관하에 작성된 해외시찰단 파견에 관한 계획안을 비준하게 된다.

주로 홍콩-마카오지역, 동유럽과 서유럽 국가들이 주요 고찰대

---

150) "突破'禁区', 为四个现代化大干贸易", ≪经济导报≫, 第1600期, 1978.12.20.

상이 되었는데 이들 시찰단의 고찰결과는 이후 중국 개혁개방 정책 형성에 중요한 영향을 미친 것으로 평가되고 있다.[151] 1978년 1월부터 11월까지 중국 정부는 총 529개 해외 시찰단을 파견, 연인원수로 3,213명에 달했다. 부총리급 인사들을 단장으로 한 고위급 고찰단은 총 21차례에 걸쳐 51개 국가들에 대해 고찰을 실시했고, 덩샤오핑도 1978년 한 해에만 4차례에 걸쳐 일본, 태국, 싱가포르 등 7개 국가를 방문했다. 이를 토대로 1978년 7월부터 9월 초까지 진행된 국무원공작회의(國務院務虛會議)에서 개혁·개방정책을 집중적으로 토론하기 시작했다. 경제관리체제 개혁문제가 의사일정에 올랐으며, 처음으로 대외개방이란 단어도 제기되었다. 회의결과는 중공중앙 공작회의와 11기 3중전회에 직접 반영되었고, 중국 정부는 국정운영의 중심을 경제발전에로 옮기고 개혁개방을 실행해야 한다는 판단을 확고히 하게 된다.

(4) 국제적 측면: 중미관계 정상화와 국제사회로의 편입

국제환경 측면에서 보면 당시 중국은 상대적으로 복잡한 국제정세 속에 놓여 있었다. 중국－베트남 국경분쟁이 군사적 충돌 직전에 이르렀고 구소련이 이에 가세하여 베트남과 동맹조약을 체결하는 등 사회주의권 내 갈등이 오히려 심화되는 상황이었다. 마침 베트남 전쟁에서 고배를 마신 미국에서 카터 정부가 출범하면서 중미수교가 의사일정에 오르게 되었다. 1978년 5월 20일 카터 대통령

---

151) 王兰洁, 「中国改革开放的'侦察兵': 1978年的出访高潮与改革开放的酝酿」, 『廣東黨史』, 2009年 第3期.

특사 브레진스키가 중국을 방문하여 "미국은 이미 중대 결단을 내렸음"을 중국에 통보했다. 즉 중국이 제시한 대만과의 외교관계 단절, 대만 주둔 미군 철수, 미대(美臺)공동방어조약 철폐 등 세 가지 원칙에 동의한다는 것이다. 단, 미국은 국내 이익집단의 압력하에 대만 무기수출문제에서는 양보할 수 없다는 입장을 고수했다. 덩샤오핑은 이를 수용할 경우 향후 필히 대만 무기수출 문제를 둘러싸고 양국 간에 장기적 논쟁을 면피키 어려울 것이라는 점을 감수하면서도 "무기수출문제는 쌍방 수교 이후 양국 정부 간 지속적 협상을 통해 해결"해야 한다는 입장을 표명했다. 대신 "중미수교 이후, 미국 정부는 대만과의 관계를 신중하게 처리할 것을 희망"하면서 "'미대공동방어조약'이 만기되는 1979년까지 대만에 대한 무기수출을 중지할 것을 요구"했고 이에 미국이 동의하면서 정상화 논의는 마무리단계에 들어섰다.

결국 중미관계 수교는 양국이 각자의 수요에 따라 중대한 양보, 즉 '대타협'을 이루면서 결실을 맺게 되었다. 여기서 양국 정상들의 결단력 있는 전략적 선택은 중미관계 정상화에 결정적 역할을 했다고 볼 수 있다. 쌍방은 상기 협의를 토대로 양국 접촉 6년 만인 1978년 12월 16일(미국시간 12월 15일) 공동으로 "중미수교연합성명"을 발표했고, 중국은 연합성명 발표 이틀 후인 1978년 12월 18일 11기 3중전회를 개최하게 된다. 중미관계 정상화 이후인 1980년 중국은 IMF, 세계은행 등 국제금융기구에 정식 가입하게 되면서 국제사회에서의 발언권과 양허성 자금지원에 유리한 조건을 획득하게 되었고, 같은 해 미국과 무역협정을 체결함으로써 미국으로부터 무역에 있어서 최혜국대우(Most Favored Nation)를 수혜하게 되어 상당히 안정적인 대외관계하에 개혁·개방을 추진할 수 있게 되었다.

요컨대 격동기 중국의 관련 경험에서 얻을 수 있는 시사점은 다음과 같다. 첫째, 수십 년간의 일인숭배 및 사회적 동원체제를 경험한 중국이 '권력공백기' 상태에서 '궁정정변'을 거치면서도 안정적으로 관리될 수 있었던 데는 마오로부터 정통성을 이어받은 화궈펑에로의 권력 이양이 중요한 역할을 했다. 또한 당-국가체제를 정비하고 덩샤오핑을 비롯한 개혁세력들이 국정을 주도함으로써 경제건설에 보다 집중할 수 있었다. 물론 장기간 정치투쟁에 불만을 가진 기득권 세력의 신지도부에 대한 기대감도 중요한 역할을 했다. 둘째, 당 내적으로는 경제건설이라는 총 목표에 있어서는 합의점이 있었고, 다만 구체제에 대한 평가를 어떻게 내릴 것인가라는 문제에 대해 이념적 갈등이 존재했다. 그러나 노선갈등은 마오체제에 대한 극단적 반대나 동의가 아닌 절충의 방법, 즉 마오의 사상체계를 보다 유연하게 받아들임으로써 지배엘리트 간 내적 갈등은 안정적으로 관리될 수 있었으며 이는 또한 개혁·개방에 정당성을 부여하는 데 기여하게 된다. 오히려 이후에 전개된 계획 대 개혁 논쟁은 분파 간 긴장을 조성하면서 당-국가체계를 보다 '살아있는 조직'으로 만들었다. 셋째, 경제발전의 의욕을 제약하는 구조적 환경 속에서 지배엘리트들은 보다 개방적 태도를 보여주었고 특히 서구 국가들에 대한 학습효과는 개혁·개방 조치를 유도하는 데 긍정적 기여를 했다. 넷째, 국제환경은 어찌 보면 외재적 조건이라 하지만 사회주의 국가 체제전환에서 중요한 변수로 작용한다. 냉전체제 속에서 중미 양국 간의 이해관계가 맞물리면서 중미수교가 가능하게 되었고, 이는 중국이 국제사회로 편입될 수 있는 여건을 마련해줌으로써 추후 본격적으로 전개될 개혁·개방에 유리한 국제환경을 조성하는 데 기여하게 되었다고 평가할 수 있다.

4. 정권교체기 북한 체제개혁 동향

김정은의 후계자 승계과정은 2009년부터 공식화되기 시작했다. 제2차 핵실험을 강행한 결과로 국제사회의 대북제재가 강화되는 등 복잡한 국제정세가 북한을 압박하고 있었고, 만성적 국내 경제위기는 좀처럼 개선의 기미를 보이지 않았다. 뇌졸중으로 자신한테 주어진 시간이 얼마 남지 않은 것을 알게 된 김정일은 지도자 검증기간도 얼마 되지 않은 약관의 김정은이 이러한 내·외부적 압력을 감당해낼 수 있을지에 대해 큰 고민을 안고 있었을 것이다. 이런 맥락에서 김정일은 대내외적으로 김정은에 양호한 정치, 경제적 환경을 마련해주기 위한 일련의 노력들을 전개한 것으로 보인다. 김정일 사후, 김정은은 아버지가 남겨준 정치경제적 유산을 기반으로 승계와 변화라는 양 축을 중심으로 나름대로의 영수권자의 정통성과 정당성을 다져가기 위해 노력하고 있다. 이런 맥락에서 이 부분에서는 '유훈통치'에 기반을 둔 김정은 체제의 내외적 동향을 파악하고 이를 격변기 중국의 경험과 비교적 시각에서 분석함으로써 현재 북한이 직면한 구조적 문제가 무엇인지에 대해 평가하고자 한다.

1) 정통성 승계와 지배 정당화 노력

2009년부터 공식화된 김정은 후계자 승계과정은 김정일 국방위원장의 갑작스런 사망으로 가속화되었다. 2011년 12월 29일 조선인민군 최고사령관으로 임명된 데 이어 2012년 4월 제4차 당대표자대회와 제12기 5차 최고인민회의를 거쳐 노동당 제1비서와 국방위원회 제1위원장직에 선출되면서 불과 4개월 만에 당·정·군 최고지위를 모두 차지하게 되었다. 그러나 아버지의 후계자로 '정통성'을 이어받았음에도 불구하고 김정은은 20여 년간의 후계자 검증과 정치적 갈투(葛鬪)를 거쳐 일인자가 된 김정일에 비해 정치기반은 당연히 취약할 수밖에 없었다. 따라서 김정은은 선대로부터의 정통성 승계와 독자적 카리스마 구현이라는 두 가지 측면에서 집권의 정당성을 확고히 해나가는 작업들을 추진해나가기 시작했다.

첫째, 정통성 측면에서 보면 무엇보다 후계자로서의 절대성·승계성을 강조했다. 김정일 사후 불과 4개월 만에 김정은의 당·정·군 최고책임자 승계 작업을 마침과 더불어 이는 "김정일 유훈에 따라" 추진된 것임을 주장하면서 승계의 정당화를 강조했다. 2012년 1월 『김일성선집』(제100권)·『김정일전집』 등 선대의 '로작' 발행과 함께 만수대·인민무력부 등 평양 주요 지역들에 김정일 동상을 세우기 시작했다. 또한 김정일을 '영원한 총비서'와 '영원한 국방위원장'으로 추대하고, 이는 "희세의 정치원로에 대한 가장 고결한 도덕적 의리심과 충정의 표시"(조선중앙통신, 2012.4.11.)라고 강조함으로써 "위대한 김정일동지의 유훈대로 경애하는 김정은동지를 중심

으로 한 당과 혁명대오의 일심단결을 백방으로 강화하여 김정은동
지의 사상과 령도를 충직하게 받들어 나갈 것"이라고 강조한다(조
선중앙통신, 2012.4.12). 쉽게 말하면 김정은으로의 권력승계는 김
정일의 유훈이며, 김정일의 유훈을 실현하기 위해서는 그에 대한
충성과 마찬가지로 김정은 영도를 충직하게 받들어 가야 한다는
논리인 것이다.

둘째, 정통성 강화를 바탕으로 김정은은 선대를 초월하는 대담하
고 자유분방한 파격행보를 통해 자기만의 카리스마적 리더십을 형
성하고자 했다.152) 김정일 시대에는 상상도 하기 어려웠던 파격적
행보를 연이으며 나름대로의 친민성, 개방성, 과감성(위기대처능력)
을 보여주기 위해 노력했다. 우선, 군인 및 민중들과 팔짱을 끼고
사진을 찍는 등 보다 서민들과 가까이하는 '스킨십 정치'를 통해 친
근한 지도자상(像)을 보여줌으로써 추종자들의 신뢰확대와 자발적
인 복종심을 이끌어내고자 했다. 또한 개방적 모습을 통해 새로운
지도자에 대한 국내외적 기대감을 부풀렸다. 선대 지도자들과는 달
리 젊은 세대답게 부인과 팔짱을 끼고 다니거나, 외국 대사들과 함
께 롤러코스터를 타고, 모란봉악단 공연을 통해 디즈니 캐릭터와
미국 영화 '록키' 주제가를 등장시키는 등의 행보들은 국제사회에
도 신선한 충격을 주는 부분이었다. 뿐만 아니라 만경대유희장에서
쪼그리고 앉아 직접 잡초를 뽑으며 현장에서 간부들을 꾸짖는가
하면, 4월 광명성 3호 발사가 실패했을 당시 신속하게 실패를 시인

---

152) 베버(Weber)는 카리스마를 지배의 세 가지 유형의 하나로 보며, 합법적 지배, 전통적 지배, 카
리스마적 지배로 구분한다. 카리스마적 리더십은 일반적으로 사람들로 하여금 리더의 내면적
특성을 믿고 따르게 하는 것으로, 환언하면 대중을 심복(心腹)시켜 따르게 하는 능력, 자질이
라 할 수 있다.

했고, 자신의 스승격인 리영호를 해임시키는 등 과감한 위기대처능력을 보이기도 했다. 이러한 점들은 순박하고 성실한 이미지로 마오쩌둥의 신임을 받았던 화궈펑과는 다른 측면이 많다.

2) 승계체제의 제도적 안정화: 이권갈등과 개혁이념의 부재

제도적 측면에서 사회주의 국가는 공산당이 모든 정책노선을 결정하고 공식화하며 국가기구는 당의 정책노선을 집행하는 구조를 형성하고 있다. 중앙정치국은 공산당 중앙위 전체회의 폐회기간 직권을 행사하는 기관으로 일반적으로 사회주의 국가권력구도에서 가장 중요한 기관이라 할 수 있다. 그러나 사회주의 국가별 구체 특성에 따라 제도적 실행 여부는 상이하게 나타날 수 있다. 북한의 경우 1990년대 이후 경제난 심화로 당의 사회적 통제력이 날로 약화되는 추세를 보이자 당 체제보다는 군부의 권한을 확대하고 국방위원장이 "나라의 정치·군사·경제 역량의 총체를 통솔"함으로써 실질적으로 김정일 중심의 국방위원회가 일체무력과 국정전반을 장악하는 최고기관이 되었었다.

그러나 2010년 이후 중앙위 정치국 역할이 강화되면서 당–국가체제가 복원되는 추세를 보였다. 제3차 당대표자회 개최 및 당 규약 개정을 통해 전통적인 당우위 체제가 정상화되었고 2011년 6월 중앙위 정치국 확대회의가 1981년 이후 30년 만에 처음으로 개최되었다. 이후, 4차 당대표대회 개최와 일련의 '결정서' 및 '결의'가[153] 당 정치국 회의를 통해 발표된다는 점을 고려하면 기존 군부 중심의 권력구도를 당-국가체제로 정상화 시키고자 하는 노력이 돋보이고 있음을 확인할 수 있다. 물론 북한의 경우 정치과정 및 이익갈등의 조절과정은 주요 직책 또는 기관의 기능보다 막후 실세들에 의해 행해지는 경우가 많기 때문에 북한체제의 권력구도를 정확히 파악하기란 결코 쉬운 일이 아니다. 특히 정권교체기에 들어서면서 파벌 간 심각한 권력 및 이권갈등이 심화되는 양상들이 나타나기 시작했고, 궁극적으로 장성택 국방위원회 부위원장 숙청으로 체제 내 권력 갈등이 표면화되면서 북한체제 변동의 향배를 읽을 수 있는 일부 단서들이 제공되었다. 따라서 이 부분에서는 2012년을 기점으로 북한 승계체제 안정화 과정을 그 이전과 이후 두 단계로 나누어 관찰하고자 한다. 우선 2010년부터 2012년까지의 북한체제 정치구도를 살펴보면 주로 다음의 몇 가지 특징들이 나타났다.

첫째, 중앙정치국 인적 구성에 중요한 변화가 나타났다. 정치국 상무위원은 기존(2009.6.)의 김정일 1인에서 2012년 9월 현재 김정은 등 4명으로, 정치국 위원은 5명(후보위원 포함 10명)에서 18명(후보위원 포함하면 34명)으로 확대되는 등 그동안 공석으로 있던 당 조직 인력이 60~70대 인물들에 의해 대폭 충원되었다. 특히 이들은 국방위, 비서국, 중앙군사위 등 주요 국가기관 핵심인물들로 구성됨으로써 중앙정치국을 중심으로 각 기관간의 유기적 연계가 전에 비해 상당히 강화되어 있음을 알 수 있다(<그림 7>, <그림 8> 참조).

---

153) 예컨대 2011년 12월 31일 정치국 회의를 통해 "위대한 령도자 김정일동지의 유훈을 받들어 강성국가건설에서 일대 앙양을 일으킬 데 대하여"라는 제목의 결정서를 채택하여 김정일시대의 계승을 선포했고, 2012년 1월 12일에는 김정일 시신 안치 및 광명성절(2월 16일) 제정, 제4차 당대표자대회 개최 등의 결의를 공표하였다.

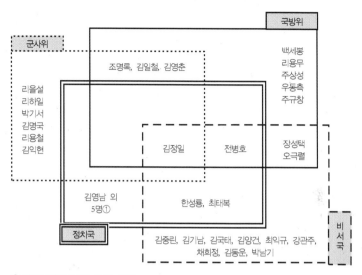

① : 김영주, 김철만, 양형섭, 최영림, 홍석형
출처: 통일연구원, 『2009 북한개요』, p.520에서 발표된 자료에 근거하여 작성.

<그림 7> 당대표자대회 이전 북한 권력구도(2009.6. 현재)*

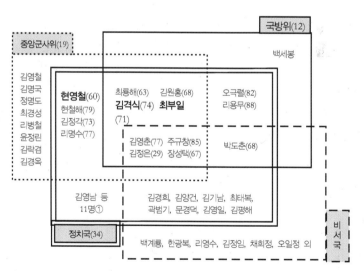

① : 김영남, 최영림, 박봉주, 양형섭, 강석주, 리병삼, 로두철, 김창섭, 김국태, 조연준, 태종수

<그림 8> 제4차 당대표자대회 이후 북한 권력구도(2013년 4월 현재)

둘째, 내각의 영향력이 강조되었다. 2012년 제4차 전당대회 이후 북한은 내각을 '경제사령부'로 지명하고 모든 부문과 단위들은 경제사업과 관련된 문제들을 "철저히 내각과 합의하여 풀어나갈 것"으로 강조하고 당 위원회들은 내각책임제, 내각중심제를 강화하는 데 적극 힘을 실어줄 것을 요구했다.[154] 이런 맥락에서 애초 국방위원회 산하의 조선대풍국제투자그룹이 자본유치 실적 미진을 이유로 내각 산하 합영투자위원회에 의해 통폐합되었다는 점도 결코 우연은 아닐 것이다.[155] 뿐만 아니라 2012년 제4차 당대표자 대회이후 인사조치의 측면에서도 내각의 일부 변화 동향을 파악할 수 있다. 2003년 9월 내각총리를 맡아 경제개혁을 추진했다가 좌천당했던 박봉주가 김경희의 뒤를 이어 경공업부장으로 복귀했고, 2013년에는 내각 총리에 추임되었다. 그리고 이른바 '함남의 불길'을 이끌었던 최고인민회의 산하 예산위원장 곽범기가 2012년 현재 정치국 후보위원 겸 비서국 비서로 임명되고 당 계획재정부장을 책임지게 되었다. 내각 부총리 및 내각 산하 국가계획위원장직을 겸하고 있는 로두철도 정치국 후보위원으로 임명되면서 되면서 '경제관리방식 개선 소조'를 책임졌다. 물론 이러한 현상들을 근거로 북한개혁을 전망한다는 것은 다소 무리가 있을 것이다. 하지만 외부의시각에서 보았을 때 2012년까지의 여러 정황들을 살펴보면 경제상황 개선을 위한 북한의 노력은 긍정적 성격을 띠는 부분들이 많았

---

154) 조선중앙통신, "김정은동지 담화 『위대한 김정일동지를 우리 당의 영원한 총비서로 높이 모시고 주체혁명위업을 빛나게 완성해나가자』", 2012년 4월 19일.

155) 조선합영투자위원회(위원장 리수영)는 내각 산하기관, 조선대풍그룹(총재 박철수)은 국방위 산하 기관으로 알려짐. 합영투위는 통상적인 외자유치를, 대풍그룹은 대규모 인프라 사업 등 목적성 사업을 위한 외자유치를 담당했던 것으로 알려짐. 김치관, "북, 제한조치 대폭 완화된 투자법을 올해 공표", 『민족21』, 2011.

다. 요컨대 이 시기 북한은 중앙위 정치국 역할 강화를 전제로 당-국가체제 복원에 집중했고, 또한 이를 토대로 국방건설과 경제건설 병진 및 핵무장화라는 3대 목표하에 군부, 경제, 군수공업 등 세 영역을 주축으로 하는 업무 분장구도가 안정적으로 정착하는 모습을 보였다.

그러나 김정은 유일적 영도체계 구축 및 후계체제 구축과정에서의 국가재원 배분문제를 둘러싼 내부 권력엘리트들 간의 치열한 권력 줄다리기는 보다 첨예화되는 추세를 보이고 있다. 예컨대, 2012년부터 2013년까지 불과 2년 만에 북한 인민군 총참모장과 인민무력북장이 각각 세 차례 교체된 점이 이를 설명해준다.[156] 무엇보다도 2013년 12월 북한 국방위원회 부위원장 장성택에 대한 숙청은 정권교체기 북한 내부 이익집단 간에 국가재원 배분을 둘러싼 이권투쟁의 첨예성(尖銳性)을 여실히 보여준 사례라고 할 수 있다.

당-국가체계 수립은 기존의 힘의 중심인 군부세력의 약화를 의미한다. 후계체계 구축단계에 들어선 이후 김정일은 과도하게 팽창된 군부-조직지도부 세력을 견제하기 위해 김정은의 고모부인 장성택에 힘을 실어주었다. 장성택은 북중경협을 의욕적으로 추진함과 동시에 내각 산하 합영투위의 역할과 권한을 강화하는 등의 방식을 통해 군부가 장악하고 있는 경제적 특권, 즉 이른바 '와크'를 내각체계로 이관하는 작업을 추진했다. 장성택의 이러한 조치들은 기득권세력인 군부의 불만을 사기에 충분했고 장성택 세력과 군부 간의 갈등이 심화되기 시작했다. 특히 2011년 12월 김정일 국방위

---

156) 총참모장은 리영호에서 현영철을 거쳐 리영길로 교체되었으며, 인민무력부장도 김격식이 김정각을 대체하였다가 다시 장정남으로 교체되었다.

원장이 사망하면서 사정이 반전되기 시작했고 군부세력이 반격 또한 개시되었다. 이러한 정황들을 종합해 보면 북한이 왜 북미 '2·29' 합의를 불과 두 달 만에 뒤집고 로켓 발사 실험을 강행했는지, 왜 2013년 초 북핵실험을 강행하고 한반도 위기상황을 극도로 끌어올렸는지에 대한 해석 또한 가능해진다. 즉 미사일 발사 및 제3차 핵실험 이후 반도 위기를 고조시키는 상황에서 군사지휘체계를 강화한다는 명분하에 군부세력이 다시 '제자리 찾기'를 시도한 것으로 볼 수 있는 것이다.

3) 국민경제 개선: 개선의지와 경협 노력의 한계

강성국가 건설의 기본논리를 중심으로 경제강국을 강조함으로써 '민심' 잡기에 주력하였다. 2010년에 접어들면서 북한의 강성국가의 중점은 '경제강국' 건설로 옮겨지는 추세를 보였다. 주체사상·선군사상을 기반으로 정치강국을 실현했고, 또한 핵실험을 통해 명실 공히 '핵보유국'이 됨으로써 핵 억지력을 가진 군사강국이 되었기에 경제건설에 보다 매진할 수 있다는 논리였다. 2010년에 발표한 '공동사설'의 경우 일반적이고 추상적 정치구호 형식을 취했던 관례를 깨고 "당 창건 65돐을 맞는 올해에 다시 한 번 경공업과 농업에 박차를 가하여 인민생활에서 결정적 전환을 이룩하자"는 제하에 구체적인 경제분야(경공업·농업) 및 정책초점(인민생활)을 적시한 것은 상당히 파격적인 변화라고 볼 수 있다. 이러한 변화는 2011년 이후에도 계속 유지되었고 2012년 김정은의 일련의 발언에서도 잘 나타나고 있다. 물론 2012년 공동사설은 승계체제의 조기 안정화가 주목표라는 차원에서 다시 군의 강력한 지도력과 통제력을 부각시키는 측면이 있지만 여전히 2010년 김정일이 제시했던 "인민들의 먹는 문제"가[157] 여전히 "강성국가 건설의 초미의 문제"라고 강조했고,[158] 이른바 '4·6담화'에서도 경제 관련 내용들이 상당비중으로 제시되었다.[159]

앞에서 논의된 바대로 2010년 이후 북한은 민생경제를 우선적으로 발전시킨다는 목표하에 북중국경지역 개발에 적극 동참하기 시작했고, 실지로 상당한 성과를 이루어냈다. 북한은 경제회생을 통해 정당성을 확보해야 한다는 차원에서 민생분야뿐만 아니라 인프라 및 다양한 산업영역에 대한 투자를 희망했다. 그러나 중국은 "정부인도, 기업참여, 시장운영"의 원칙하에 국가적 원조보다는 기업들의 참여를 적극 권장했고, 투자여건이 충분치 않은 북한상황을 고려하여 중국 기업들은 무엇보다 투자횟수가 빠른 자원 항목에 집중하고자 하는 성향을 보였다. 선택의 여지가 많지 않은 북한으로서는 광산투자와 노무수출, 관광산업 등 영역들을 확대해 나감으로써 부족 자본을 충원하고자 하고 있지만 이 역시 이상적이지 못했다.

---

157) 『로동신문』, 2010.1.19.

158) 공동사설-"위대한 김정일동지의 유훈을 받들어 2012년을 강성부흥의 전성기가 펼쳐지는 자랑찬 승리의 해로 빛내이자", 『조선신보』, 2012.1.1.

159) 여기에서 나타난 경제 관련 정책의 핵심 내용은 "인민생활향상과 경제강국 건설에서 결정적 전환", "인민들의 먹는 문제 원만히 해결", "경공업 발전을 토대로 인민소비품 문제 해결", "새세기 산업혁명을 바탕으로 지식경제강국 건설" 등이 포함되어 있다. 김정은, "위대한 김정일동지를 우리당의 영원한 총비서로 높이 모시고 주체혁명 위업을 빛나게 완성해 가자", 『로동신문』, 2012년 4월 19일.

4) 국제환경 개선: 고립국면 타개의 노력과 한계

외생적 변수로서의 국제환경은 일국 지배 엘리트의 정책적 선택을 제약하는 구조적 요인이다.[160] 지배엘리트는 기성 국제환경에 대한 전략적 평가와 판단을 거쳐 목적의식적으로 국제환경을 이용하려는 측면이 있으며, 국제환경을 구성한 외부 행위자들도 나름대로의 합리적 사고를 거쳐 이를 수용 또는 거부한다. 또한 국제환경은 정치・경제적 분야뿐만 아니라, 군사・안보적 영역도 함께 내포하고 있기 때문에 지배엘리트와 국제환경 간의 역동과정은 상대적으로 복합적인 성격을 띠며 그 전개 양상도 다양하다. 일반적으로 경제개혁의 의지를 갖고 있는 전통사회주의 국가들은 국제사회 편입의 필요성이 존재하기 때문에 사전 정치작업의 일환으로 이해관계국들과 대외관계를 개선하고자 한다. 그러나 국제사회가 이를 어떠한 방식으로 수용하는지에 따라 국가의 개혁 여부는 상이한 결과를 나타낸다.

사회주의 진영의 붕괴를 목도하면서 등장한 김정일 체제는 선대로부터 국제사회에서 철저히 고립된 북한을 물려받게 되었다. 집권 초기 경제개혁이 국내정치 불안을 야기할 수 있다는 판단하에 이에 대해서는 소극적인 태도를 취했고, 1992년 한중 수교를 계기로 사회주의 국가인 중국과도 불편한 관계가 형성되었다. 서구진영의 압박을 체제정당화 수단으로 사용하는 측면도 있었기에 이들 국가들과의 관계 개선도 줄곧 지체되었다. 그러나 현재까지의 상황을

---

160) 최완규・최봉대, 앞의 논문, p.58.

돌이켜 보면 북한이 결코 이해관계국들과의 관계 개선을 위해 노력하지 않은 것은 아니다. 그동안 북한은 대외관계 개선을 위한 두 차례의 활발한 외교노력이 추진되었고 이는 주로 경제개혁을 주요 배경으로 전개되었다는 점에 유의할 필요가 있다. 첫 번째는 2002년 '7·1경제개선조치' 실행을 전후한 2000년대 초반이었고, 두 번째는 2010년 이후 김정일의 연이은 방중에서 발견된다.

김정일 위원장이 장기간의 은둔생활을 마치고 이례적으로 활발한 대외행보를 시작한 것은 2000년 남북정상회담 전후부터였다. 이 시기 북한은 이탈리아 등 EU 선진국들과 외교관계를 수립하고 고위층 방문과 경제고찰 등 활동을 활발히 전개하기 시작했다. 특히 김정일은 중국과 러시아 간에 밀집한 정상외교를 전개하면서 냉전체제 이후 소원해졌던 구 사회주의 진영 국가들과의 관계를 복원하기 위해 노력했다. 또한 제1차 남북정상회담을 개최하는 등 국제사회에 긍정적 신호를 전달하기 시작했고, 이를 배경으로 북미관계도 미 국무장관 올브라이트의 방북과 조명록의 방미로까지 발전하면서 북미관계 정상화의 전기가 마련되는 듯했다. 그러나 결론적으로는 김정일이 일련의 개방적 제스처를 취했음에도 불구하고 주요 관련 국가들의 태도는 협조적이 아니었다. 9·11테러 발생 직후 미국 부시 정권은 '테러와의 전쟁'을 선포하고 북한을 '악의 축', '테러 지원국'으로 지목한 데 이어 핵 선제공격 가능성도 시사함으로써 북한의 안보압력은 오히려 증대되었다. 중국은 북한이 추임한 신의주 '행정장관' 양빈(楊斌)을 구속했고, 일본도 북·일 평양 공동선언을 번복하고 일본을 방문한 납치자 5명에 대해 영구 귀국조치를 실시했다. 10월 17일 미국이 북한 HEU문제를 공식적으로 제기하고 대북 중유 제공을 중단하면서 제네바 합의가 파기되었다. 잇따라 정권교체를 공개적으로 천명한 미국의 이라크 침공이 개시되면서 북한 내부에서는 "미국이 이라크에서 정권교체를 위해 전쟁을 일으켰다면 북한 또한 침공할 수 있다는 인식"이 팽배해지면서[161] 핵 보유의 필요성이 강력하게 제기되었다. 그 이후 우여곡절 끝에 핵문제를 중심으로 관련 국가들이 2005년 '9 · 19' 공동선언을 채택하기에 이르렀지만, 같은 날 미국이 BDA(방코델타아시아은행) 문제를 들고 나와 대북 금융제재가 강화되자 북한은 이에 격렬히 반발, 2006년 제1차 핵실험을 강행했다. 이와 함께 2002년에 선포했던 '7 · 1경제개선조치'도 점차 후퇴하기 시작했다.

김정일 위원장의 새로운 대외관계 개선노력은 2009년 제2차 핵실험 성공 이후 재개되었다. 특히 유의할 점은 2010년 김정일이 나선특구 개방 등 본격적인 경제조치 공표와 함께 여느 때와는 달리 미국에 '평화협정'체결을 요구하고 나섰다는 것이다. '핵보유국'이 된 이상 보다 경제에 집중할 수 있다고 하더라도 국제사회 대북제재 및 미국의 적대시정책이 해소되지 않고서는 경제회생이 어렵다는 점을 북한은 잘 알고 있었을 것이다. 그러나 천안함 사건이 발생하면서 한미 양국이 강경태세에 돌입하자 북한은 다시 초강경태세로 돌아섰고 결국 연평도 포격을 통해 "한반도는 현재 전시상태"라는 인식을 국제사회에 각인시키고자 했다. 한편 김정일 위원장은 2010년 5월 이후 불과 12개월 만에 3차례에 달하는 중국 비공식 방문을 진행함으로써 중국의 북한에 대한 정치 · 경제적 지지

---

161) ≪로동신문≫, 2003년 3월 18일, 22일.

를 이끌어내는 데 집중했다. 북한은 중국과의 고위층 교류, 전략적 소통, 경협 확대, 인문교류 및 국제적·지역적 협력, 전통우의 승계 등의 내용 합의를 이루어냄으로써 김정은 체제 안정을 위한 발판을 마련하고자 했다.

김정은 체제가 들어선 이후 북한의 대외정책은 김정일 시대에 비해 다소 변화된 모습을 보이고 있다. 2011년 김계관의 방미와 세 차례 북미 고위층 회담을 거쳐 2012년 '2.29'합의를 어렵사리 도출했지만, 불과 두 달도 안 되어 북한은 이를 파기하고 연이은 로켓 발사 및 핵실험을 통해 핵보유국 의지를 강하게 나타내고자 했다. 유엔안보리가 2087호, 2094호 결의를 통해 대북제재를 강화하자 북한은 "세계의 비핵화가 실현되기 전에는 조선반도 비핵화도 불가능하다"[162)는 등 보다 진화된 핵문제 입장으로 맞서면서 한반도 위기를 고조시켰다. 2013년 4월에 들어서서는 "강위력한 핵 억제력을 평화의 담보로 경제부흥을 본격화"할 것임을 천명하면서 "핵보유국 립장에서 림하는 전쟁종결담판"을 요구하고 나섰다.[163) 미국이 한반도문제를 중요한 사안으로 간주하고 있지만 그다지 절박한 문제로는 보지 않는 상황에서, 북한은 일단 반도정세를 극도로 끌어올려 미국의 대북문제 해결의 '절박성'을 높이겠다는 심산을 갖고 있는 것으로 보인다.

---

162) "세계의 비핵화를 떠난 조선반도 비핵화는 없다", ≪로동신문≫, 2013.2.1.
163) "초점은 조미핵전쟁의 처리방식: 군사대결의 청산을 위한 대화와 협상", ≪조선신보≫, 2013.4.22.

5. 북한 체제개혁의 과제: 비교의 관점

격동기 중국의 경험을 토대로 현재의 북한을 분석하면 일단 김정은 체제는 급속한 권력교체기를 거치면서도 상대적으로 안정적으로 관리되어 가고 있는 것으로 보인다. 우선, 체제의 정당성 측면에서 선대로부터 정통성을 이어받은 화궈펑이나 김정은에 대한 권력이양은 국내 보수세력을 안정시킬 수 있었고, 또한 새로운 변화를 기대하는 민중의 지지도 확보할 수 있었다. 오히려 김정은은 화궈펑과는 달리 파격적인 행동을 통해 강한 카리스마를 보여줌으로써 나름대로 자신의 1인자 지위를 확고히 해나가고 있다. 또한 국가 지도체제의 차원에서 보아도, 북한은 중국과 마찬가지로 당－국가체계로 옮겨지고 있다는 점도 당분간 긍정적으로 평가할 필요가 있다. 신진인물들을 위주로 중앙정치국의 권한을 확대했고, 또한 이를 중심으로 각 국가기관들과의 유기적 연계도 강화되고 있기 때문이다.

경제적 측면에서 볼 때, 북중 국경개발이 순차적으로 추진되고 있고 또한 개혁파로 불렸던 박봉주가 내각총리로 임명되는 등 북한의 체제개혁 가능성은 증가하고 있는 것으로 보인다. 그럼에도 불구하고 현재 북한이 직면한 대내·외적인 '한계적 조건'을 고려할 경우 김정은이 넘어야 할 산은 높고도 험난하다. 첫째, 개혁에 대한 기득권 세력의 저항이다. 중국의 문화대혁명은 "자본주의 길로 가는 당권파"를 타도한다는 명목하에 가진 자에 대한 정벌이었으며, 이에 따라 '기득권 세력'은 오히려 피해집단으로 전락되었다.

따라서 문화대혁명 종식과 일련의 개혁조치들은 이들 세력의 동조를 이끌어내는 데 상대적으로 용이했다. 그러나 북한은 다르다. 이른바 '만경대혈통'으로 결집되고 선군체제하에 막강한 기득권 세력으로 팽창된 군부는 제도적 변동에 따른 이권 분쟁에서 항상 민감한 반응을 보일 가능성이 높다.164) '선군사상'을 이념적 무기로 긴장정세를 유지하면서 자신들의 기득권에 정당성을 부여하는 등 국정영역에서 여전히 반개혁세력으로 영향을 미칠 것으로 보인다. 이제 새로운 지도자로서의 김정은은 새로운 국가지도사상인 '김일성－김정일주의'의 보편성을 강조함과 동시에 현재의 북한 '특수성'을 결부시켜 경제건설 논리를 뒷받침할 수 있는 '김정은 사상'을 명확히 제시해야 할 과제에 직면해 있다. 환언하면 격동기의 중국처럼 선대로부터 물려받은 경직된 이념체계를 국가현실에 부합되게 능동적인 해석을 진행함으로써 체제개혁을 위한 이념적 정당성 또는 이념적 '헤게모니'를 형성할 수 있을지가 가장 큰 과제라고 하겠다.

둘째, 국제협력의 불가피성을 어떻게 타개해나가느냐이다. 현재 김정은 체제는 정당성 확보를 위해서 '국방건설＋경제회생＋기득권 이익 보장'이라는, 서로 '영합적 관계'를 가진 세 마리의 토끼를 동시에 잡아야 한다. 그러나 현재의 '한계적 조건', 즉 궁핍한 국가경제와 고립적 국제환경 속에서는 이를 도저히 감당하기 어렵다. 북한은 중국과의 경협을 통해 내부적 압력을 해소하고자 하지만 이것도 역시 한계가 있는 것으로 보인다. 왜냐하면 1970년대 후반의 중국과 마찬가지로 관광항목 개발, 노무수출, 자원수출을 전제

---

164) 중국 베이징대 김경일 교수 인터뷰 내용, 2012.12.7.

로 자본 확보를 추구하고 있지만 역시 기대치에 미치지 못하고 있기 때문이다. 중국은 북한이 바라는 국가적 차원의 투자보다는 기업을 주체로 시장운영기제를 북한에 도입하고자 하기 때문에 북한의 애초 의도와 어긋나는 측면이 있다. 따라서 국제관계 개선과 다각적 협력관계를 추구해야 하지만 '핵문제'라는 걸림돌이 존재하는 한 고립국면의 타개는 결코 쉽지 않다. 중국의 경우, 1960년대에 이미 핵개발에 성공함으로써 안보위기의 부분적 해소와, 소·미 간의 역학관계를 이용하여 미국의 '대타협'을 이끌어냄으로써 중미관계 정상화를 이루어냈다. 이를 통해 중국은 1980년대 국제경제 영역에 편입될 수 있는 계기를 마련할 수 있었다. 그러나 북한의 경우는 이와 다르다. 일단 미국의 경우, 한반도문제는 항상 중요한 사안으로 간주되고 있지만, 그다지 절박한 사항은 아니다. 따라서 미국으로서는 중미관계 개선과 같은 파격적인 '대타협'을 추진할 가능성이 낮다. 오히려 한반도가 일정한 긴장 분위기를 유지하는 것은 아태지역에 대한 미군 재배치에 유리하게 작용하고 있는 실정이다. 무엇보다도 국제적 규범이 갈수록 강화되는 시점에서 핵문제는 북한과 국제사회 간의 연계를 끊어 놓는 가장 큰 걸림돌로 작용하고 있다.

제7장
북한의 변화를 위한 국제공조

1. 제3차 북핵실험 이후 중국의 대북정책 향방

극도의 긴장위기에 처했던 한반도는 2013년 중반에 들어서면서 또 다시 완화 모드로 돌아섰다. 예상하지 못한 바는 아닐지라도, 북한의 변화에 관련국들은 다소 혼잡스러운 모습을 보이고 있다. '비핵화'에 있어서는 합의점이 존재하나, 오히려 대화모드에 들어선 북한에 대한 접근법에 있어서는 방법론적 시각차가 존재하기 때문이다. 한미 양국은 중국이 북한에 대해 보다 강압적인 자세로 나서주길 바라고 있지만, 중국이 과연 그럴 수 있을까? 물론 북한의 불신 행동에 대해 국내 여론도 비등하는 상황에서 중국 또한 못내 곤혹스러운 상황일 것이다. 그렇다면 현재 중국은 과연 무엇을 생각하고 있을까?

1) 제3차 핵실험 이후 중국의 대북조치

중국이 한반도 안정과 북한 경제상황 개선을 위해 적극적인 노력을 했음에도 불구하고 북한은 2012년 12월부터 일련의 도발을 감행했다. 2012년 11월 중국 전인대 상무위원회 부위원장 리젠궈(李建国)가 북한을 방문하여 18차 전당대회를 거쳐 중국공산당 총서기로 당선된 시진핑(习近平)의 친필서한을 김정은에 직접 전달하는 등 대북설득에 나섰음에도 불구하고 이튿날(12월 1일) 북한은 '조선우주공간기술위원회' 대변인 담화를 통해 장거리 미사일 발사 계획(12.10.~22.)을 발표했고, 12월 12일 이를 실제 행동으로 옮겼다. 2013년 1월 23일 중국은 이례적으로 '의장성명'이 아닌 안보리 2087호 대북제재 결의안에 찬성함으로써 북한에 대한 불쾌감을 드러냈다. 북한은 "추후 진행할 높은 수준의 핵실험도 미국을 겨냥하게 될 것"이라고 주장하면서 "평화와 안정을 위한 대화와 협상은 있으나 조선반도 비핵화를 상정한 대화는 없을 것"이라는 등 보다 진화된 핵보유 의지를 표명했다. 또한 중국을 겨냥해서는 "공정한 국제질서를 수립해야 할 대국이 최소한의 원칙마저 저버렸다"며 간접적으로 불쾌감을 드러냈다. 1월 26일 김정은 제1부위원장이 주도한 "국가안전 및 대외부문 일꾼협의회"를 통해 북한은 "세계의 비핵화 실현 전에는 한반도 비핵화도 없을 것"임을 선포하면서 "조성된 정세에 대처하여 강도 높은 국가적 중대조치를 취할 결심"을 표명했다. 결국 북한은 2월 12일 함경북도 길주군 풍계리 지역에서 제3차 핵실험을 강행함으로써 "소형화·경량화된 원자탄 사용",

"다종화된 핵억제력"을 갖추게 되었음을 선포했고 다차원적인 일련의 위협조치들을 취하면서 한반도 위기상황을 최대한 끌어올리고자 했다.

제3차 북핵실험 이후 중국은 교통운수부 국제협력사 명의로 '유엔안보리 제2087호 결의 집행에 관한 통지문'(2월 21일)을 하달하여 관련부서들에서 "유엔 관련 결의를 엄격히 준수할 것"을 지시했고, 3월 7일에는 안보리 제2094호 대북결의안에 재차 찬성했다. 이후 중국은 결의내용의 전면적 이행을 강조하면서 4대 국유은행과 북한 무역결제은행 간의 금융거래 중단 또는 불법혐의 계좌 폐쇄 등 강경조치들을 취했다.

북중 간 불협화음은 5월에 들어서도 계속되었다. 5월 5일 서해 북중 경계수역 중국 측 관할수역에서 조업 중이던 "랴오푸위(辽普渔) 25222"호 어선 및 15명 선원들이 북한에 의해 억류되는 사건이 발생했다. 국내여론이 비등하는 상황에서 중국 외교부가 직접 교섭에 나섰고, 북한은 최룡해 방중 전날인 5월 21일 선박 및 선원들을 석방했다. 5월 22일 최룡해가 김정은 친필서한을 갖고 중국을 방문했지만, 그 전날 시진핑은 이미 쓰촨성(四川省)으로 지진피해 복구 현장 시찰을 떠난 뒤였다. 결국 최룡해는 방중 마지막 날인 24일 오후에야 겨우 시진핑과 대면할 수 있었다. 시진핑은 회담에서 "중조우의의 중요성"을 강조하면서도 "형세가 어떻게 변화되든 한반도 비핵화 목표에 대한 입장은 확고하다"는 발언을 한다. 끈질긴 설득과 회유를 통해 반도 정세를 안정시키고자 노력했던 중국으로서는 최근의 북한 소행에 상당한 실망감을 안고 있는 것으로 보인다.

2) 중국이 '강경'해진 이유

중국의 체면을 전혀 고려치 않고 한반도 정세를 극단의 상황으로 끌어올린 북한에 대해 중국은 당연히 불쾌할 수밖에 없었다. 중국이 그동안 한반도 안정을 전제로 '6자회담' 등 대화와 협상을 통한 한반도 비핵화를 주장해왔음에도 불구하고, 북한은 불과 1년 사이에 두 차례의 로켓 발사 및 제3차 핵실험을 강행했을 뿐만 아니라 심지어 "9·19공동성명과 6자회담의 사멸" 및 "정전협정 백지화"까지 선언하면서 한반도 위기를 극단으로 끌어 올렸다. 비록 북한이 돌출행동의 명분을 미국에 두고 있다고는 하지만, 어찌 보면 이는 중국의 한반도 정책에도 정면으로 도전장을 내민 것과 마찬가지였다. 이런 상황에서 중국은 북한에 대해 보다 진지한 태도를 보이지 않을 수 없게 되었다.

그러나 중국의 북한에 대한 강경태도는 단지 양국 간 전략적 이해차이 때문이라고 보기 어렵다. 여기에는 다음의 몇 가지 구조적 제약이 더 따랐다. 우선, 미국과의 전략적 제휴의 필요성이 존재했다. 중미 양국은 항상 국제체제라는 보다 넓은 프레임 속에서 한반도문제를 고려한다. 2010년 한반도 위기를 중심으로 전개된 '중미경합' 이후, 중국은 점차 새로운 중미관계를 구상해나가기 시작했다. 바로 '신형의 대국관계'(新型大国关系)이다. '신형의 대국관계'는 "경쟁과 협력의 최적의 균형"을 주장한다. 국제정치사상 일관되어왔던 패권경쟁의 선례들을 타파하고, 소모적 경쟁을 지양함과 동시에 전략적 신뢰에 기반한 선순환적 협력관계를 구축해나가겠다

는 것이다. 이런 맥락에서 볼 때 한반도문제 해결의 측면에서도 양
국은 무엇보다 협력에 무게를 둘 필요가 있었다.

뿐만 아니라 북핵 위기를 빌미로 불거질 수 있는 역내 군사적 경
쟁을 사전에 차단할 필요가 있었다. 미국은 '아태 귀환' 전략하에
실력보존과 주도권 강화라는 두 마리 토끼를 동시에 잡기 위해 한
미·미일 동맹을 강화하는 한편 한일 양국 간 군사적 협동관계를
구축하기 위해 은근히 신경을 써왔다. 뿐만 아니라 일본은 우경화
추세와 함께 군사 대국화 조짐을 보이고 있고, 한국도 한국형 미사
일방어체계(KAMD)를 공개하는 등 미국 주도의 MD체계에 편입
논란을 불러일으켰다. 이처럼 북핵문제에 따른 부작용이 단지 우려
가 아닌 현실적 상황으로 다가오는 추세 속에서 중국은 기존에 비
해 보다 적극적으로 북핵문제에 대응해나가야 한다는 절박감이 증
대했다.

3) 중국 대북 '강경'의 실질

앞에서 논의한 대로 북한에 대한 중국 내부의 불만 증폭, 그리고
국제환경의 변화에 대한 대응으로 제3차 북핵 실험 이후 중국은 북
한에 대해 비교적 '이례적'인 조치들을 취했다. 그럼에도 불구하고
중국의 이러한 태도변화를 근거로 중국의 대북정책이 근본적인 변
화를 가져왔다고 보기에는 다소 무리가 있다. 제3차 북핵 실험을
전후하여 중국 관영매체들에 의해 표출된 중국의 대북정책 논리들
이 이를 설명해주고 있다.

첫째, 북한 핵개발을 저지시키기 위해 중국은 마땅히 실질적 행동을 보여주어야 한다는 입장을 갖고 있다. 중국이 항상 '북한 편들기'를 해줄 것이라는 인식을 북한에 심어주어서는 안 되며, 국제사회도 이를 결코 수용치 못할 것이라는 시각이다. 따라서 북한이 지속적으로 도발행위를 강행할 경우 중국은 대북지원을 감소해나가야 한다고 주장한다.

둘째, 그러나 대북제재에 있어서는 '신중성'과 '형평성'을 강조한다. 특히 한미일 등 국가들이 안보리를 통해 북한에 대한 극단적 제재조치를 요구할 경우 중국은 적극적으로 결의안 수정에 임해야 한다고 주장한다. 즉 대북제재 수위는 일정한 한도 내에서 추진되어야 한다고 보고 있는데, 설령 중국이 한미일에 합세하여 대북제재를 주도하거나 중국의 대북 제재가 적정 수준을 초월할 경우 그동안 어렵사리 경영해온 북중관계는 하루아침에 무너질 우려가 있다는 것이다. 이런 맥락에서 중국은 현재 "제재는 목적이 아니며, 또한 제재로 북핵문제를 해결할 수 있다는 환상을 버려야 한다"는 시각을 갖고 있다. 한반도 정세 악화는 북한에 잘못이 있기는 하나, 북한이 느끼는 안보압력을 무시하고 지속적으로 북한을 봉쇄해온 한미일에도 절반의 책임은 있다고 보고 있다.

셋째, 이런 맥락에서 중국은 갈등 쌍방의 그 어느 한쪽에 끌려가기보다 초연한 자세로 한반도문제에 임해야 한다고 주장한다. 환언하면 국가이익을 근본 출발점으로 자신의 원칙을 고수함으로써 사태의 진전을 주도하고 대화와 협상을 통해 문제를 해결해나가는 데 주력해야 한다는 입장을 갖고 있다.

북한 제3차 핵실험을 전후로 중국이 실지로 추진한 구체적 조치들을 보면 이러한 입장과 주장들이 잘 반영되어 있다. 첫째, 중국 외교부는 실질적인 대북제재 중요성을 강조하는 한편 "사태의 악화 방지를 위해 신중하고 적절하게 대응하여 한반도의 평화와 안정을 중시"해야 한다는 입장을 일관되게 주장하면서, "관련국들의 냉정과 자제를 촉구"해왔다. 그리고 대북제재 수위 조절에서도 중요한 역할을 했다. 중국 유엔대사 리바오둥(李保东)에 따르면, 2087호 제재 초안에 제기되었던 내용들 중 한반도 정세 안정 및 외교노력에 불리한 요인들, 북한 민생경제 및 정상적 무역과 교류에 속하는 제재내용들이 협상을 통해 '해결'되었다고 한다. 유엔안보리 결의안 협상과정에서 대북제재 시스템을 일정수준 확대 및 강화했지만 구체적인 민감한 내용들에 관해서는 중국이 일정수준 '톤다운' 역할을 했음을 의미하는 부분이다. 뿐만 아니라 2094호 결의안에서는 북한 핵실험을 반대한다는 입장을 표명하면서도 대화와 협상 또는 6자회담을 통해 한반도 핵문제를 해결한다는 문구를 집어넣음으로써 결의안의 '형평성'을 반영하려 했다. 특히 시진핑 총서기가 지난 1월 22일 김무성 한국 특사와의 면담에서 한반도 비핵화 강조와 더불어 한반도문제는 응당 "드러난 문제와 근본적 문제를 동시에 해결"(标本兼治)할 것을 강조했다는 점에 유의할 필요가 있다. 이는 실지로 한반도문제가 단지 핵문제 내지는 북한문제로 귀결되기보다는 그 근원을 찾아내는 것이 중요하다는 의미로 해석된다. 즉 북한의 핵개발도 문제지만, 북한의 안보압력을 고려하지 않고, 지속적인 제재조치만 강구하는 한미일 차원의 문제도 함께 풀어야 한다는 것이다.

4) 6자회담, 타협점을 찾고 있는 중국

상기 논의들에 근거할 경우, 중국의 대북정책은 정책기조의 변화라기보다는 기존 틀 내에서의 정책 순위 조정으로 이해하는 것이 보다 적절하다. 한반도 안정, 북한체제 연착륙, 대화와 협상을 통한 한반도 비핵화가 중국의 대한반도 정책기조라고 할 때, 후진타오(胡錦濤)체제는 (2009년 이후) 북한체제 연착륙에 무게를 둔 반면, 시진핑 집권 초기의 중국은 무엇보다 '비핵화'를 최우선 위치에 놓고 있다고 볼 수 있는 것이다. 즉 중국의 '강경' 입장은 북한의 목을 조이기보다는 북을 아프게 하는 방식을 통해 일단 북으로 하여금 '비핵화' 입장으로 선회하도록 하는 데 목표를 둔 것이다. 그렇다면 2013년 중반 현재 북이 대화모드로 돌아선 상황에서 중국은 어떤 대북입장을 갖게 될 것인가. 다음의 몇 가지 요인들에 유의할 필요가 있다고 본다.

(1) 대북여론의 분열: 누가 득세할 것인가

북의 일련의 도발 및 서해 중국 어민 억류사건으로 인해 중국 사회 내부의 대북 불만이 누적되고 있는 것은 사실이다. 심지어 중국 관방매체 ≪환구시보(環球時報)≫는 5월 23일자 사론을 통해 "북한이 중국 여론을 무시할 경우, 중국 입장을 오판하는 커다란 착오를 범하게 될 것"이라고 경고하기도 했다.

그러나 대북문제와 관련하여 중국 여론이 전향적인 새로운 공감대를 형성했다고는 보기 힘들다. 이른바 '전통파'(傳統派)는 북중간의 특수관계, 지정학적 가치, 이념에 기반하여 여전히 북한의 중요성을 주장하고 있고, 이에 반해 '수정파'(修正派)들은 완충지대로서의 북한의 지정학적 가치를 평가절하 하면서 북한을 중국의 국가이익에 부정적 영향을 미치는 '전략적 부담'으로 간주하고 있다. 그러나 북한의 돌출행동이 반복되는 시기에는 '수정파'들이 득세하는 추세를 보였지만, 본디 다수파 성격을 지니고 있는 '전통파'의 반격도 만만치 않다. 특히 북한의 대화모드 돌입, 한미일 공조 강화 등 상황이 전개될 경우 '전통파'들의 주장이 다시 탄력을 받을 가능성이 높다.

(2) 대북정책 결정라인: 대화협상파의 집결?

물론 중국체제 특성상 정책결정부문이 국내 여론으로부터 상대적으로 높은 자율성을 갖고 있다는 점도 인지해야 할 것이다. 때문에 시진핑시대 중국의 대한반도정책 결정 라인을 살펴볼 필요가 있다. 2013년 제12기 전인대 이후 중국 중앙외사영도소조 판공실 주임 겸 국무위원으로 전 외교부장 양제츠(楊洁篪)가 선임되어 기존의 다이빙궈(戴秉国)를 대체했다. 양제츠는 1970년대에 영국 런던정치경제대학(LSE)을 졸업하고 주미대사, 중국외교부장직을 역임한 인물이다. 따라서 다년간 '소련-동구권' 대외업무와 대외연락부장직을 역임했던 다이빙궈보다는 덜 이념적이라는 추정이 가능해진다. 왕이(王毅) 현 외교부장은 일찍 6자회담 중국 측 단장을 역임했던 인물이다. 아시아 사무를 담당하고 있는 장예수이(張業遂)

외교부 부부장 또한 유엔과 주미 특명전권대사를 역임한 인물이며, 특히 장부부장의 부인 천나이칭(陈乃清)은 현재 우다웨이(武大偉) 6자회담 수석대표를 보좌하고 있는 인물로 알려져 있다. 6자회담에 깊숙이 관여했던 인물들이 대북정책 결정 라인에 포진되어 있다는 점으로 보아 향후 중국은 6자회담 재개에 비상한 관심을 보일 가능성이 높음을 시사한다.

(3) 북한 태도 변화에 대한 중국의 반응

그렇다면 대화모드로 돌아선 북한의 태도 변화에 중국은 어떤 반응을 보여왔는가. 여기서는 최룡해 방중을 전후로 ≪환구시보≫가 발표한 두 편의 사설에 주목하고자 한다. 최룡해 방중 당시인 5월 23일 ≪환구시보≫는 "김정은 특사 내방, 중국은 자신의 입장을 고수해야"라는 사설을 통해 "북한의 급진적 핵정책은 반도 정세 혼란의 근원 중 하나"라고 지적하면서 "김정은 특사가 왔다고 해서 웃으며 반겨줄 필요는 없으며", "중국은 평양에 대한 압력을 지속적으로 유지해야 한다"고 주장했다. 그러나 5월 25일 발표된 사론에서는 이와 달리 "북한의 변화에 한미일이 적극적으로 호응해나갈 것"을 호소했다. 북한이 6자회담 등 대화방식을 통한 문제 해결로 전환한 만큼, 국제사회도 북한의 이러한 입장이 지속될 수 있도록 조건을 마련해주는 것이 중요하다는 것이다. 냉전 잔여의 최대 피해자인 북한에 대해 동정과 존중의 태도를 취할 수 있는지는 한반도문제 해결의 정치적 전제이며, 한미일이 진정으로 반도 정세를 완화시키고 싶은지를 확인할 수 있는 '시금석'이라고 주장하면서 중국은 재차 6자회담 재개의 필요성을 역설했다. 6월 김계관 방중으로 개최된 북중전략대화 이후에도 중국은 관련국들이 6자회담의 테이블에 한 발짝씩 다가설 것을 요구하면서, 중국은 전면적이고 균형 있게 2005년 9·19공동성명을 추진해나감으로써 동북아 및 한반도의 장기적 안정을 위해 노력할 것이라고 주장했다.

5) 평가: 중국 대북정책의 전술적 변화

앞의 논의들을 종합해볼 경우, 시진핑 체제 등장 이후 중국의 대북정책 기조에서는 아직 큰 변화를 읽어내기 어렵다. 중국 내부에서 대북정책 재조정의 목소리가 높아지고 있는 것은 사실이나, 2009년 2차 북핵 실험을 돌이켜 볼 경우 한동안 내부적 논란이 지속되다가 다시 제자리를 찾는 모습을 보여줬다는 점도 시사하는 바가 크다. 그러나 국제정세의 변화로 대북정책을 제약하는 구조적 요인들이 증가하면서 중국은 일정 수준의 정책 조정의 필요성이 제기되고 있는 것 또한 사실이다. 이런 상황에서 중국은 전략적 측면보다는 전술적 측면에서 보다 유연성을 보이기 시작했다고 평가할 수 있다. 즉 대응양상에 있어서 행동의 '정당성'(有理), '합리성'(有利), '절제성'(有節) 세 가지 원칙을 강조하고 있는 것으로 보인다. 첫째, 북핵문제 대응에 있어서 우선 행동의 정당성(有理)을 강조한다. 명실상부한 책임 있는 대국이 되기 위해서는 대외행위에 대한 역내 국가들의 암묵적 동의를 얻어내는 것이 중요하다. 따라서 북한 편들기를 지양하고 대북정책과 관련하여 관련국들과의 정책조율에 적극 임해나가고자 한다. 둘째, 행동의 '합리성'(有利)을 중시한다. 정당성 확보를 전제로 국익 중심으로 중국이 얻을 수 있는 것을 분명히 하고 목표 달성을 위해서는 가용 수단을 다차원적으로 활용하고자 했다. 특히 북한의 추가적 도발에 대해서는 지속적으로 대응수위를 높여나가고자 한다. 셋째, '절제성'(有節) 원칙을 유지하고 있다. 국제사회 대북제재가 북한체제에 직접적인 위협을 가하는 것에 대해서는 경계하고 있으며, 또한 중국 차원의 대북제재도 "북한의 목을 조이기보다는 북한을 아프게 하는 데 초점"을 두고 있다. 또한 북한이 유화정책을 구사할 경우 북한과 관련국들 간의 협상과 대화를 적극 종용하고자 한다.

이와 같은 행동 원칙이 유지되면서 현 단계 한반도문제 해결을 위한 중국의 노력은 주로 다음과 같은 방향으로 전개되고 있다고 평가할 수 있다. 첫째, 중국은 무엇보다 갈등 쌍방의 어느 한쪽에 얽매이기보다 초연한 자세로 정세를 주도하겠다는 의지를 나타내고 있다. 둘째, 북한의 핵보유가 기정사실화되고 있고, 국제사회 반발이 거세지고 있는 시점에서 무엇보다 비핵화를 대북정책 순위의 앞자리에 올려놓고 대북압력의 강도를 일정 수준 유지하면서 북의 태도변화를 유도하고 있다. 셋째, 6자회담 재개 의지가 보다 강하게 나타나고 있다. 중국 사회의 대북여론이 변화하고 있는 것은 사실이지만, 급진적인 정책 전환은 중국인들의 사고방식에 부합되지 않는다. 특히 6자회담에 깊이 관여했던 핵심인물들이 대북정책 라인에 집결되면서 향후 중국은 일단 북과 한미일 쌍방을 대화와 협상의 장으로 끌어내는 데 집중할 것으로 보인다. 넷째, 북한과 한미일 갈등 쌍방이 좀처럼 협상의 접점을 찾지 못하는 상황에서 어떻게 하면 협상 접점을 찾아낼 수 있을 것인가가 중국의 가장 큰 과제라고 볼 수 있다. 9·19공동성명의 기본내용을 중심으로 중국은 이제 북한과 한미일 양자 간의 셔틀 외교를 통해 상호 양보를 도출해내는 데 집중할 것으로 보인다.

2. 국제공조: 한중협력의 관점에서

국제사회 또는 타자(他者)의 시각에서 보면 북한 체제개혁 여부는 궁극적으로 북한 내부에 의해 결정될 수 있는 사안이다. 그러나 지배엘리트의 전략적 선택이 구조적 조건과의 역동적 과정 속에서 형성된다는 점을 고려할 때 국제사회는 이러한 조건들을 개변시킴으로써 지배엘리트에 영향을 미칠 수 있다. 환언하면 향후 북한의 변화를 이끌어 낼 수 있는 국제사회의 노력이 그 어느 때보다 필요한 시점이라는 것이다. 이런 맥락에서 이 연구는 북한의 변화를 유도하기 위해서는 국제사회의 다각적인 노력이 필요하다고 본다.

1) 북한사회 변화를 위한 한국사회의 변화

중국의 개혁·개방 경험을 볼 때 사회적 변화는 점진적이고, 장기적이었으며, 전방위적이었다고 할 수 있다. 점진적이었다는 것은 장기간 폐쇄적 정치환경 속에서 단일한 이념적 교육을 받은 중국사회가 오늘에 이르기 까지 상당한 시행착오를 경험했음을 의미하며, 장기적이라는 것은 그동안 줄곧 사회주의 이념과 시장경제 원리, 즉 '계획'과 '시장', '평등'과 '성장'이라는 논제를 중심으로 현재까지도 자체적 논쟁을 지속하고 있다는 것이다. 특히 화상(華商)을 선두로 한 해외기업의 진입, 유학생 파견, 서구 사상의 유입 등 외부와의 전방위적 교류가 없었더라면 중국사회는 자체적 진화만으로는 오늘에까지 이르기 힘들었을 것이다. 환언하면 교류가 없으면 변화도 힘들다는 의미이다. 북한도 마찬가지다. 60년간의 개인숭배와 독재이념의 영향을 받아온 북한주민들로서는 왜곡된 신념과 한계적 합리성 외에 그 어떠한 상상력을 가지기 어렵다. 따라서 북한이 개혁·개방만 하면 모든 것이 다 바뀔 것이라는 생각은 버려야 한다. 한국으로서는 조만간 개시될 정부·민간적 차원의 대북 경협, 인도적 지원, 문화·인문적 교류 역시 험난한 시련과 수없이 반복되는 고통을 감수해야 한다는 준비가 되어있어야 한다. 교류과정에서 발생할 수 있는 각종 현안들을 극복하기 위해서는 지도자의 확고한 철학과 리더십, 그리고 우호적 국내외 여론조성이 필요하다. 무엇보다 국경지역에서의 수많은 갈등사안들을 극복하면서도 북·중 경협을 오늘까지 이끌어온 중국의 넓은 안목과 깊은 심성을 한국은 본받을 필요가 있다.

2) 북한의 변화를 위한 한중협력

김정은 체제는 권력의 정통성을 전제로 제도적 기반도 확보해 나가고 있지만 다양한 이익집단의 내부적 지지를 확보하기 위해서는 무엇보다 '인민생활 수준의 향상'을 시급히 보여줘야 한다. 따라서 '국방건설＋경제회생＋평양건설(기득권층)'이라는, 상호 영합적 관계를 갖고 있는 세 가지 목표를 동시에 추진해야 하나 궁핍한 국가재원으로는 이러한 목적을 실현하기 어렵다. 국제제재가 여전히 유효한 상황에서 오로지 중국과의 관계를 강화해 나가고자 했지만, 상당히 수세적이기 때문에 향후 무엇보다 국제협력의 다각화, 특히 남북교류 활성화를 꾀하고자 할 것이다. 그러나 중국이나 한국 모두 대북경협에 있어서 협력을 위한 협력보다는 북한 사회의 변화를 목적에 둔 협력이라는 점에서 목적지향성을 갖게 되는 것은 당연하다. 이러할 경우 경협의 주도권 확보가 자못 중요하다. 이에 그동안 북한은 한국과 중국 사이에서 경제적 등거리 외교 또는 시계추 외교를 진행해 왔다는 점에 유의할 필요가 있다. 한중 양국이 대북 시장 개발을 둘러싼 경쟁국면에 돌입할 경우 북한은 역시 양자 간 사이에서 협상의 우위를 점하고자 할 것이며, 이는 중·한국 모두의 대북 협상 비용을 증대시키는 결과를 초래하게 될 것이다. 때문에 대북 경협 추진을 위해서는 한중 양국 간의 전략적 협조관계를 수립 발전시켜 나갈 필요가 있다. 중국이 북한을 '선점'하고 있다는 인식하에 북한 시장을 둘러싼 양국 간 경쟁의 난맥상 초래를 지양해야 한다는 것이다. 대북 경협의 목표, 원칙, 방법, 절차, 내용 등에 대한 전략적 소통을 강화하여 보조를 같이함으로써 북한 경제가 올바른 방향으로 변화해 나갈 수 있도록 함께 협력해야 한다는 것이다.

3) 단계적 비핵화와 평화협정 체결논의 병행

2008년을 기점으로 한반도 정세는 극도로 악화되었다. 한국 정부는 '비핵·개방·3000'이라는 대북정책 기조 하에 북한의 선 핵 폐기를 요구했고, 이를 북한이 거부하면서 남북관계는 경색국면에 들어섰다. 실지로 이명박 정부의 '비핵·개방·3000'은 그 실현가 능성에 대한 검증이 부족했고 또한 북한의 핵보유 의지를 저평가한 측면이 있다. 실현가능성문제를 보면, 북한이 요구하는 '안보'는 한국이 아닌 미국만이 제공할 수 있고 또한 비핵화는 불가역적일 수 있으나 3000 구상 실현과정은 가역적일 수 있다는 점에서 현실적으로 북한이 이를 받아들일 수 있는 사안인지에 대한 구체적인 검증은 되지 않았다. 어쩌면 김정일 건강위기설, 화폐개혁 실패 등 북한 체제 붕괴 가능성이 증폭되는 상황에서 대북 압박을 통해 북한의 선택지를 좁혀보려는 의도가 내포되었다고 평가할 수도 있을 것이다.

실지로 북핵문제 해결을 위해서는 북한의 핵보유 의지에 대한 보다 현실적이고 냉철한 사고가 필요하다. 예컨대, 리비아 및 구소련 국가들의 '협력적 위협감축'(Cooperative Threat Reduction: CTR) 상황을 살펴보면, 이들 국가들의 가장 큰 특징은 모두가 자발적인 핵포기 결정이 이루어진 이후 CTR이 실시 될 수 있었다.[165] 그러나 북한이 이러한 자발적 결정을 내릴 가능성은 점점 희박해지고 있다. 핵을 보유하지 못했던 이라크의 사담 후세인 정권이나 외세의 압박과 회유 하에 비핵화를 선택했던 리비아 카다피 정권의[166]

---

165) 박종철 외, "한반도 평화와 북한 비핵화: 협력적 위협감축(CTR)의 적용 방안," 『KINU연구총서』, 2011.01, 서울: 오름, 2011.12, p.108.

붕괴가 그 누구보다 현실적으로 다가오는 것이 북한이기 때문이다. 체제존속이라는 목표하에 모든 것을 버리고서라도 핵개발에만 전념해 온 북한으로서는 국제적, 특히는 미국의 체제보장이 없는 한 그 어떤 수를 써서라도 핵 억지를 키워가고자 할 것이다. 이러한 점들을 고려할 때 북핵문제는 반도정세에 있어서 상당히 중요한 사안이기는 하나 이를 대북정책의 선결목표가 된다는 것은 비합리적이며 현실화 가능성도 낮다고 본다. 국제규범에 어긋나는 북한의 핵무기 개발은 그 어떤 경우에도 당위성을 가질 수 없음에도 불구하고 단지 압박으로는 북한의 비핵화를 이끌어 낼 수 없는 상황이 바로 오늘날 한반도 국제정치의 현실이다. 따라서 북한의 선 비핵화라는 최선의 선택으로부터 보다 현실성 있는 차선의 선택, 즉 단계적 비핵화전략을 재구성할 필요가 있다. 비핵화는 상당한 기간이 소요되는 장기적 전망 속에서 접근될 수밖에 없다는 것이다.

오바마 정부의 '전략적 인내'나 이명박 정부의 '그랜드 바겐' 정책은 더 이상 대북 보상이 없이 북한의 양보를 얻어내겠다는 시각이었지만 '비핵화'라는 문턱이 너무 높은 탓에 북미대화를 어렵게 하는 측면이 있었다. 결국 북한은 2010년 11월 '연평도 포격사건'을 통해 "한반도는 여전히 전시상태"임을 국제사회에 각인시킴과 동시에 '고농축우라늄 프로그램'을 스스로 공개함으로써 북한의 핵보유 의지를 밝히고자 했다. 특히 HEU 프로그램은 기술적으로 은폐가 어렵지 않아 농축과정 실태파악이 어렵다는 점에서 비핵화 진

---

166) 박종철 등은 외세의 압박과 회유 속에 카다피는 비핵화를 선택하게 되었다고 주장하면서 이를 '협력적 위협감축'의 선례로 보고 있다. 그러나 아이러니컬하게도 카다피 정권도 2012년 현재 외세의 개입과 내전으로 붕괴된 상태다. 카다피 비핵화 수용 과정에 관해서는 박종철 외, 위의 글, pp.108~110을 참조할 것.

척을 보다 어렵게 하는 측면이 있다. 환언하면 체제보장이 되지 않는 한 북한은 핵포기가 아닌 지속적 핵개발을 단행할 것이고, 대화의 문턱이 높을수록 북한은 도발적 행동으로 관련국들을 대화의 장으로 끌어내려 할 것이기 때문에 한반도 정세는 지속적으로 위기적 국면이 유지될 것이다. 이런 상황에서 볼 때 국제사회는 북한 비핵화 문제 추진방식에 있어서 새로운 패러다임 전환이 필요하다고 하겠다.

앞에서 논의되었듯이 중미관계 수교는 결국 양국 지도자간의 전략적 '대타협'의 결과로 할 수 있다. 현재의 시각에서 보더라도 미국의 카터정부가 대만과의 외교관계 단절, 대만 주둔 미군 철수, 美臺공동방어조약 철폐 등 세 가지 원칙에 동의했다는 것은 지도자의 중대한 전략적 결단이 없이는 중미수교가 실현되기 어려웠음을 의미한다. 그러나 오늘날 북미관계는 정상화 논의는 차치하더라도 양국 간 정치적 신뢰관계조차 형성되지 못한 실정이다. 이런 점을 고려할 때 일단 대화의 장을 조성하고 비핵화 노력과 함께 평화협정에 관한 논의도 병행함으로써 한반도와 동북아 지역 안정 및 평화적 협력 분위기를 조성하는 것이 우선되어야 한다. 이러한 주장을 하는 또 다른 이유는 평화협정을 요구해 나선 북한의 시점이 특수하기 때문이다. 김정일 시대부터 현재까지 북한이 대외관계 개선을 위해 노력한 것은 2000~2002년과 2010년 이후부터 현재까지, 즉 경제개혁의 조짐을 보인 전후를 계기로 나타났다. 특히 북한은 2010년부터 나선특구 개방 등 본격적 경제조치를 추진하는 당시에 여느 때와는 달리 공동사설을 통해 '평화협정'을 요구해 나섰었다. 여기서 2000년대 초반의 교훈을 다시 돌이켜 볼 필요가 있다. 즉 당시 김정일은 일련의 대외행보(남북정상회담, 중일정상회담, EU와의 외교정상화, 북중정상회담, 북러정상회담, 조명록 방미, 미 국무장관 방북 등)가 실패한 직후(북미 적대시 정책, 북중 양빈사건, 북일 납치자문제) 다시 핵문제(2002년 10월)를 들고 나왔다는 것이다. 다시 말해서 중국의 개혁·개방 선례가 말해주듯이 국제환경 개선 또는 신뢰관계가 조성되지 않고서는 설령 개혁·개방을 선포한다 해도 성공할 확률은 높지 않음을 북한도 잘 알고 있다.

이러한 점들을 고려할 때, 북한 비핵화 및 북한체제의 변화 유도라는 두 마리 토끼를 동시에 잡기 위해서는 북한 대외압력 해소와 비핵화 노력을 동시에 전개되어야 할 필요가 있다. 즉 현재로써는 북핵문제 해결의 유일한 다자간 협의체라 할 수 있는 6자회담을 재개하고, 기존에 약속했던 '핵시설 동결(shutdown), 불능화(disablement), 폐기(dismantlement)' 등 3단계 비핵화 프로세스를 재가동해야 한다. 동시에 6자회담이라는 기본 틀 내에서 관련 당사국 간 평화포럼을 동시에 개최함으로써 일차적으로 역내 안정 및 평화적 분위기를 조성하는 데 치중해야 한다. '9·19공동성명'이 재확인될 필요성은 바로 여기에 있다. 왜냐하면 2005년 '9·19공동성명' 제4항은 "동북아시아에서의 지속적 평화와 안정을 위한 공동노력, 별도의 적절한 포럼에서 한반도의 영구적 평화체제 수립에 관한 직접관련 당사자 간의 협상" 등을 언급했기 때문이다. 또한 2007년 2.13합의는 "동북아시아 평화와 안전 메커니즘(Northeast Asia Peace and Security Mechanism)에 관한 실무그룹(Working Group)의 설치를 규정했었다.[167] 그럼에도 불구하고 2005년 '9·19공동성명'은 BDA사건 때문에, 2007년 '2·13'합의는 북미·남북 갈등으로 인해 평화협정 프로세스는 실질적 토론 추진을 위한 대화의 장마저 마련 되지 못했다. 따라서 현재의 상황에서는 평화포럼 개최, 남북관계 정상화, 포괄적 잠정협정 체결,[168] 북미관계 정상화, 평화협정 체결 등 다양한 수준의 단계로 평화협정 프로세스를 제시하고 관련 국 들이 진정성 있는 참여를 도출하여 비핵화 이행과정과 정치적 신 뢰 구축의 과정이 병행되게 함으로써 북한이 비핵화 논의에 보다 책임성 있게 접근하도록 해야 한다. 물론 여러 국가가 참여하는 다 자협상이고 워낙 분기점이 많기 때문에 협상과정은 지난하고 약속 이행과정은 만만치 않을 것이다. 따라서 철저한 약속이행을 보다 꼼꼼히 따지는 차원에서 협상이 전개되어야 할 뿐만 아니라 우호 적인 대내외 여론조성과 지지확보에 각별한 노력을 쏟아야 한다. 무엇보다도 관련국가들 간의 전략적 협조관계를 이끌어내는 것이 중요하다.

4) 중·한·미 대북정책 공조체제 수립

한반도는 자체가 갖고 있는 지정학적 특수성에 의해 항상 국제 체제 변동의 영향을 크게 받아왔다. 뿐만 아니라 한반도는 주변강 대국들의 합종연횡의 이해관계가 복합적으로 얽혀 있기 때문에 문제 의 해결을 더욱 어렵게 하는 측면이 있다. 특히 주목해야 할 점은 그

---

167) 조민, "북한 김정은 체제와 한반도 통일전략", 『한반도의 외교·안보·통일환경 변화와 우리 정부의 대응책』, (사)한국평화연구학회 2012 동계학술회의, 2012.11.23.

168) 한반도 평화협정 체결 이전 중간 단계에 북한이 핵폐기 과정에 진입할 수 있도록 대북 안전 보장 조치로 남북 간 평화공존 합의 도출을 위한 '포괄적 잠정협정' 체결이 필요하다는 제안이 있다. 조성렬, 『뉴한반도 비전·비핵 평화와 통일의 길』, 서울: 백산서당, 2012, pp.188-205; 조민, 위의 논문에서 재인용.

동안 관련 국가들 간의 대북정책은 항상 미스매칭(錯配, mismatching) 국면을 초래하면서 북한문제의 실질적 진전을 보다 어렵게 해왔다는 점이다. 예컨대, 노무현정부는 김대중의 햇볕정책을 이어받아 '접근을 통한 변화', 즉 교류협력을 통해 북한 변화를 유도하겠다는 입장을 갖고 있었고 이는 중국의 대북정책과 부분적으로 동일한 측면이 있었다. 그러나 보수 강경파로 대변되는 부시정권은 9·11테러의 여파 속에 북한에 대해 힘의 우위에 기반 한 '봉쇄·압박을 통한 변화'를 추구했다. 한국은 미국이 보다 신중한 자세를 취하기를 바라는 반면, 미국은 한국에 대해 보다 강경노선을 주문하면서 결국 한·중과 미국 간의 정책적 부조화가 발생하게 된 것이다. 이에 따라 접촉을 통한 변화는 제한적일 수밖에 없었고, 압박을 통한 변화는 오히려 북한에 대한 위압감을 가중시키는 결과를 초래했다.

이러한 주변국 대북정책의 미스매칭 국면은 세계 금융위기 이후인 2008년부터 새로운 패턴으로 변화했다. 이명박 보수정권의 등장이 그 시점이었다. 이명박 정부는 비록 실용주의적 대북정책에 입각하겠다고 천명했으나 실지로 제시된 '비핵·개방·3000' 구상은 본질적으로 이념에 입각한 "선 변화, 후 협력" 논리와 결부되어 대북압박의 형태로 나타났다. 대북압박을 위해서는 한미동맹 강화가 필요했고 이에 따라 한국은 대미 일변도 정책을 전개했다. '아태지역 귀환'을 노렸던 미국은 '북한체제 급변사태' 가능성마저 광범위하게 회자되는 상황에서 한국의 대북정책을 적극 지원해 나섰다. 그러나 천안함 사건 이후 강화된 한미·미일 동맹의 군사적 투사력은 중국의 안보압력을 자극했다. 북한체제 위기 및 미국의 대중견제 두 가지 상황에 직면하여 중국은 서서히 북한 체제안정을 위한 정책조정에 나서게 되었다. 결국 북중관계가 강화되면서 한미일 대북 압박은 본질적 한계를 나타낼 수밖에 없었고, 북방 vs. 남방이라는 '신 냉전구도'가 형성되었다.

요컨대, 대북정책에 대한 역내 관련국들의 이해차이가 발생하면서 '채찍'과 '당근'이 엇갈려(동시적이 아닌) 사용되다 보니 '유화'와 '강경'의 효과는 모두 반감될 수밖에 없었던 것이다. 그러나 최근의 추세를 보면, 우선 2011년 중·미 정상회담이 반영하듯이 양국 간에는 한반도 평화와 안정이 중요하다는 데 대해 공통된 인식을 갖고 있다. 또한 미국이 김정일 사후 북한의 평화적이고 안정적 전환(transition)을 원한다는 입장을 취했다는 것은 북한을 개혁개방으로 유도해야 한다는 필요성에 대해서도 공감하고 있다고 볼 수 있다.169) 이러한 점을 고려하여 대북정책에 대한 한·중·미 3국의 공감대 형성, 궁극적으로 한·중·미 전략적 공조가 이루어질 가능성이 높아졌으며, 여기서 한국의 '중견자' 역할이 보다 중요해지고 있다. 따라서 한국은 첫째, 북한의 추가적 도발에 대해서는 중국이 한미와 함께 움직일 수 있다는 점을 명확히 할 필요가 있다. 중국은 평화와 안정을 기본전제로 대 한반도 정책을 전개하고 있기에 이 부분에 있어서 충분히 공감대를 형성할 수 있을 것이다. 또한 이는 한국의 안보압력을 완화시키는 측면이 있으며 또한 미국이 보다 적극적으로 대북협상에 임하도록 하는 전제가 될 것이다. 이를 토대로, 둘째, 대북협상의 조건을 보다 낮은 단계로 조정할 필

---

169) 클린턴(Hilary Clinton) 미 국무장관은 김정일 사후 북한의 평화적이고 안정적인 전환을 원한다는 취지의 성명을 통해 조의를 표하고 '새로운 지도부'라는 표현으로 김정은 체제를 사실상 인정했다.

요가 있다. 한미가 중국에 협조적이지 않을 경우, 중국의 대북 설득력도 힘을 잃게 된다. 따라서 보다 구체적이고 세부적인 협상조건을 제시하고 정책적 능동성을 보여줌으로써 중국이 보다 적극적으로 북한 설득에 임할 수 있는 모멘텀을 형성해줘야 한다. 셋째, 한국의 '중견자' 역할이 중요하다. 한국은 현재 명실공히 '중견국'으로 부상해 왔지만 대북문제 해결을 위한 외교적 노력에서는 자신의 신분에 부합되는 자신감을 충분히 보여주지 못했다. 중미 양국이 한반도문제에 대한 입장차이가 있지만, 본질적으로 보면 이는 지역적 차원에서의 양국의 '협력적 갈등' 상태, 또는 견제와 반 견제 전략의 반영이라 할 수 있다. MB집권기간 한·중 간에 갈등이 발생한 것은 중국이 결코 한미동맹 자체에 거부감을 갖고 있었기 때문이라기보다는 한국이 친미 '일변도' 정책을 전개함으로써 미국의 대중 견제전략에 '연루'되었다는 것과 큰 관련이 있다. 따라서 한국은 북한 도발을 억지하기 위한 목적에서 한미동맹을 적절히 발전시켜 나가는 동시에 중국의 안보압력과 체면을 존중해나가는 지혜를 발휘함으로써 정치적 신뢰를 돈독히 나가는 데 보다 집중할 필요가 있다. 환언하면, 국제체제 차원에서 볼 때, 한반도문제 해결에 중미 양 대국 변수가 중요한 역할을 하고 있는 것은 사실이지만 '갈등적 협력' 상태에 놓여 있는 중미 양국도 '제3자 변수'의 중요성을 갈수록 실감하고 있다. 이러한 상황에서 한국은 북중 vs. 한미라는 틀을 깨고, 한국이 중미 쌍방의 협력을 이끌어 내는 데 중요한 역할을 하고 있음을 대국들에 각인시켜줘야 한다.

■■■ 제3부 협력과 갈등의 이중주, 한중갈등의 해법은?

제8장
한중관계와 북한문제:
천안함 사건을 중심으로

1. 협력과 갈등의 이중주: 한중관계 현주소

1992년 한중 수교 이후 그동안 양국관계는 그야말로 비약적인 발전을 가져왔다. 경제적 측면에서 특히 그러하다. 한국은 중국의 제3위 무역대상국이 되었으며, 중국 또한 한국의 최대 투자대상국, 무역대상국이 되었다. 1992년 수교 당시 63억 달러에 그쳤던 한중 무역 규모는 2012년 현재 2,200억 달러로 35배가량 증가한 데 이어 양국은 다시 2015년까지 무역 규모를 3,000억 달러로 끌어올린다는 야심찬 목표를 세웠다. 문화적 측면에서는 한국 드라마, K-POP을 중심으로 한류문화가 중국에 확산되는 등 양국 간의 문화교류도 활발하게 전개되고 있다. 연간 상대국을 방문하는 여행자 수는 이미 600만 명 정도로 집계되고 있을 뿐만 아니라 상호 파견 유학생 수도 최대 규모에 이르고 있다. 물론 이 와중에 역사인식, 영토 분쟁, 세계문화유산 등재 등 일련의 사건들이 불거지면서 양국 간 불협화음이 발생한 것도 사실이나, 협력과 교류를 중심으로 한 양국관계의 큰 틀은 유지되고 있다는 견해가 지배적이다. 정치·외교적인 측면에서 보아도 양국은 1992년에 '우호협력관계'를 수립한 데 이어 국민정부시기에는 '21세기를 향한 동반자 관계'(1998)를, 참여정부 시기에는 '전면적 협력 동반자 관계'(2003), 그리고 이명박 정권에 이르러서는 '전략적 협력 동반자관계'(2008)를 수립함으로써 동반자 외교를 최고 수준으로 끌어올렸다.[170]

중국의 대부분 학자들도 한중관계 발전이 이루어낸 성과에 대해 대부분 긍정적인 평가를 내리고 있다. 즉 그동안 양국은 정치외교·경제협력·문화교류 등 제반영역들에서 경이로운 변화를 가져왔으며 이는 오늘날 양국 관계의 '대환경'(大氣流)을 형성하고 있다는 것이다.[171] 물론 이들 학자들은 한중관계 평가에 있어서 양국관계에 존재하는 저해요인들에 대해 보다 많은 관심을 갖고 있는 것도 사실이다. 예를 들면 '조공체계', '한국전쟁'과 같은 역사적 경험은 한국 국민들의 중국에 대한 부정적인 '역사적 기억'을 심어주었고, 이는 근대 이후 민족주의적 정서로 표출되기 시작하다가 최근 들어서는 중국의 부상에 대한 경계심을 유발하는 원인이 되고 있다고 본다.[172] 또한 이러한 민족주의적 정서를 기반으로 국가 간 역사인

---

170) 중국에서 사용하는 '전략적'이란 개념은 보다 중장기적 차원에서 양자 간의 관계를 넘어서 지역적 및 세계적 이슈들을 다룰 수 있는 관계를 지칭하며, 제의대상을 전제하지 않는 비배타적인 관계이고, 동맹의 수준에는 미치지 않는 관계를 지칭한다.

171) 詹小洪, 「中韓關係16年」, 『韓國研究論叢』, 2008年 第20輯; 張玉山, 「中韓關係的回顧與展望」, 『當代韓國』, 2010年 春季號.

172) 王元周, 「韓国人的历史观与中韩关系」, 『國際政治研究』, 2009年 第4期; 王生, 「试析当代

식, 영토분쟁, 세계문화유산 등재 등 일련의 사건들이 발단이 되면서 '반중정서'가 형성되었고, 이는 다시 중국 국민의 '염한정서'(厭韓情緖)를 자극했다고 보고 있다.[173] 그럼에도 불구하고 그동안 양국 간 일련의 갈등요인들은 협력이라는 대환경 속에서 정부적 차원보다는 민간적 차원의 성격을 보다 많이 띠고 있었고, 따라서 양국 정부 간 협상을 통해 일정수준 '관리'되는 양상을 보여왔다는 것이 일반적 평가다.

2. 북한문제를 둘러싼 한중갈등: 전략적 협력동반자 관계의 한계

하지만 이명박 정부 출범 이후 중국과 한국은 국제정치적 현안들을 둘러싸고 정부 간 갈등이 보다 돌출되는 양상을 보였다. 2008년 한중양국이 수립한 '전략적 협력 동반자관계'는 근본적으로 "동북아 평화와 안정, 지역문제 내지는 글로벌 현안 등 중대문제들에 대해서 상호협력하고, 이를 한중 전략적 협력의 중요한 내용 또는 기반이 되도록 해야 한다"(中國外交部, 2008.5.27.)는 내용에 취지를 두고 있었다. 그러나 2010년 대북정책을 둘러싸고 노정된 한중 양국의 갈등에서 볼 수 있듯이 한중 전략적 동반자 관계는 현실적으로 그러한 수준의 협력관계와는 아직 거리가 멀다고 볼 수 있다.

韓国民族主义」, 『現代國際關係』, 2010年 第2期.

173) 朱芹, 「李明博政府的內外政策與中韓關係學術研討會綜述」, 『韓國硏究論叢』, 2008年 第20輯.

'전략적 협력동반자관계'와는 어울리지 않게 동북아 역내 주요 현안, 특히 대북문제에 대한 전략적 이해차이에 대해서는 양국이 줄곧 접점을 찾지 못하였기 때문이다.

실지로 이명박 정부 출범 초기부터 중국 학계 내에서는 한국 대외정책변화에 대해 우려의 목소리가 높아지고 있었다. 이명박 정부가 표방하는 한미동맹 강화와 대북 강경입장이 중국의 동북아 전략에 부정적 영향을 미칠 수 있다는 판단 때문이었다. 구체적으로 한미동맹 및 한미일 협력 강화는 동북아지역에서의 중국의 영향력에 부정적 요인으로 작용할 수 있고, 그리고 한국의 대북정책이 강경입장으로 전환될 경우 한반도 불안정 상황이 초래될 수 있다는 우려 때문이었다.174) 2010년 한반도를 둘러싸고 발생한 일련의 사건들, 그리고 이를 발단으로 불거진 한중 간 입장대립은 바로 이러한 우려가 현실로 되었음을 의미한다. 2010년 3월에 발생한 천안함 사건을 계기로 남북갈등이 군사적 위기로 치닫자 중국은 한반도 안정에 우선적 목표를 두고 한미 입장에 동조하지 않았다. 이에 따라 대북정책을 둘러싸고 역내 국가들 간에 첨예한 대립각이 형성되었다. 연평도 포격사건 발생 이후에도 한국은 중국에 "보다 공정하고, 책임 있는 자세"를 요구한 반면, 중국은 한국의 연이은 군사훈련에 대해 보다 "냉정하고, 절제적"(冷靜, 克制)인 자세를 취해주길 요청했다. 이처럼 이명박 정부시기에 들어 한중 양국 간에는 대북정책을 둘러싼 입장차이가 노정되면서 정치적 갈등의 골이 깊어지는 추세를 보였다. 환언하면 '전략적 협력동반자관계'를 수립하였

---

174) 汪偉民, 「李明博的外交新思維與中韓關係」, 2008年 冬季號; 魏志江, 「李明博政府对朝政策调整及其影响」, 『现代国际关系』, 2008年 第8期.

음에도 불구하고 양국은 대북문제 등을 중심으로 '노선갈등'이 심각해졌으며 이는 직접 양국 정치적 신뢰 구축에 부정적 영향을 미치게 되었다는 것이다.

현실적으로 지정학적 특성상 한반도문제는 결코 남북 당사자들만의 노력을 통해 해결될 수 있는 문제가 아니다. 주지하다시피 한반도는 군사·안보적 영역을 둘러싼 강대국 간 이해관계가 합종연횡으로 얽혀 있는 지역이다. 또한 글로벌 금융위기 이후 강대국들의 영향력에 변화가 발생하면서 동 지역의 정치판도는 보다 복잡한 양상을 띠게 되었다. 이러한 상황에서 한반도 역내 국가 중 어느 한쪽이든 일방주의적인 입장으로 문제를 해결해나가려면 상당한 문제점들이 따르게 된다. 한국은 단지 한미동맹 강화를 통한 방식으로 한반도문제에서의 영향력을 강화하고자 할 경우, 이는 부득이하게 중국의 전략적 이익과 상충되는 결과를 초래할 수 있다는 점을 감안하지 않으면 안 된다. 이러한 맥락에서 한중 양국의 진정한 의미에서의 '전략적 협력동반자관계' 수립을 위해서는 대북문제를 둘러싼 양국 간 전략적 이해차이를 밝혀내고, 국가 간 정치적 신뢰를 구축해나가는 작업이 우선되어야 한다. 정전협정이 체결된 지 58년이 되는 지금에도 한반도는 여전히 전운이 감돌고 있다는 점에서 한중관계 갈등을 풀어나가는 것은 자못 중요한 의미를 지닌다. 따라서 환언하면 한중 협력의 당위성을 전제로 대북문제 해결에 있어서의 양국 간 방법론적 차이를 밝혀내는 것이 중요하다.

3. 한중 양국의 대북정책: 무엇이 문제였나?

앞에서 논의되었듯이 천안함 사건은 한반도 남북대결의 범위를 벗어나 중·미 간 군사적 갈등으로까지 확산되었다. 갈등영역도 황해(서해)에서 중국 남해로까지 확산되는 추세를 보였다. 이른바 '나비효과'를 발생한 것이다. 한미동맹은 1976년 이래 최대 규모의 합동군사훈련을 진행했고, 러시아와 중국도 한반도 주변해역에서의 대규모 군사훈련을 통해 이례적으로 강하게 대응하고 나섰다.

이 와중에 중국 ≪환구시보(環球時報)≫는 2010년 6월 10일자 논설에서 "한국이 무단적으로 미국을 끌어들여 황해에서 군사훈련을 진행하는 것은 중국 국민들 속에서의 한국 이미지를 손상시키는 것"이라고 밝히면서, "한반도문제 있어서 중국의 협조와 이해가 없으면 한국은 그 어떤 행동도 진척되기 어려우며(举步维艰), 이에 따라 한국은 보다 시야를 넓게 또는 멀리 가질 필요가 있다"고 지적하였다.[175] 또한 일부에서는 "안보는 미국에, 경제는 중국에 의존하는 한국" 등 간접적으로 한국에 대한 불만 의사를 표명하였다.[176] 물론 중국과 한국 간의 갈등양상이 직접적으로 노출된 것은 아니지만 대북문제에 대한 양국 간의 견해차이가 좁혀지지 않을 경우 미묘한 신경전은 더욱 심화될 추세였다. 그렇다면 대북문제와 관련하여 중국과 한국은 도대체 어떠한 방법론적 시각차를 갖고 있었는가.

---

175) ≪環球時報≫, 2010, "环球时报社评: 韩国休把美航母带入黄海", http://opinion.huanqiu.com/roll/2010-06/846455.html(검색일 2010.6.12)

176) ≪環球時報≫에서 진행한 온라인 설문조사에서 "한미합동군사훈련이 중국에 있어서 위험이라 생각하는가"라는 질문에 97.2%(108,792명)가 "그렇다"고 대답했다. http://world.huanqiu.com/roll/2010-06/846311.html(검색일 2010.6.12.)

첫째, 북한문제의 근원에 대한 인식 차이이다. 중국은 실용주의 원칙에 근거하여 북한문제 해결의 핵심을 외부적 환경 개선에서 찾고자 했다. 중국이 대북관계에 있어서 기존의 '혈맹관계'를 탈피하여 정상국가 관계로 변화시켜 나가고 있다는 점은 주지의 사실이다. 이는 중북 경협패턴이나 유엔 대북제재 등 측면에서 여실히 드러나고 있는 부분이기도 하다. 그러나 북한이 국제사회에서의 신뢰성을 잃어가고 있다는 점을 인정하면서도 이러한 신뢰성 결여의 근본원인은 냉전적 잔여가 남아 있는 동북아 정치구도에 의해 발생된 것으로 보았다. 특히 미국의 지속적 압박과 강경정책 등 역내 신뢰부재 국면이 북한상황을 더욱 악화시켜나갔다고 보는 성향이 보다 강했다. 이에 따라 중국은 북미협상 및 주변국가와의 관계 개선을 우선하는 방식으로 북핵문제 내지는 북한 개혁·개방 문제를 풀어나가야 한다고 보았다.

이에 반해 이명박 정부의 대북정책은 중국의 그것과 상이한 점을 보였다. 비록 이명박 정부도 대북문제에 있어서 실용주의를 표방했으나, 비핵화, 개혁·개방, 인권이라는 대북정책 원칙을 지키는 데 '철저히' 하는 등 원칙론에 기반한 이념적인 대북정책으로 일관했다. 더욱 핵심적인 것은 현재의 북한문제는 국제체제의 차원이라기보다는 본질적으로 북한체제 내부에서 기인된다고 보고 있는 것이다.[177] 이명박 정부는 "세계에서 가장 호전적인 집단"인 북한의 현 정권이 국제사회의 책임 있는 성원으로 행동하기는 어렵다고 보고, 북한이 "60년 전이나 지금이나 조금도 바뀌지 않았다"(연

---

177) 윤덕민, 『'개혁·개방·3000 구상'의 과제와 전망』, 외교안보연구원, 2009.

합뉴스, 2010.5.25.)고 언급한 데서 이를 발견할 수 있을 것이다.[178)]
따라서 한국은 현재 북한이 직면한 대내외 정치경제적 상황은 외부 위협이 아니라 내부의 문제에서 기인된 것이며 북한 스스로 내부문제를 개선하기 위한 노력, 즉 비핵화 및 개혁·개방에 관한 실질적 행동이 우선되어야 한다고 주장했다. 이러한 맥락에서 북한 내에 존재하는 김정일 국방위원장 건강 이상설, 권력승계 문제로 인한 내부갈등, 경제적 불안정 등의 국면에 기반을 두고 군사적·경제적 외부 압박을 통해 북한의 선택지를 좁혀가려는 행보를 보였다.

둘째, 북핵문제 해결의 목표와 수단에 대한 인식 차이이다. 중국은 동북아 지역 안정과 평화를 수호하기 위해 한반도 비핵화를 실현해야 한다는 입장은 변함없으나, 이는 필히 협상과 대화를 통해 해결되어야 한다는 원칙을 견지하였다. 장기적 시각에서 비핵화는 궁극적 목표가 되며 이를 위해서는 협상과 대화를 통한 방식으로 점진적 과정을 통해 해결되어야 한다는 것이다. 북핵문제를 풀려다 오히려 한반도에 극단적 국면이 초래된다면 그것이야말로 본말이 전도된 것이라는 인식을 갖고 있었다.

이명박 정부의 경우, '비핵·개방·3000' 구상의 대북정책 기조를 지키는 데 철저히 했다. 근본적으로 '선 비핵화'의 노선을 선택한 것이다. '평화와 안정'은 수단일 뿐 그 자체가 목표가 되어서는 안 된다는 인식하에 과거처럼 북한 비핵화 행동마다 대가를 지불

---

178) 심지어 일부에서는 이명박 대통령의 대북인식은 부시 행정부의 불량국가론과 악의 축 개념과 유사한 특징을 갖고 있다고 보았다. 이에 관해서는 장용석, 「천안함 이후 남북관계 관리 방향」, 홍사단 민족통일운동본부 주최 『천안함 사태에 대한 막북의 입장·대응의 평가와 출로의 모색: 남북한 군사대화 복원과 북핵해결·평화체제 구축방향』 학술회의(서울, 2010년 7월 6일) 참조할 것.

하는 점진적 방식을 취하는 것에 반대했다. 그러나 문제는 북한이 요구하는 '안보'는 한국이 아닌 미국만이 제공할 수 있다는 점, 비핵화는 불가역적일 수 있으나 3000구상 실현과정은 가역적일 수 있다는 점에서 이를 현실적으로 북한이 받아들일 수 있는 사안인지에 대한 구체적인 검증은 되어 있지 않았다. 실질적으로 2009년부터 현재까지 한국의 대북정책은 미국의 이른바 '전략적 인내'(strategic patience) 정책과 별반 다른 점이 없었다. 즉 비핵화 우선의 목표를 세우고 '무전략의 전략'을 구사해왔으며 '군사적 갈등'을 계기로 군사적 압력, 경제적 제재 심화 등 강경모드에 돌입했다.

셋째, 한중관계 발전의 구조적 한계, 즉 '남북 균형'과 '미국 일변도'의 문제이다. 지금까지 한국은 한중관계 발전의 측면에서 한중 전략적 동반자관계와 한미동맹관계 사이에서 전략적 선택을 취해야 하는 딜레마적 상황에 놓여 있었다. 한국은 국가안보를 상당한 수준에서 미국에 의존하고 있는 만큼 한중관계에 있어서 미국변수가 상당히 중요하게 작용한다. 한미동맹 강화를 주장하는 이명박 정부는 비록 '창조적 실용주의'를 표방하면서 한미동맹의 강화가 중국을 중시하는 한국의 정책과 배치되지 않는다고 주장했지만, 중국은 집권 초기부터 MB 정부의 보수적 성향에 대해 은근히 우려를 표명해왔다.179) 예컨대 중국 외교부 대변인 친강(秦剛)은 2009년 5월 27일 기자답변에서 "한미군사동맹은 역사가 남긴 산물이다. 시대가 변화하고 있고 동북아 각국의 상황도 커다란 변화를 가져왔다. 냉전시기 '군사동맹'의 시각으로 (동북아) 지역이 직면한 안보문

---

179) ≪網易新聞≫, 2008, "李明博冷落中国 中韩关系出现'寒流'", http://news.163.com(2010.4.7.)

제를 평가해서는 안 된다"고 밝혀 한중 간 논란을 빚은 바 있다. 미국 오바마 행정부와 '선 비핵화' 입장이 일치하고, 천안함 사건에서 한미동맹 강화 실체가 노정되면서 중국은 자못 부담스러운 눈길로 한국을 바라볼 수밖에 없었다.

중국도 한국과 마찬가지로 한중 전략적 동반자관계와 '중조 우호협력 및 상호원조관계'라는 군사동맹의 성격을 띤 협력관계가 공존하고 있기 때문에 중국의 대한반도정책도 항상 남북 쌍방 변수의 영향을 크게 받아왔다. 한중관계가 가까워질 경우 중국은 북한의 불만을 의식하지 않을 수 없었으며, 중북관계에 가속도가 붙을 경우 한국의 '중국 위협론', '동북 4성론'을 의식하지 않을 수 없는 상황이다. 정전체제 상황에 놓여 있는 남북 쌍방 간 갈등이 고조될 경우 남북 양측은 중국의 개입을 내심 바라면서도 그의 등거리 외교에 대해서 항상 회의감을 버리지 않았다. 이러한 맥락에서 천안함 사건의 경우, 중국은 "남북 쌍방 어느 편에도 서지 않을 것이며, 보다 객관적이고 과학적인 방식으로 진실을 규명하고, 대화와 협상을 통해 문제를 풀어야 한다"는 입장을 견지하면서 유엔 의장 성명에서 미국과 한국의 '북한 공격' 주장에 대해서는 '보다 객관적이고 과학적인' 증거제출을 희망했다. 이는 남북 간의 '중개자' 역할에 임하고 책임 있는 대국으로서 한반도 평화와 안정 유지를 우선하겠다는 의미로도 볼 수 있는 것이다. 물론 이는 한국의 불만을 사기에 충분한 사안이나, 관건은 한국 정부도 중국을 설득할 만큼의 충분한 증거를 제공하지 못했다는 점에 유의할 필요가 있다.

4. 북한문제 해결을 위한 한중 양국의 노력 방향

중국은 국력 신장과 더불어 국제적 사안에 보다 적극적으로 영향력을 투사하겠다는 의지를 갖고 있다. 또한 주변문제를 우선시하며 강대국과의 이해관계를 조율하는 차원에서 갈등요소들을 평화적으로 해결하려는 원칙을 견지하고자 한다. 특히 주변환경 문제와 강대국 이해관계가 중첩된 지역인 한반도에 대한 중국의 영향력을 지속적으로 확대시키고자 노력하고 있다. 그러나 해결방식에 있어서는 안정과 평화를 전제하여 다자주의, 기능주의, 제도주의 등 다양한 방식이 동원되면서 다각적 경로를 통해 한반도문제를 점진적으로 풀어나가고자 한다. 구체적으로 중국은 국내 경제건설을 위한 양호한 주변환경 조성의 차원에서 한반도 안정과 평화를 우선할 필요성을 갖고 있다. 그러나 동 지역에서의 가장 핵심적 사안인 비핵화 실현을 위해서는 비핵화과정과 북한 경제문제를 분리시켜 고려하고, 경제협력을 추진하는 방식으로 북한의 '국제사회 편입'을 유도함으로써 궁극적으로 비핵화를 실현하고자 한다. 이러한 노력의 일환으로 국제환경 개선을 위해 주변 강대국들과의 대화와 협상을 적극 종용하고 있다. 향후 중국은 여전히 6자회담 제도화 등을 통해 북한과 동북아 역내 국가들과의 관계 개선을 추진하고자 할 것이고 궁극적으로 동북아 경제·안보체제 구축이라는 목표에 도달하고자 할 것이다.

그러나 이러한 노력은 현재 한반도문제 당사국인 한국과 상당한 인식차이가 존재하는 것으로 평가된다.

첫째, 중국은 북한문제가 외부환경에 의해 초래된 것이라고 보는 반면, 한국은 근본적으로 내부요인에 원인을 두고 있다. 따라서 중국은 대외환경 개선에 치중하는 동시에 북한 내부변화를 유도하고자 하지만, 한국은 동북아 국제질서는 더 이상 냉전체제가 존재하지 않는다는 판단하에 북한 내부 변화를 이끌어내는 것만이 중요 과제라고 보았다. 둘째, 비핵화 목표와 수단에 대한 인식에 있어서 차이가 존재했다. 중국은 비핵화를 궁극적 목표로 제시하고 대화와 협상을 통한 방식으로 안정 및 평화 조건이 만족되는 상황에서 점진적으로 해결하고자 했다. 한국은 안정과 평화적 조건은 수단이지 목표로 보아서는 안 된다는 시각하에 '선 비핵화' 목표를 제시하고 실질적으로 '강경 vs. 강경', '유화 vs. 무시 전략'을 구사했고 수단에 대한 바텀라인이 없다. 셋째, 한중관계 개선은 본질적으로 구조적 한계가 존재한다. '한중 전략적 동반자' vs. '한미동맹', '한중 전략적 동반자' vs. '중조우호호조조약' 간의 구조적 딜레마를 어떻게 선순환적으로 풀어나갈 것인가에 대해서 한중 양국은 모두 외교 지혜가 필요한 실정이다.

위의 논의들을 종합해볼 경우 한중관계 개선의 차원에서 다음과 같은 대안적 논의가 가능해진다. 첫째, 북핵문제에 있어서 한중관계 중요성을 공유해야 한다. 중국이 국제적 사안에 대한 관여를 강화해나가고 있는 상황에서 중국 변수는 향후 북핵문제 해결에 있어서도 갈수록 중요한 변수로 작용할 것이다. 한국은 '미국 일변도'가 가져다줄 수 있는 이해득실에 대해 충분한 검증을 할 필요가 있다. 오히려 한국은 북핵문제 해결에 있어서의 한중관계 중요성에 대해 충분하고, 객관적 인식을 가질 필요가 있다. 북중관계 변화가 한국에 어떠한 영향을 미칠 것인가라는 문제의식을 탈피하여 한중 관계 틀 속에서 중북관계를 바라보는 인식의 전환이 필요하다.

둘째, 중국의 차원에서는 한국변수를 중미관계의 연장선상에 놓고 고려하던 전통적 시각을 탈피하여 보다 적극적으로 한국과 소통함으로써 대북문제 해결을 위한 지식 공유를 강화해나가야 할 것이다.

한중 수교 20년 가까이 양국은 경제협력·문화교류 등 제 분야에서 경이로운 성과를 이루어냈다. 그러나 명실상부한 '전략적 협력동반자관계'를 구축해나가려면 우선적으로 양자 간의 정치적 신뢰관계가 확립되어야 한다고 본다. 즉 양국 간에 발생하는 다양한 이해갈등을 조율하여 안정적인 양자관계를 유지시킬 수 있는 대화 메커니즘의 구축이 필요하다. 따라서 중미 전략·경제대화와 같은 고위급 대화채널을 가동시킬 필요가 있을 뿐만 아니라 양국의 학자들이나 민간차원에서의 대화와 교류도 보다 활성화될 필요가 있다. 이러한 대화채널은 서로에 대한 이해의 폭을 넓히고, 또한 정기적으로 상호 간 이해관계를 조율하고 정보를 교환할 수 있다는 점에서 명실상부한 전략적 협력 동반자 구축에 긍정적 역할을 할 수 있을 것이다.

제9장
한중갈등의 근원 재조명:
2011년 서해어업분쟁을 중심으로

1. 구조화되고 있는 한중 어업분쟁

2011년 12월에 발생한 양국 간 어업분쟁(이하 '12·12분쟁'이라
함)은 양국관계에 부정적 영향을 미치는 새로운 변수로 등장하면서
한중관계 발전의 한계를 드러내주었다. 중국어선의 한국 수역에서
의 불법 조업은 2000년 한중어업협정 체결 이후부터 지속적으로
문제가 되어 왔으나, 한중협력이 본격화되는 가운데 그동안 어업갈
등은 항상 수면 아래에 잠복해있었다. 그러나 최근 몇 년간 중국어
선에 대한 한국 정부의 단속 및 규제가 강화되고 이에 대한 중국어
선들의 저항이 심화되는 가운데 '12·12분쟁'이 발생하면서 한중
간의 어업분쟁이 새로운 외교현안으로 등장하게 되었다. 뿐만 아니
라 '12·12분쟁'은 언론 보도의 영향하에 양국 간의 갈등으로 증폭

되면서 정치적 사안으로 발효(醱酵)되었다. 특히 이 사건에 대한 양국 정부 간의 시각 차이가 드러나면서 한국 사회의 반중정서가 '동북공정'문제 이후로 다시 고조되는 상황을 연출했다.

국제어업분쟁(International Fisheries Dispute)은 국가 간에 일련의 해양문제를 둘러싸고 발생하는 해양분쟁의 하나이다. 국제해양분쟁은 일반적으로 개인과 국가 간의 분쟁으로 시작된 후 외교적 보호권 행사 등을 통하여 국가가 개입함으로써 국가 간 분쟁으로 진전되는 경우를 가리킨다.[180] 2011년 12・12사건을 둘러싸고 발생한 한중 간 분쟁은 전형적인 국제어업분쟁 사례라고 할 수 있다. 왜냐하면 한국 해경 피살 이후 한국 정부는 강력한 후속대책을 취한 데 대해 중국 정부가 중국 어민의 정당한 합법적 권익을 요구하면서 양국 간 갈등이 심화되었기 때문이다.

그동안 발생한 한중갈등의 경로를 살펴보면 (예컨대 동북공정의 경우) 한국 언론 보도 → 한국 내 민족주의 여론의 환기 → 한국 정치권의 자의적 해석과 수용 → 외교문제화 → 협상을 통한 문제해결이라는 경로를 밟아왔다.[181] 이번에 발생한 한중어업분쟁도 이와 비슷한 맥락으로 전개되었다는 점에서 한중갈등이 특유의 갈등경로가 형성되고 구조화되고 있지 않느냐는 의구심까지 들게 한다. 한편 이는 중국 내 어업환경구조에 근본적 변화가 나타나지 않고 양국 간 대응태세가 변하지 않을 경우, 양국 간 어업분쟁은 지속적으로 반복될 가능성이 높음을 의미한다. 또한 양국 간 어업분쟁이 발생할 때마다 이는 정치적 문제로 부각되어 양국관계에 부정적

---

180) 이병조・이중범, 『국제법 신강』, 일조각, 1997, p.856.

181) 이희옥, 「동북공정의 정치적 논란에 대한 비판적 해석」, 『동아연구』, 제55집, 2007, p.10.

영향을 미칠 것이라는 점을 시사하고 있다. 환언하면 양국 간 어업분쟁이 발생할 때마다 정치적·외교적 갈등으로 확대될 수 있는 구조가 형성된다는 것은 매우 우려스러운 부분이다. 따라서 어업분쟁의 발생 및 그로 인한 외교적 파장을 합리적으로 처리하지 못할 경우 역사분쟁 등 사안들이 중첩되어 양자 간 선순환적 발전에 부정적 영향을 미치게 될 것으로 보인다.

그럼에도 불구하고 현재 한중 어업분쟁에 대한 사려 깊은 분석과 연구는 별로 많지 않다. 따라서 이 연구는 어업갈등을 둘러싸고 전개되는 양국 간 주요 쟁점에 대한 입장을 정리해보고자 한다. 구체적으로 어업갈등이 왜 발생하는지, 양국 간 어업문제를 둘러싼 주요 쟁점은 무엇이고 그 입장 차이는 무엇이며, 어업갈등이 쉽사리 국가 간 외교적 및 사회적 갈등으로 확산되는지에 대한 의미 있는 성찰이 필요하다는 것이다. 이러한 문제의식을 바탕으로 이 연구는 첫째, 어업갈등의 단초를 제공하고 있는 한중어업협정 체결의 배경, 과정, 내용을 개관하고 지금까지 어업갈등 발생현황 및 중국어선 불법조업의 원인을 분석한다. 둘째, 한중 어업갈등이 국가 간 갈등으로 비화된 12·12사건의 발생경위, 그리고 이를 둘러싼 양국 정부, 언론, 민간의 갈등 속에서 나타나고 있는 주요 쟁점들을 분석한다. 셋째, 이를 토대로 주요 쟁점을 둘러싼 양국 간의 시각 차이를 분석하고 분쟁 자체가 왜 외교적·사회적 갈등으로 확산되었는지를 분석한다. 이러한 목적을 달성하기 위해 양국의 통계 및 해양경찰청, 서해어업관리단, 중국농업부 해양국, 환발해어정국 등의 자료를 활용하고자 한다.

2. 갈등의 유래: 한중어업협정 체결과 어업분쟁

중국과 한국은 황해와 동중국해를 사이에 두고 밀접한 정치·경제·문화적 교류를 활발히 전개해 온 역사를 갖고 있다. 그러나 20세기 중반 이후 국제해양질서 패러다임의 변화, 그리고 1992년 한중 수교와 함께 EEZ 획정문제가 불거지자 양국은 협상을 거쳐 2000년 한중어업협정을 체결하였다. 그러나 어업협정이 체결되었음에도 불구하고 양국 간에는 어업분쟁이 양산되는 추세를 보였다. 2011년 12·12사건이 그 단적인 예이다. 이런 맥락에서 이 연구는 우선 한중어업갈등의 경위, 내용 등을 검토하고자 한다.

1) 한중어업협정 체결의 경위와 내용

한중어업협정 체결에 관련한 협상은 다음의 몇 가지 요인을 배경으로 시작되었다. 첫째, 국제해양질서 패러다임의 변화이다. 제2차 대전 이후 해저자원에 대한 인식이 제고되면서 개도국들이 200해리 자주권을 선언하게 되었고, 이에 따라 해양패권국들이 주장해온 해양자유론이 새로운 도전에 직면했다. 장기간의 줄다리기를 거쳐 1982년 개도국 주도하에 유엔해양법협약이 체결되고,[182] 1994년 정식 발효되었다. 1996년 한·중·일 등 동아시아 국가들도 이 협약을 비준하고 관련법령을 제정·시행하기 시작하면서 동아시아지역에서의 EEZ제도 도입이 현실화되었다.

---

182) 유엔 해양법협약은 1982년 4월 30일 당시 중국 등 130개 국가 찬성, 미국 등 4표 반대, 영국 등 17표 기권하는 방식으로 통과되었다. 周洪钧, 「我国应尽快批准海洋法公约」, 『法學』, 1995年 第3期.

둘째, 한중 양국이 각각 주장하는 EEZ가 중첩되면서 해양경계획정이 어려움을 겪게 되었다. 한국과 중국은 서해(황해)와 동중국해를 사이에 두고 서로 인접해 있다. 그러나 황해와 동중국해는 동서의 폭이 좁고,[183] 양국의 해양관할권 주장이 일치하지 않아 EEZ와 대륙붕 계선 획정을 둘러싼 갈등이 불가피해졌다. 경계획정을 위한 국제법상 확립된 원칙이 없고 국가별 주장이 상이한 상황에서 유엔해양법협약 제74조 제1항과 제3항 규정에 근거하여 해양경계가 획정되기 전까지 현실적인 잠정약정을 체결할 필요성이 제기되었다.[184]

셋째, 1980년대 이후 중국을 포함한 주변국의 어로 능력이 급격히 향상되면서 서해·동중국해 등 전통 어로지역의 어족 고갈·환경오염·해상사고 등 여러 가지 문제들이 발생하였다. 특히 한국 인근수역에서의 양국 어선의 경쟁적인 조업으로 인한 갈등이 증가하면서 새로운 어업질서 수립에 대한 요구가 강해졌고, 이에 따라 어족 자원이 풍부한 서해에서의 무절제한 조업질서를 개선해야 할 필요성이 대두되었다.[185]

요컨대 국제해양질서 패러다임 변화에 따른 동아시아 해양경계획정, 서해지역에서의 해양자원 고갈·환경오염·해상사고 등 문

---

183) 예컨대 중국 산둥반도(山東半島)에서 북한 황해도 장산곶까지는 124해리, 한국 경기도 평택까지는 246해리, 경기도 화성까지는 190해리로 양국 EEZ 조건을 만족시킬 수 있는 400해리에 훨씬 미치지 못한다. 이는 양국의 주장을 충족시킬 수 있는 EEZ 수역이 상당부분 중첩됨을 의미한다.

184) 유엔해양법협약 제74조 제1항은 EEZ 경계획정이 장기화될 경우 합의에 의하여 경계를 확정하되 공평한 해결(equitable solution)에 이르도록 하여야 한다고 규정하고 있다. 또한 제74조 제3항은 "제1항에서 규정된 합의(EEZ경계획정)에 이르는 동안, 관련국은 이해와 상호협력의 정신으로 실용적인 성격의 잠정약정을 체결할 수 있도록 모든 노력을 다해야 하며, 과도적인 기간 동안 최종합의에 이르는 것을 위태롭게 하거나 방해해서는 안 된다. 이러한 약정은 최종적인 경계획정에 영향을 미치지 아니한다"고 규정하고 있다.

185) 대한민국 청와대, 『한·중 어업협정 해설전문』, 1999년 4월, p.4.

제 해결을 위한 해상질서의 수립이 필요해졌다. 그러나 양국의 해양관할권 주장이 서로 다른 탓에 양국은 어업질서와 같은 현실적 문제를 우선적으로 해결하기 위한 잠정적인 틀로써 어업협정을 체결하기에 이르게 되었다.

한중어업협정은 한중수교 직후인 1993년 12월에 개시되어 약 7년의 협상과정을 거쳐 2000년 8월에 체결되었다. 협상과정은 주로 다음의 몇 개 단계로 나누어 볼 수 있다.

첫째, EEZ를 둘러싼 갈등단계(1993∼1997). 한국은 중간선 원칙에 근거하여 최대한 EEZ 수역을 넓히고자 한 반면, 중국 측은 한국 서쪽 인근해 지역을 전통어로수역으로 간주하고 있었기 때문에 손실을 최대한 줄이기 위해 EEZ 경계선 획정시기까지 양국 영해 12해리 밖을 모두 공동어로 수역으로 할 것을 주장했다.

둘째, 잠정조치수역 확정기(1997∼1998.11). 한중어업협정에 관한 교섭이 실질적 성과를 낸 것은 양국이 국제해양법협약을 비준한 1996년 이후이다. 1997년 9월 양국 간 잠정조치수역방안이 검토되기 시작하였고, 그 과정에서 한국 측은 EEZ를 최대한 넓게 하고 잠정조치수역을 좁게 하자는 주장을 했고, 이에 반해 중국 측은 잠정조치수역을 될수록 넓게 하자는 주장을 했다.[186) 1998년 9월 양측이 과도수역 획정[187) 방안을 타결 지으면서 1998년 11월 11일 김대중 대통령의 방중을 계기로 협정은 가체결된다.

---

186) 양측 간 EEZ가 중첩되는 상황에서 한중 간 EEZ경계선이 획정되는 때까지 일정수역의 범위 (잠정조치수역)에 대해서는 예외적으로 잠정관리 하는 제도를 가리킨다. 박재영 · 최종화, 「한중어업협정의 평가 및 향후과제」, 『수산경영론집』, Vol.XXXI, No.2, 2000, p.69.

187) 상기 잠정조치수역범위 관련 양측의 입장차이를 좁히기 어려운 수역을 한중 양국 각자 연안에 과도수역으로 각각 획정하고, 일정기간 관리 후에 각자 EEZ 체제로 귀속시키는 방안이었다. 박재영 · 최종화, 위의 논문, p.70.

셋째, 협상종료단계(1998~2000). 1999년 4월 중국 측이 장강(長江)하구수역 조업문제를 둘러싸고 문제제기를 하면서 외교당국 간 회담이 재개되었으나, 중국은 한중관계 발전을 위해 협정의 조속체결을 희망했고, 한국도 조속한 협정 체결이 이익이라는 판단하에[188] 보다 실용적인 해결방안을 모색키로 하면서[189] 2000년 8월 한중어업협정이 체결되었다. 동 협정은 2001년부터 정식 발효되었다.

한중어업협정은 전문 및 본문 16개 조문으로 이루어져 있고 주로 어업을 위한 배타적 경제수역 및 양국 EEZ에 대한 상호 입어에 관한 내용이 명시되어 있다(<표 17> 참조).

<표 17> 한중어업협정의 주요 내용

분류	내용 및 관리방법
협정의 구성	전문/본문 16조/부속서2/양해각서
기본이념	① 자원보전, 합리적 이용, ② 정상어업질서 유지, ③ 어업협력 강화
협정수역	**배타적 경제수역(연안국주의)** - 연안국이 배타적인 어로활동과 어족자원 보호권리를 보유 - 연안국이 조업조건(어종, 어획할당량, 기타 조업조건)을 결정하여 외국어선에 대한 입어허가 실시 - 연안국이 위반어선에 대한 단속 및 재판관할권 행사 **잠정조치수역(선적국주의)** - 어업공동위원회의 결정에 따라 양국이 공동관리 - 조업척수 제한 등 어업자원보호를 위한 공동의 조치 시행 - 연안국이 각각 자국어선에 대한 조업허가 실시, 타국어선에 대한 자국법령 적용 유보

---

188) 한국은 당시 협정 미체결로 인해 서해 인근해 지역에서 중국어선에 의한 손실 어획량을 연간 20만 톤, 약 3,000억 원 정도로 추산했다. 반면 장강유역에서의 한국 어선의 어획량은 24,000톤으로 한국 전체 어획량의 2%에 불과하다는 인식을 갖고 있었다. 협정이 빠를수록 한국에는 이익이라는 판단이 작용한 것이다.

189) 2000년 8월 한중 간의 합의내용은 협정 발효 후 2년간 양자강 수역에서 한국 어선들이 계속 조업토록 하고, 그 유예기간이 끝난 후에는 양자강 수역의 자원보호를 위해 한국 어선들이 철수하되 양자강 수역의 자원상황이 호전되면 한국 어선들이 다시 조업할 수 있도록 하였다.

	과도수역*(2005.6.30. **이후 연안국 EEZ로 귀속**)
협정수역	– 협정발효 후 4년간 공동으로 관리 – 잠정조치수역과 동일하게 공동의 자원보존조치를 이행하고 선적국주의를 적용 – 단, 잠정조치수역에 비하여 과도수역 존치기한 중 어업활동을 조정, 감축할 것을 의무화하고 양국의 공동지도단속 등 자원관리방식을 강화
	현행조업유지수역

	– 잠정조치수역의 북단이 위치한 위도선 이북의 일부 수역과 잠정조치수역 및 과
	  도수역 이남의 일부 수역(양국 간 "별도의 합의가 없는 한" 현행의 어업활동을
	  유지)

협정의 효력	– 5년＋자동연장/ – 종료통고 1년 후
기타	– 상호주의에 기초한 피난권 인정 – 경제수역 경계획정 노력 계속

* 2005년 6월 30일 각국에 귀속, EEZ제도 도입.
출처: 최종화, 『현대 한일어업관계사』, 세종출판사, 2000, p.388 참조 및 보완.

한중어업협정은 한중수교 이후 양자 간에 체결된 최초의 어업협
정이다. 한중어업협정은 한중 양국이 주장하는 배타적 경제수역이
중첩되면서 해양경계획정이 어려웠고, 동시에 현실적으로 어업질
서 확립이 절실했던 상황에서 상호주의 원칙과 유엔해양법협약의
정신을 반영하는 새로운 어업질서를 수립했다는 점에서 긍정적인
평가를 받을 수 있다. 또한 협정은 추후 발생할 수 있는 양국의 조
업경쟁을 완화시키기 위해 과도수역이라는 독특한 제도를 도입하
는 등 상대적으로 유연한 협상전략을 구사하여 쌍방의 이익을 상
호 반영했다고 볼 수 있다. 그러나 동 협정은 단기적 측면에서는
중국의 이익이 반영된 듯하지만, 장기적 측면에서는 중국어선 불법
조업 등 한중 어업분쟁을 야기하는 구조적 문제를 내재하고 있었다.

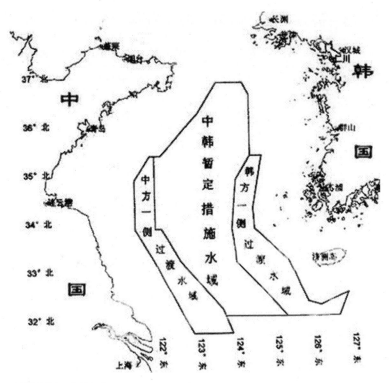

"中韩渔业协定", 『百度百科』,
출처: http://baike.baidu.com/link?url=1hmNovRyaA-t2At4Tr7Nf2y-2S-SsysgV-rebckGTGfRvkMsPyIE3FlstMFMsm
A4yZXKs5whdy9Hbsr_ZUcTNa(검색일: 2012년 1월)

<그림 9> 한중어업협정 수역 획정

2) 불법조업 발생의 원인

한중어업분쟁은 궁극적으로 중국 어선들이 한국 측 EEZ 또는 영해에
서 불법조업이 이루어지면서 발생했다. 중국어선들이 한국 측 해역을
선호하게 된 데는 근본적으로 한중어업협정 체결 이후 해당 지역 어업

환경에 구조적 변화가 발생했기 때문이다. 중국어선들이 한국 측 해역을 선호하는 원인은 밀어내는 요소(push factor)와 유인요소(pull factor)가 복합적으로 작용하고 있다. 특히 밀어내는 요소가 보다 큰 원인이다.

서해의 어획대상군은 일부 정착성 어종을 제외하고는 대부분 산란 및 월동을 위해 남북을 회유하는 자원이다. 특히 흑산도·제주도 주변수역은 서해남부 및 동중국해에서 북상하는 회유군과 월동군의 주요 활동 지역으로 어로자원이 풍부하여 황금어장으로 불린다. 물론 한중어업협정이 체결되기 전까지 중국어민들도 이 지역에서 활발히 조업을 했다. 이는 현재 중국어선 불법조업을 유발하는 유인요소라고 할 수 있다.

그러나 한중어업협정이 발효되면서 동중국해 및 서해지역 대부분이 배타적 경제수역으로 전환되고, 연안국주의에 의해 이른바 황금어장으로 간주되던 한국 쪽 수역들이 상당부분 한국 관할 수역으로 전환되었다. 이는 중국어민들의 전통적 어로 생산환경에 근본적 변화가 발생했음을 의미했다. 2001년 현재 중국 농업부 조사에 따르면 한중어업협정이 체결되면서 한국 관할수역 및 한국 측 과도수역에서 작업하던 중국어선은 이른바 전통어장의 30~40%를 상실하고, 전체 어선 수의 약 90%(약 2.5만 척)가 이 지역에서 퇴출할 위기에 직면했다고 한다. 그 결과 조업량은 약 120만 톤 줄었고, 경제적 가치로 60억 위안의 손실을 본 것으로 추정되었다.[190] 또한 협정 체결과 함께 30여만 명의 어민과 100여만 명의 관련 종사자들이 직·간접적 영향을 받으면서 단순한 어업문제에 그치지 않고

---

190) 楊堅 외, 「關與沿海漁民轉産轉業情況的調査報告」, 『中國漁業經濟』, 2001年 第1期.

사회적 문제로 부각되었다. 랴오닝성(遼寧省)의 경우 40% 정도의 전통어장이 감소하게 되면서 78%에 상당하는 어선들이 이 수역에서 퇴출했고, 전체의 1/3에 해당하는 어민(4만) 및 어업인구(17만)가 직·간접적 영향을 받게 되었다. 저장성(浙江省)의 경우는 2000년 한국관할 수역의 조업 어선 7천 척(어획량 20만 톤), 한국과도수역 조업어선이 11,992척(어획량 35만 톤)에 달했으나, 2001년 중국 농업부가 저장성에 할당한 한국관할 수역 및 과도수역 어선 수는 1,703척에 지나지 않았다. 이는 80% 이상의 어선들이 한국 측 수역에서 퇴출됨을 의미했고 이에 따른 조업량 감소는 45만 톤, 경제적 손실은 25억 위안으로 추정되었다. 산둥성(山東省)도 위 지역들과 비슷한 상황이었다. 40%의 전통어장을 잃게 되었고 약 1만여 척의 어선들이 한국 측 해역에서 퇴출해야만 했다. 실제로 1999년부터 2009년까지의 랴오닝, 산둥, 저장 지역의 어획량을 보면, 1999년 총 821.45만 톤에서 2009년 606.26만 톤으로 감소하여, 지역별로 20～30%대의 손실을 보았음을 알 수 있다(<표 18> 참조).191)

<표 18> 중국어선 지역별 해상 조업량 변화

(만 톤, %)

연도 해역	1999	2003	2006	2009
랴오닝(Liaoning)	157.69(100)	147.96(94)	148.17(94)	99.53(63)
산둥(Shandong)	332.52(100)	268.08(81)	257.41(77)	237.09(71)
저장(Zhejiang)	331.24(100)	314.15(95)	311.91(94)	269.64(81)
합계	2,489.21(100)	2,419.04(88)	2,411.58(87)	2,345.62(74)

자료: 中國農業部漁業局, 『中國漁年鑒』, 中國農業出版社, 각 연도.

---

191) 물론 이는 단순 한중어업협정 체결이 미친 영향이라기보다는 한일어업협정체결, 중국 어획능력 증가로 인한 어로경쟁 등으로 해양환경이 악화되는 등 다양한 요인들이 영향을 미친 결과라고 해야 더 마땅할 것이다.

대량의 어선들이 전통어장으로부터 퇴출되어 중국 측 관할수역 내에 집중되면서 어민들의 생계를 위한 어로경쟁이 심화되었고, 이는 어선들이 과도하게 밀집되는 결과를 초래하여 중국 측 수역 어로환경을 한층 악화시켰다. 중국 정부는 한중 어업협정이 중국 어민들에 미치는 영향을 감안하여 어선 감척과 어민들의 업종전환을 중심으로 개혁조치를 실시하였다. 예컨대 2002년 중국 농업부와 재정부 등 관련 부처들이 어민들의 업종전환 사업을 위해 총 3.3억 위안의 재정지원을 약속하고, 2003년에는 '해양어로어민 업종전환 전용자금 사용관리규정'(海洋捕捞渔民转产专业专项资金使用管理规定)을 발표하여 어민들의 업종전환에 필요한 자금지원을 제도화했다. 2003년 중국 농업부는 국무원의 비준하에 '2003~2010년 해양 어로어선 규제제도 실시에 관한 의견'(2003~2010年海洋捕捞渔船控制制度实施意见)을 공포하고 본격적으로 어선 감척사업을 전개했다. 특히 이 규정은 2003년부터 2010년까지 어선을 22.3만 척에서 19.2만 척으로, 총 마력 수를 10% 감소시키는 것을 목표로 제시했다. 그러나 이중규제(双控)정책에[192] 근거한 감척사업은 어선의 양적 감소를 가져왔으나, 선박의 대형화, 규모화 추세를 극복하지 못하면서 총 마력 수는 오히려 증가하는 결과를 초래했다. 어민들의 업종전환 사업도 동기부여의 부족 등으로 인해[193] 실질적인 효과를 보지 못했다. 게다가 경제수준 향상과 더불어 중국 내

---

192) 이중규제(雙控)제도란 국가가 해양 어로 어선 수량과 마력 수에 대해 총량 규제를 실시하는 제도로 1987년부터 실시되었다.

193) 중국어민들의 업종전환 사업이 어려움을 겪는 원인은 주로 ① 열악한 자연조건, ② 어민들의 육지생활에 대한 부적응, ③ 어민 문화수준 저하와 노령화, ④ 수산양식업 리스크 증대, ⑤ 자본력 부족, ⑥ 정부의 정책지원의 결여와 단절성 등을 들 수 있다. 이에 관해서는 居占杰·刘兰芬, 「我国沿海渔民转产转业面临的困难与对策」, 『中国渔业经济』, 2010年 第3期 참조.

해산물 수요량이 급증하면서 해양어로에 대한 투자가 늘고 내륙지역 농촌의 잉여노동력이 어로에 밀집되는 등[194] 어로능력을 지속적으로 확장시키는 결과가 초래되었다.

요컨대 환경오염·어로자원 남획 등에 따라 어로자원이 고갈되는 추세 속에서 어로산업의 높은 수익성으로 인해 어업에 대한 투자와 노동력이 집중되는 아이러니가 발생하였다. 환언하면 어로활동에 대한 완전한 통제 및 관리가 이루어지지 않아 어업능력이 어획량 수준을 초과하게 되었고, 이러한 현상은 어업 초과비용을 발생시켜 어업이익을 감소시키고, 어업경영의 악화를 가져와 어민들은 새로운 어로지를 찾을 수밖에 없는 구조를 형성했다. 즉 중국어선들이 자원량이 상대적으로 풍부한 한국 관할수역을 찾게 되는 밀어내는 요소(push factor)가 작동하게 된 것이다.

3. 경과: '12·12'사건의 발생과 한중갈등

1) 사건 발생의 배경

한중어업협정 체결 및 정식발표, 그리고 이 협정에서 규정된 과도수역이 각각의 배타적 경제수역으로 전환되면서 중국어선의 한국해역에서의 불법행위도 급격히 증가하는 추세를 보였다. 그러나

---

194) 예컨대 절강성의 경우 2011년 현재 전통어로어민이 94,115명이나, 타지역에서 유입된 어로어민은 89,125명으로 전체 어로 종사자의 48.6%를 차지하고 있다. 欧焕康·虞聪达, 「渔船'双控'制度成效研究」, 『浙江海洋学院学报(自然科学版)』, 2011年 第30卷 第5期.

쌍방의 관리조치가 강화되면서 불법조업으로 한국해경에 나포된 중국어선 수는 2005년을 기점으로 차츰 하락하는 추세를 보였다. 어업협정 정식 발표 이후인 2001년 7월부터 2011년 11월 10일 현재까지 한국해경의 중국어선 단속은 총 4,248건(나포 4,090건, 훈방조치 158건)에 달했다. 나포된 중국어선의 불법행위를 유형별로 보면, 영해 침범(특정금지구역 포함)이 317건, EEZ 위반이 3,773건에 달한다. 특히 EEZ 위반 건수 중 '조업일지 관련 위반 및 어창용적도 미비치' 등 조업조건 및 절차규칙을 위반한 사례가 2,326건으로 61.6%를 차지했고, 무허가 어선의 침범은 1,050건(27.8%)이었다. '망목위반 등 어구위반으로 나포된 사례는 6년간 총 191건(연평균 32건)이었다(<그림 10>, <그림 11> 참조).

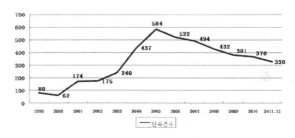

<그림 10> 한국해경의 중국어선 단속건수

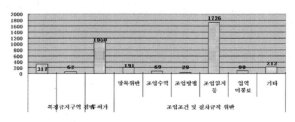

<그림 11> 한국해경 중국어선 단속 (유형별 분류)

출처: 농림수산식품부 지도안전과, "중국어선 위반조업 단속 현황", 『보도자료』, 2011.11.11.
* <그림 11>은 협정발표 이후부터 2011년 11월 10일까지의 한국해경이 나포한 중국어선을 기반으로 작성된 것임.

최근 몇 년간 한국해역에서 중국어선과 한국의 단속이 충돌하면서 인명사고도 빈번하게 발생하고 한국의 조치도 지속적으로 강화되는 추세를 보이고 있다. 2008년 이후 주요 충돌사례를 살펴보면 <표 19>와 같다. 2011년 3월 한국 해양경찰청은 "불법조업 어선 단속역량 강화 T/F"를 구성하여 보호장구 등 장비개선과 불법어선에 대한 담보금 상향조정(최고 5천만 원에서 최고 7천만 원으로), 폭력·저항에 대한 유형별 처벌기준을 세분화하고 공무집행방해에 대한 처벌을 확대했다. 그리고 국외단속기관과의 협조를 통한 외교적 대응 및 이중처벌(국내, 등록국) 등의 조치를 취하면서 중국어선을 상대로 하는 단속 수위를 높였다. 이러한 조치의 일환으로 2011년 8월 23일, 한국 서해지방해양경찰청과 중국 환발해구어정국(黃渤海區漁政局)은 중국어선 공동대응 방안에 대한 약정서를 체결했다. 2011년 9월부터 휴어기(6~8월)가 종료되고 조업기가 시작되는 가운데 중국어선의 불법조업을 막기 위한 한국 정부의 단속이 더욱 강화되기 시작했다. 이 와중에 2011년 11월 4일 군산해양경찰서장 실족사가 발생하면서 한국 농림수산식품부는 서해상 어업지도선의 증선(2척에서 7척으로), 해경·해군 등 관계기관과의 공조 등을 통한 단속활동을 강화하는 이른바 '중국어선 불법어업 특별단속대책'을 마련했다.195) 한국 서해지방해양경찰청도 11월 중순부터 불법 중국어선에 대한 강력 단속을 시작했다. 이 와중에 2011년 12월 초 한국 법무부는 EEZ 내 중국어선 불법조업 담보금을 4천만~7천만 원 선에서 1억 원으로 높였다.

---

195) 농림수산식품부 보도자료, "불법 중국어선, 우리 바다에 발 못 붙인다!",
http://www.mifaff.go.kr(2011.11.)

날짜	사건 발생지점	경위
2008.9.25.	전남 신안군 가거소 서쪽 73km	목포해경 1명 중국어선 승선 중 둔기에 맞아 바다 추락 후 사망
2010.12.18.	전북 군산시 어청도 북서방 133km	한국해경경비함 도주 중에 있는 중국어선(요영어 35342) 충돌, 2명 선원 사망, 한국 해경 4명 부상
2011.3.3.	충남 태안군 격렬비 열도 남서쪽 102km	중국어선 단속 중 태안해경 1명 해머에 맞아 중상, 중국선원 1명 총격(한국 총기사용 첫 사례)
2011.11.4.	전북 군산시 옥도면 어청도 해역	군산해양경찰서장 중국어선 불법조업 현장 순시 중 '실족사' (자살논란 있음)
2011.12.12.	인천 소청도 남서쪽 85km 해역	인천해경 3005함 소속 한국해경 1명 파살, 1명 부상

2) "12·12"사건과 어업분쟁

2011년 12월 12일, 인천해양경찰서 소속 이청호 경장이 인천 서 청도 해역에서 중국어선을 나포하는 과정에서 중국 선장이 휘두른 흉기에 찔려 숨진 사건이 발생하면서 양국 정부 간 외교적 갈등이 발생했고, 이는 곧바로 양국의 사회적 갈등으로 비화되었다. 사건 발생 당일 한국 정부는 주한 중국대사를 초치하는 등 외교적 채널 을 통해 중국에 항의의 뜻을 전달함과 동시에 국무총리실 주관하 에 관계부처 긴급대책회의를 소집했다. 해양경찰청도 불법조업 단 속 시 총기사용 매뉴얼 재검토 등 강경태도를 시사했다.[196]

이에 중국 정부는 당일 사건 진상파악에 나섬과 동시에[197] 외교

---

196) 한국 해양경찰청은 "현재까지는 고무탄 발사기, 전자충격총 등 비살상무기를 1차적으로 사용하고 폭력 및 저항으로 경찰관의 안전에 위협을 가할 경우 총기 등을 사용했다"며 "흉기를 소지한 채 저항할 경우에 대해서도 접근단계에서부터 총기를 적극 사용, 저항의지를 무력화시키는 방안을 검토 중"이라고 설명했다.

197) 주한 중국대사관은 사건 발생 당일 "사건이 발생한 데 대해 유감을 표시"하면서, "중국 정부로서도 신속하게 이 일을 처리할 수 있도록 비디오 자료 요구"함과 동시에 중국어선 선장을 직접 면회했다.

부 대변인을 통해 "한국 측과 면밀히 협력하여 타당하게 처리할 것"이라는 입장을 표명하고 "중국 관련기관은 출경(出境) 어선 규칙위반 사례 발생 저지 및 중국어민들에 대한 교육을 강화하기 위해 다양한 조치를 취해왔다"고 설명했다. 동시에 "한국 측은 중국 어민들의 합법적 권익을 충분히 보장하고, 인도적 처우를 해주기를 희망한다"고 요구했다. 이러한 발표는 곧바로 한국 사회의 불만을 촉발시키는 계기가 되었다. 12월 13일, 중국외교부는 한국 해경의 사망에 유감을 표하면서 사실관계 확인과 적절한 처리를 약속했지만 중국에 대한 한국 정부 및 사회적 비난은 진일보로 확산되었다.

한국 집권당인 새누리당은 브리핑을 통해 "불법조업한 중국어선 선장에 의해 우리 해경이 살해됐지만 중국 정부는 사과는커녕 어민의 합법적 권리 보장을 요구하고, 이번 사태를 한국 해경의 과잉 대응으로 몰아가는 등 사태를 호도하고 있다"고 중국을 비난하면서 "중국 정부 차원의 공식적 사과, 중국어선 불법행위 저지를 위한 강력 조치 약속" 등을 촉구했다. 12월 15일, 한국 국회 외교통상통일위원회는 긴급현안간담회에서 "중국 정부의 유감표명뿐 아니라 정부 차원의 사과와 재발방지 약속도 반드시 받아내야 한다"는 의견과 함께, 일부에서는 "중국어선이 대항할 자세를 보이면 바로 항복명령을 내리고 이에 응하지 않으면 함포로 바로 격침시켜야 한다"는 과격발언도 나왔다. 민간에서는 13일부터 한국자유총연맹·라이트코리아 등 반공·보수단체들이 주한 중국대사관 앞에서 시위를 하였고, 14일에는 수산업협동조합·전국해상산업노동조합연맹 등 관련 이익단체들이 "중국어선 불법조업 규탄 궐기대회"를 개최하고 "중국 정부의 사과, 재발방지 약속"과 한국 정부의 강력 대응을 호소했다. 중국어선의 불법조업에 불만을 표출했던 한국 언론도 한국 해경 실족사(11.4.) 이후부터 민감한 태도를 보이기 시작했다.[198] 특히 해경 살해 사건에 대한 중국 정부의 입장이 발표된 12월 13일 이후, 한국 여론은 충돌사건 자체를 넘어 중국 정부를 향하기 시작했다.[199] 특히 일부 언론들은 이 사건을 중일 간 도서분쟁, 즉 '희토류 수출 금지' 사건이나 중국과 동남아 도서분쟁 사례들과 연계시키면서 어업분쟁을 해양분쟁으로 확대 해석하는 등 이른바 중국 위협론, 중국 오만론을 제기하기 시작했다.

개별 사안(个案)으로 간주했던 사건이 외교적 갈등 및 반중정서의 확산으로 비화되면서 중국 정부는 다소 당혹스러워하는 모습을 보였다. 중국 정부는 진상 파악, 중국어민의 정당한 합법적 권익 보장 등 원칙적 입장을 고수하면서도 "동 사건은 개별 사안으로 양국의 공동 노력하에 양국관계 전반에는 영향을 미치지 않을 것"이라고 밝히면서 사태 악화를 경계했다. 실지로 중국 언론들도 '12·12' 사건을 한국에서의 반중 정서의 표출로 보고 다소 곤혹스러운 모습을 보이면서 다양한 해석을 제시하기 시작했다. 이들의 논지를 정리하면 다음과 같은 몇 가지로 나누어 볼 수 있다.

첫째, 어업분쟁 발생의 원인은 중국 내 어업환경의 악화에 근본 원인이 있다. 그러나 한국 측의 과잉단속, 과잉처벌로 인해 중국어민들이 곤경에 빠지면서 모험적 행위가 발생했다.[200] 둘째, 중국어

---

198) "中어선 '불박이 조업'서 '메뚜기 조업'으로"(《동아일보》, 2011.11.11.), "中 정부는 자국 어선 '깡패 조업'을 부추기는가"(《동아일보》, 2011.11.11).

199) 이에 관해서는 "'극에 달한 中 어선 횡포', 中 '인도적 대우를'… 사과는 커녕 오만불손한 요구"(《국민일보》, 2012.12.13.), "中선장 해경특공대 살해, '피'가 끓는 격랑의 민심에도… 정부는 또 '어물쩍 외교'"(《문화일보》, 2012.12.13.), "오만방자한 중국, 한국이 그리 만만한가"(《국민일보》, 2011.12.13.) 등을 참조.

민이 불법행위를 저지를 경우 해당국 법률에 따라 처리하는 것은 당연하나, 한국의 일방적 조사만 따를 것이 아니라 공동으로 개입하여 진실규명을 선행함으로써 동시에 중국어민의 정당한 권익도 보장해야 한다. 셋째, 어업분쟁이 왜 최근에 들어 특별히 이슈화되고 외교적 갈등으로 번지는가에 대해서도 다양한 해석을 내놓았다.[201] 우선, 중국어선의 불법조업이 최근 들어 빈번해지는 원인을 파악하기 위해 어민사회에 대한 심도 있는 조사가 이루어져야 한다는 주장이다, 둘째, 일부 세력들이 한중갈등 확산을 부추기고 있다는 것이다. 즉 현재 한국 집권당이 (DDos사건, 대통령 친인척 비리 등) 국내적 어려움을 외부에 돌려 다음 선거를 대비하려는 의도가 있다는 견해도 조심스럽게 제기되었다. 셋째, 한중 간에 존재하는 역사적 요인 및 냉전적 사고를 기반으로 민족주의 정서가 순수 어업갈등을 양국 간 외교 분쟁으로 격화시키고 있다는 것이다. 심지어 일부에서는 한중어업협정은 당초 체결될 때부터 불평등 협정이었으며, 중국어민들에게 상당한 불이익을 가져다주고 있기 때문에 중국 정부는 이 협정 제16조항을 근거로 새로운 어업협상을 진행해야 한다는 등 극단적 주장이 온라인을 통해 회자되었다.[202]

한국의 반중여론이 확산되자 12월 13일 중국 관영매체인 《환구

---

200) 解中韓漁業糾紛中方需政治智慧, 聯合早報(香港), 2011.12.16.

201) 동 내용은 "解決中韓漁業糾紛須了解深層原因"(《凤凰卫视》, 2011.12.28.), "韓国为何在跨界渔业纠纷上小题大做?"(《深圳卫视》, 2011.12.14.), "解中韓渔业纠纷中方需政治智慧"(《联合早报》(香港), 2011.12.16.), "中韓渔业纠纷或被外部蓄意利用"(《羊城晚报》, 2011.12.15.) 등을 참조하여 재정리한 것임.

202) 중국 전국정치협상회의 위원 허신(何新)의 발의안(초안)으로 추정되는 "한중어업분쟁과 이해 못 할 한중어업협정(中韓渔争的由来与匪夷所思的 《中韓渔业协定》)"이 그의 블로그를 통해 확산되면서 온라인에서 논란을 빚은 바 있음. 허신(何新)의 발의문은 그의 블로그 http://www.caogen.com/blog/index.aspx?ID=32를 참조할 것.

시보≫는 일부 한국 언론들의 과격 보도내용을 전하면서 이는 위험한 발상이라 비난했다. ≪환구시보≫는 만약 중국어민의 불법행위가 확인될 경우, 중국 언론도 그(어민)의 편에 서지 않을 것이라 주장하면서, 따라서 불법행위 사실 여부에 대한 파악이 우선이라고 강조했다. 또한 과격한 한국의 사회적 정서가 사건의 공정한 심사, 처리에 개입되는 것을 지양해야 한다고 밝히면서, 만약 중국어민에 대한 적극적인 총기 사용 등이 현실화될 경우 한중관계는 예측하기 어려운 상황을 맞이하게 될 것이라고 경고했다. 그리고 중국은 한국을 '무시'(欺負)하고자 하는 생각이나 동기는 없으나, 오히려 반중 여론은 관련 사건들이 발생할 때마다 한국 사회에서 쉽사리 확산되는 성향을 보인다고 지적했다.

논란이 지속되는 가운데 12월 26일 한국 정부는 정부당국의 외교적 대응 강화, 단속역량 강화, 불법조업 처벌강화 등을 골자로 한 이른바 '불법조업 근절 종합대책'을 발표하고 2016년까지 예산 9,324억 원을 투입키로 결정했다.[203] 첫째, 단속함정 및 인력을 대폭 확충하고, 특히 해상특수기동대 요원 전원(총 342명)을 특수부대 출신으로 교체(2012년 54명에서 164명으로)하기로 했다. 둘째, 집중단속 체제를 강화하기 위해 고속단정 승선인원 8명 중 2명에게만 지급하던 총기를 전원에게 지급하고(2011.12.21. 지급완료),[204] 불법어선에 대한 대응전술을 대테러 진압작전 수준으로 강화시켰다. 셋째, 불법

---

203) 대형함정: 4,667억 원, 고속단정: 126억 원, 어업지도선: 782억 원, 해경전용부두: 3,647억 원, 장비: 95억 원, 시설보강: 7억 원

204) 불법 외국어선이 흉기 등으로 저항하는 경우, 비살상 무기를 먼저 사용하고 다른 수단으로 제압이 불가한 경우에 한해 총기사용을 허용했으나 이번 강화조치 이후에는 흉기사용·현측 장애물 설치 등으로 생명의 위협을 느끼거나 다른 수단으로는 공무집행이 불가능하다고 판단되는 경우 즉시 총기사용이 가능토록 단순화했다.

조업 벌금(담보금) 상한 기준을 최고 2억 원으로 상향조정하고, 중대 위반행위에 대해서는 어획물·어구 몰수, 단순공무집행방해 행위에 대한 구속수사 등 불법조업어선에 대한 처벌을 강화했다.

한편 12월 말에 들어서면서 외교 경로를 통한 양국 간 대화가 적극적으로 전개되었다. 쌍방은 12월 27일 서울에서 개최된 제4차 한중 고위급 전략대화, 2012년 1월 초 이명박 대통령 방중을 통해 중국어선 한중어업문제에 관한 협력기제 강화, 외교·어업 등 관련 부서의 대화로 양국 해양영역 협력을 촉진하자는 데 합의했다.

2012년 1월, 중국 정부도 산둥, 저장, 랴오닝, 허베이 등 서해·발해 어민지역에 조사감독팀을 파견하고 어업지도선(어정선) 증파와 무허가조업과 폭력저항 등 위법행위에 대한 엄정처벌 등 불법어로행위 단절에 관련한 조치들을 취해나가기 시작했다. 주요조치들은 다음과 같다. 첫째, 불법조업 제지를 위한 학습반을 개설하고 한국 수역에서의 어업환경의 심각성 설명 등 어민들에 대한 교육을 강화했다. 둘째, 관할 수역 내 어업질서 관리 강화를 위한 어정국·해양경찰 등 관련부서들 연석회의를 개최했다. 셋째, 어선에 대한 대규모 전문검사(渔船专项整治行动)를 실시했다. 넷째, 어민들의 생산경영 실태 등을 파악하기 위해 어민촌을 상대로 대규모 기초조사를 진행했다.

중국이 불법조업 근절을 위한 실질적인 조치를 강구하고, 또한 한중 양국이 외교루트를 통해 해양어업 협력을 촉진하는 데 합의하면서 어업갈등은 다소 진정되는 모습을 보였다. 그러나 2012년 1월 17일 한국 해경에 의해 나포된 '저타이위원 32066호'(浙台渔运 32066號) 어민들이 한국 해경의 폭력 등 부당 처우문제가 제기되면서 중국 내에서 논란을 빚었다. 이에 중국 정부는 다시 한국과 교섭을 진행하면서 양국 간 어업갈등은 지속되는 양상을 보였다.

4. 평가 : 쟁점과 해석

앞에서 논의한 바와 같이 12·12사건 이후 중국어선의 불법행위에 대한 연안국 처벌이 쟁점화되고 중국 정부가 이에 대해 어민보호권 행사를 주장하면서 분쟁이 심화되는 등 양국 간의 어업갈등은 전형적인 국제어업분쟁의 특징을 지니게 되었다. 그러나 여기서 유의할 점은, 첫째, 중국 어로환경 악화 문제가 단기간에 해결되기 어렵고 불법조업에 대한 양국 간 시각이 정당권익 보장 Vs. 강경조치 등으로 극명한 차이가 나기 때문에 어업분쟁문제가 지속적으로 발생해나갈 가능성이 높다는 점이다. 둘째, 이번 사건이 보여주고 있는 것처럼 양국 간 어업분쟁은 외교적 갈등뿐 아니라 양국 간 민족주의 정서를 자극하는 성향을 나타내고 있다는 것이다. 환언하면 양국 간 어업분쟁이 발생할 때마다 정치·외교적 갈등이 확대되는 구조가 형성될 경우 이는 양국관계에 부정적 영향을 미치는 등 매우 위험한 상황이 전개될 수 있다. 때문에 어업분쟁에서 비롯된 양국의 갈등을 분석하여 한중관계 발전이라는 큰 틀에서 분쟁의 정치적 논란을 재해석하는 새로운 시각을 제공할 필요가 있다.

2011년 발생한 일련의 사건들, 특히 12·12사건을 둘러싸고 전개된 양국의 논쟁들을 정리하면 양국 간에는 주로 다음과 같은 시각 차이가 존재했다. 우선 사건의 성격에 대해 중국은 개별 사안이라는 데 초점을 두고 이 사건이 확대 해석되는 것을 경계하고자 했다. 그러나 한국의 경우에는 동 사건이 한국해경 사망을 초래한 해양주권 침해임을 강조하고 외교적 대응과 물리적 대응 조치를 강화하는 등 강경자세를 보였다. 특히 쌍방은 어업분쟁의 원인이 중국 해역 어로자원 고갈로 인한 문제라는 데에 대해서는 이견이 없었으나, 중국은 한국 해경의 과잉처벌도 중국어민들의 모험을 조장케 하는 요인이라고 강조한 반면, 한국은 중국 정부의 안이한 태도, 그리고 한국 정부의 저자세외교를 원인으로 제시했다. 중국이 사실관계를 우선적으로 확인하고 쌍방이 협력하여 원만하게 사건을 처리하자는 의견을 제시하자 한국 사회에서는 이를 중국의 강대국주의로 보고 이른바 중국 오만론을 제기했다. 이러한 논란 속에서 중국은 중국어민들의 합법적 권익 수호의 측면을 강조한 반면, 한국은 불법조업 중국어선에 대한 단속을 '대테러수준'으로 강화하고자 했다.

<표 20> '12·12'분쟁의 주요 쟁점과 양국의 입장

쟁점	중국 측 입장	한국 측 입장
사건의 성격	- 개별적 사안	- 해양주권 침해
발생원인	- 중국 인근해역 어로자원 고갈 - 한국의 과잉처벌	- 중국 인근해역 어로자원 고갈 - 중국 정부의 안이한 정책 - 한국 정부의 저자세외교
처리방식	- 선 (사실관계)규명, 후 처리	- 중국 오만론 대두, 한국 정부 강경 대응촉구(중국 정부 사과와 재발방지 조치 촉구)
상대방 의도	- 한국의 민족주의 정서 - 제3의 세력 추동	- 중국 강대국주의의 표현
대응	- 중국 내 출해 어선 단속 강화, 한국해경 총기 사용 반대 등 중국어민 정당권익 요구	- 강경대응(중국어선 불법조업 근절 종합대책)

따라서 각 쟁점을 둘러싼 양국 간 논쟁 중에서도 가장 핵심인 사건의 성격과 처리방식에 대해 진일보 논의하고자 한다.

첫째, 사건의 성격, 또는 사건의 정치화(政治化)와 관련된 논란이다. 한국은 12·12사건이 한국의 배타적 경제수역 내에서 발생하였고, 또 한국 해경이 사망하는 사건이었기 때문에 엄연히 한국의 해양주권을 침해한 사건이라고 보고 중국 정부의 사과를 요구했다. 앞에서 지적한 바와 같이 12·12사건 발생 이후 전개된 일련의 과정을 보면 이는 전형적인 국제어업분쟁 사례로 정치적 성향을 띠고 있다. 그러나 사건 자체는 한중 간에 존재하는 기타 분쟁 사안들과는 달리 중국 정부가 의도된 정치적 목적을 갖고 도발한 국가적 행위가 아니라는 점에 주목할 필요가 있다. 실제로 중국 언론들도 "사건 전말이 규명되어 중국어민의 불법행위가 확인될 경우, 중국 언론도 그의 편에 서지 않을 것이다", "불법행위가 확인되면 해당 법규정에 따라 처리됨은 당연하나" 등의 주장들을 펴고 있는 점, 그리고 중국 외교부가 "이 사건은 개별 사안으로 한중관계 전반에 영향을 미치지 않을 것임"을 강조한 점 등에서 알 수 있듯이 동 사건은 중국어선과 한국 해경 간에 발생한 우발적 사건으로 봐야 한다는 인식을 갖고 있었다. 이런 맥락에서 볼 때, 이 사건을 영유권 분쟁으로 논란을 빚은 중일 간 어선충돌 및 희토류 수출 중단 사건, 중국과 동남아 간 도서분쟁과 연결시키는 것은 일종의 논리적 비약이라고 볼 수 있다.

물론 중국 국민에 의해 한국 해경의 인명사고가 발생했고, 중국어선들의 불법조업이 한국 관할수역에서 진행된 점을 감안할 때, 중국 정부는 해당 어민에 대한 교육과 관리 강화, 해양어선의 단속과 감시를 강화하고 중국 내에 고질적인 문제로 존재하는 어업환경을 개선하는 등 책임 있는 태도를 보여주어야 마땅하다. 만약 자국 내부의 고질적 문제를 타국에 떠넘기는 등의 행위는 책임 있는 대국으로서의 국가이미지를 손상시키는 등 전략적으로 막대한 국가적 손실을 초래할 수 있다. 때문에 보다 냉철하고 장기적인 전략적 사고가 요구된다.

둘째, 사건 처리방식의 문제이다. 12·12사건 처리방식에 대한 양국 간 시각차이는 이 사건이 민간 갈등으로 확산되는 기폭제 역할을 했다고 볼 수 있다. 중국 정부는 사건발생 직후, 중국어민 탐시(探視), 관련 비디오자료 요구 등 사건의 사실관계 파악에 들어갔고, 또 사건 발생 이튿날 유감표명과 중국어민의 정당한 합법적 권익 보장을 요구했다. 그러나 중국의 이러한 태도로 한국에서는 "사과는커녕 인도적 대우를 요구하는", "오만방자한 중국"으로 비쳐지는 등 이른바 중국 오만론이 대두되었고 결과적으로 한국의 반중 감정을 격화시켰다. 여기에도 몇 가지 주목할 만한 점이 있다. 우선, 12월 12일 새벽 사건이 발생하였고 한국 정부가 정오에 중국 대사를 초치하여 항의의 뜻을 전달한 시점에서 중국 정부가 확보한 정보는 한국 언론과 정부 측에서 제시한 것이 전부였다. 따라서 엄연한 국가 대 국가 간의 교섭에 있어서 볼 때, 사건 발생지점, 발생경과 등에 대한 자체적 확인 없이 상대방 주장에만 의존하여 입장을 밝힌다는 것은 중국으로서도 불가능한 사안이었다. 오히려 양국 간에 상호 신뢰할 수 있는 신속하고 효율적인 소통 및 정보교류 기제가 존재하였더라면 사건 처리에서 불필요한 오해는 해소될 수 있었을 것이다.

문제는 중국 측이 발표한 "중국어민의 정당한 합법적 권익 보장과 인도적 대우" 요구를 어떻게 평가할 것인가라는 점이다. 실질적으로 이번 어업분쟁에서 중국이 국제법 준수와 국민권익 보호라는 딜레마에 빠진 것은 사실이다. 그러나 자국민 보호에 대한 중국의 입장을 단지 '오만론'으로 속단하는 데는 무리가 있다. 실지로 중국의 상기 입장은 중국이 최근 강조하고 있는 '해외공민 영사보호'에 관한 외교적 사안과 깊은 연관성이 있다. 경제규모의 확대 및 해외진출(走出去) 전략과 더불어 중국은 현재 해외에 노출된 국민과 기업의 권익을 어떻게 보장할 것인가라는 중대한 문제에 봉착해 있다. 예를 들어 2000년 현재 출국한 해외여행자는 1,000만 명 선이었으나, 2010년에는 5,739만 명으로 급속히 증가했다. 최근에 들어서는 거의 2~3년을 단위로 해외여행자가 1,000만 명씩 증가하고 있다. 특히 2006년부터 매년 외교부가 처리하는 해외공민 영사보호안건은 3만 건에 달하는 등 해외여행자의 급증으로 인해 이들의 인신・재산안전과 정당한 합법적 권익 보호가 중국 외교당국의 중요한 과제로 대두되었다.[205] 실지로 양제츠(楊洁篪) 외교부장 부임 직후인 2007년 8월 중국외교부는 기존의 영사보호처를 영사보호센터(領事保護中心)로 확대 개편하는 등 해외 공민에 대한 영사보호 업무를 강화해왔다. 리비아사태 발생 직전인 2011년 2월 22일부터 중국이 240시간 내에 35,860명의 해외공민들을 철거시킨 사례를 봐서도 이를 잘 알 수 있을 것이다. 즉 국력신장 및 해외이익의 확대와 더불어 해외공민들의 영사보호권도 강화해나가겠다는 중국의

---

205) 钟龙彪, "保护中国公民海外安全与权益研究综述", 2011年 11月, p.41.

의도를 설명해준다. 중국 외교부 홈페이지에서 "합법적 권익"(合法權益)을 키워드로 검색한 결과 2000년부터 2005년까지 발표된 이와 관련되어 발표된 문장은 186건, 2006년부터 2011년까지 검색된 문장은 864건으로 2000년대 초반에 비해 4.5배 이상으로 증가했다는 점도 이를 설명해준다. 이러한 점을 고려할 때, 한중어업분쟁과정에서 중국이 제시한 합법적 권익보장도 단지 한국을 상대로한 오만한 태도라고 하기보다는 해외국민 인신·재산 보호를 위한 중국 당국의 외교방향과 무관하지 않다는 것으로 이해하는 것이 보다 적절할 것이다.

그렇다면 이러한 사실관계가 존재함에도 불구하고 양국 간의 어업분쟁이 외교적 갈등은 물론 민간적 차원으로까지 확대된 까닭은 도대체 무엇인가.

첫째, 중국에 대한 피해자 인식의 존재라고 할 수 있다. 역사적 기억은 인간 행위체의 타자에 대한 인식 내지는 대외환경에 대한 인식의 형성 및 변화에 중요한 영향을 미친다. 또한 현실적으로 발생한 여러 가지 역사적 사건들 속에서도 고통과 좌절, 분노 등 소극적 사건들은 사람들의 기억 속에 쉽사리 남아 있는 경우가 많다. 뿐만 아니라 이러한 기억들은 근대사회 정치엘리트에 의해 민족국가의 집단적 의식 고양을 위한 이데올로기로 이용되기도 한다. 중국과 한국은 인접한 국가로 수천 년의 교류와 협력이 있었음에도 불구하고 오히려 각자의 역사적 콤플렉스를 되새기며 서로에 대한 경계를 확인하는 작업을 반복해왔다. 한국의 경우, 조공체계·한국전쟁 등과 같은 역사적 기억들은 냉전체제 속에서 개인적 수준을 넘어 집단의식을 형성하였고, 이는 중국에 대한 부정적 이미지를 심어주는 근본적 동인이 되었다. 또한 이는 양국 간에 분쟁이 발생할 때마다 상대방에 대한 기존 인식을 재확인하는 계기를 제공할 뿐만 아니라, 쉽사리 민간 영역으로 확산되면서 정치화, 정서화(情緒化)되는 추세를 보였다. 예컨대 2002년에 시작되어 2007년에 종료된 '동북공정'도 한중 간 민족주의 갈등으로 비화되자 양국은 논쟁의 범위를 학술적 영역으로 축소시켰다. 그 이후 중국 정부는 이를 학술연구의 범위에서 배제하는 등 일련의 조치를 취했으나[206] 동북공정은 여전히 한국 사회에서 중국 위협론의 대명사로 광범위하게 사용되고 있다.

둘째, 이러한 역사적 기억 속에서 중국의 부상 및 미래에 대한 불확실성으로 인해 한국 사회의 중국에 대한 신뢰 하락 및 불안감 증대를 초래하고 있다. 중국은 1980년대 초반부터 오늘에 이르기까지 연평균 9%대 성장률을 유지하면서 고속성장하고 있다. 중국의 경제력은 2010년 현재 일본을 제치고 세계 2위를 차지했다. 특히 미국발 금융위기 이후 미국의 부진과 신흥대국 중국의 부상이라는 이미지가 부각되면서 이러한 '권력 이동'(power transition)이 국제질서에 미치는 영향에 대해 국제사회는 많은 관심을 가져왔다. 한국도 예외는 아니다. 물론 중국의 부상에 대해 한국 내에서도 다양한 해석들이 나오고 있으나 총체적으로 보았을 때, 최근 몇 년 동안 한반도에서 발생한 천안함 사건, 연평도사건 및 이에 대한 한중 간 입장차이로 중국에 대한 한국 국민의 불신은 지속적으로 증

---

206) 스웬화(石源华)의 주장에 따르면 중국 사회과학규획판공실(中国社科规划办)은 국가 사회과학 연구프로젝트 평가심사회의에서 "주변국가와 변경 갈등을 유발할 수 있는 프로젝트 신청은 수리하지 않는다"고 밝혔다고 주장했다. 石源华, 「中韩民间文化冲突的评估, 解因和应对」, 『當代韓國』, 2009年 夏季號, p.41.

폭되었다. 중국 사회과학원 연구원 둥샹룽(董向榮) 등이 2009년 한국 국민을 상대로 진행한 설문조사(N = 1000)에 따르면, "20년 이후 가장 강대한 국가"로 중국을 선택한 응답자가 53.5%를 차지한 반면, "중국의 부상이 한국에 부정적 영향을 미칠 것"이라는 응답자도 36.6%에 달했다. 향후 중국의 지속적인 부상을 긍정적으로 보는 시각은 별로 많지 않았다.[207] 특히 81.4%에 달하는 응답자가 중국을 믿을 수 없다고 반응했다. 이러한 인식 속에서 중국이 "한반도 통일을 지지한다"는 데 대해 부정적으로 응답한 사람도 81.5%나 달했다. 중국에 대한 불신감을 가진 응답자들은 중국과는 경제협력을, 군사안보적 측면에서는 미국을 선택하는 성향을 보였다. 이는 2011년 서울대학교 통일평화연구원에서 실시한 '한반도 통일의식조사'에서도 극명하게 나타났다. 이 조사에 따르면 중국에 대한 친밀도는 2007년의 10.2%에서 2011년의 5.3%로 하락한 반면 미국에 대한 친밀도는 53%에서 68.6%로 상승했다. 또 중국을 "한반도 평화에 가장 위협적인 국가"로 응답하는 비율이 지속적으로 증가하고 있다(<표 21> 참조).[208] 이처럼 중국에 대한 한국 국민의 불신 및 불안감의 증대는 12·12사건에도 영향을 미쳤을 것으로 보인다. 실제로 많은 한국 언론들이 이 사건을 중일도서분쟁의 '희토류 중단사건', 천안함·연평도 사건과 연계시키면서 중국 오만론, 중국 위협론을 제기한 것도 같은 맥락이다.

---

207) 이에 반해 중국의 부상을 긍정적으로 보는 시각은 18.6%, "긍정 반, 부정 반"으로 보는 시각이 44.3%에 달했다. 이에 관한 구체적 내용은 董向榮·王曉玲·李永春, 「韓国公衆対中国崛起的认知与态度分析」, 『現代国際关系』, 2010年 第10期 참조.

208) 이상신, 「2011 통일의식조사 발표: 통일의식과 통일준비」, 서울대학교 통일평화연구원 학술심포지엄, 2011.9.21, P.71

<표 21> 한국 국민의 주변 강대국(중국·미국)에 대한 인식 변화

구분	국가	2007	2008	2009	2010	2011
친밀도	미국	53.4	60.7	68.3	70.6	68.8
	중국	10.2	7.8	6.1	4.2	5.3
위협도	미국	21.1	16.0	12.5	8.3	8.6
	중국	15.6	14.6	15.9	24.6	33.6

출처: 이상신, 위의 논문, 2011 참조 및 재정리.

이러한 점들을 감안하면 12·12사건은 한국 사회의 대중국 불신
정서를 폭발시키는 계기가 되었다고 볼 수 있다. 중국어선의 불법
조업이 항상 문제시되면서 한국 사회에서는 중국에 대한 불신감이
증폭했고 또 해경 인명피해라는 충격적 사건과 이에 대한 한국 언
론의 과격보도는 한국 국민들의 분노를 자극했다고 볼 수 있다. 결
론적으로 중국의 부상에 따른 국제질서의 변화, 이에 반해 한국 사
회에서 중국에 대한 불확실성 인식이 증폭하는 가운데 해경피살과
같은 충격적 사건이 겹치면서 반중정서가 확산되었다고 볼 수 있다.

5. 갈등 최소화를 위한 제언

한중 양국은 수교 이래 20년간 비약적인 발전을 가져왔다. 경제·
문화적 측면에서의 발전은 물론이고, 정치적 측면에서도 전략적 동
반자관계를 수립하였다. 이는 양국이 서로 협력의 필요성을 강하게
느끼고 있음을 의미한다. 그러나 역사인식, 세계문화유산 등재 등
이슈화된 문제를 제쳐두고라도 정치체제, 북한문제, 무역분쟁 등에
있어서 많은 문제점을 안고 있는 것도 사실이다. 12·12사건으로

발생한 한중 어업협정은 전형적인 국제어업분쟁의 특징을 띠고 있다. 또한 중국 내 어업환경구조가 단기적으로 근본적 변화를 가져오기 어렵고, 양국 간 대응태세가 변하지 않을 경우 어업분쟁은 쉽사리 정치적 성격을 띠게 되면서 양국관계 발전에 부정적 영향을 미칠 수 있다. 뿐만 아니라 이번 어업분쟁은 한국 사회에서 중국에 대한 불확실성이 증가하는 가운데 해경피살과 같은 충격적 사건이 기폭제로 작용하면서 반중정서가 확산되었다는 점에 유의할 필요가 있다. 한중관계 발전이라는 시각에서 볼 때 양국은 이념이나 이익에만 기초한 편향적 시각보다는 보다 객관적으로 자신의 행위를 수정해나가야 하는 과제를 안고 있다.

우선 이번 어업분쟁이 중국에 주는 시사점은 다음과 같다.

첫째, 보다 투명하고 민주적인 대외정책결정과정이 수립되어야 한다. 한중어업협정이 국제 해양질서 변화의 전반적인 추세에 따라 불가피한 것이었다면, 이 협정으로 인해 손실을 보는 어민계층의 이익을 보장할 수 있는 충분한 대책이 필요했다. 대외협정의 체결은 단지 정부 대 정부 간 평등성과 호혜성만 추구하는 것이 아니라 이러한 협정으로 인해 파괴될 수 있는 국내 계층 간 균형도 상당히 중요한 위치에 놓고 고려해야 한다는 것이다. 총체적 국가이익에 득이 된다는 공리주의적 시각보다는 국익 추구과정에서 소수자들에 대한 충분한 관심과 배려가 필요하다. 더군다나 한중 FTA, 한중일 FTA 등 중요한 국제 협약들이 전제된 상황에서 이번 어업분쟁은 중요한 타산지석이 되어야 할 것이다.

둘째, 제도적 측면에서 중국 어업환경의 개선에 보다 많은 관심을 돌려야 한다. 단기적 측면에서 볼 때 어민에 대한 교육 및 단속 강화는 일정한 효과를 볼 수 있을지 모르나, 어업환경이 열악한 상황에서 이러한 조치는 오히려 국내의 사회적 압력으로 전환될 수 있다. 궁극적으로 어민들의 생활환경이 개선되지 않는 한 그들의 원양어로는 물리적으로 막기 어렵다. 이에 따라 해양환경개선, 어업구조 개선, 어민에 대한 보조금 제도 개혁, 어선의 감독 및 관리 등에 대해 정부는 보다 많은 관심을 기울여야 한다.

셋째, 주변국 외교를 강화할 필요가 있다. 그동안 중국은 "주변 우선, 대국 관건"이란 대외전략하에 비록 선린외교를 위해 상당한 노력을 해온 것은 사실이지만, 무엇보다도 중미관계 등 대국외교의 큰 틀에서 주변국 변수를 관리하고자 했다. 현재 주변국들의 중국에 대한 태도를 볼 때, 중국은 국력증대와 국제 이미지 간에는 정의의 상관관계를 갖고 발전하지 못했다. 특히 최근 몇 년간 중미관계에서 제3의 국가들이 중요 변수로 등장하고 있는 점을 감안하면, 중국도 대외전략적 측면에서 주변국 경영에 보다 집중할 필요가 있다.

한국의 경우, 첫째, 어업갈등의 대처에 보다 신중을 기해야 할 것이다. 예컨대 총기 적극 사용에 대해 보다 엄격한 매뉴얼을 제정할 필요가 있다. 총기사용으로 인한 인명피해는 한중 간에 또 다른 성격의 논란을 빚어낼 가능성이 높기 때문이다. 따라서 무엇보다 어업갈등이 한국에 준 피해를 중국에 적극 홍보함으로 중국의 관심을 이끌어내는 데 집중할 필요가 있다. 또한 어업과 관련된 고위층의 대화기제를 수립하고 양국 간 공동관리·감독 시스템을 구축함으로써 예방적 차원에서 평화적으로 어업갈등을 해소하려는 노력이 보다 건설적일 수 있다.

둘째, 대중외교를 한층 강화할 필요가 있다. 이명박 정부시기 한국 정부는 비록 친미화중의 슬로건을 내걸고 대중 외교에 노력해 왔다고는 하나 실질적인 행동은 선명하게 보이지 않았고 오히려 중국에는 미국 일변도라는 인상을 깊게 남겨주었다. 이는 단지 양국 간 정책적 갈등에서 초래되었다기보다는 정책입안자들의 중국에 대한 이념적 편차가 보다 중요한 영향을 미친 것이라고 본다. 환언하면 이념편차는 양국 간 정책 갈등을 초래했고, 정책 갈등은 중국에 대한 국민적 불신을 초래하면서 양국관계는 새로운 갈등양상을 보이게 된 것이다.

한국은 경제적 측면뿐 아니라 북핵문제나 한반도 통일을 위해서도 중국의 협력이 필요한 상황이다. 중국 또한 동북아지역에서의 책임 있는 대국으로 자리매김하기 위해서는 한국의 협력이 필요하다. 이러하기 위해서는 그동안 부실했던 전략적 동반자관계를 양국이 실질적인 내용으로 하나하나 채워가는 노력이 무엇보다 중요하다.

제10장
중국의 한국 이해: 중국학계
한국정치연구의 현황과 과제

1. 중국학계 한국정치 연구 재성찰의 필요성

1992년 8월 한중수교 이후 20년 동안 양국은 다양한 불협화음들을 상대적으로 잘 극복하고 정치·경제·문화적 교류에서 급속한 발전을 이루었다. 특히 그동안 중국에서의 한국학 연구는 기존의 역사, 철학, 언어, 문학 등 인문학적 측면을 뛰어넘어, 정치, 경제, 법학, 교육, 예술 등 제반 영역을 아우르는 학문으로 그 학술적 지평을 넓혀왔다. 또 이는 중국의 한국에 대한 이해를 증진시키기 위한 지적기반을 확보하는 데 중요한 기여를 했다.

이러한 흐름세를 타고 중국에서의 한국정치 연구도 점차 활기를 띠기 시작했다. 한국이 창조해낸 '한강기적'의 성공요인에 대한 중국학계 관심도가 워낙 높은 것도 사실이지만, 이념적 갈등을 초월한 양국 간 외교관계 정상화가 중국에서 한국정치 연구의 담론환경을 개선하는 데 중요한 기여를 한 것으로 보인다. 물론 북핵문제를 계기로 한반도의 지정학적 가치가 재평가되기 시작하면서 중국학자들의 한반도에 대한 관심이 증폭된 것도 사실이다.

여하간 시대의 흐름에 따라 한중교류가 급격히 확대되면서 중국 내 한국정치에 대한 연구성과들이 폭발적으로 증가하기 시작했고, 또한 한국학 연구가 차지하는 위상도 높아지기 시작했다. 그럼에도 불구하고 그동안 중국에서의 한국정치 연구에 대한 심도 있는 재성찰은 진행되지 않고 있다. 특히 한국연구의 양적인 증가에 걸맞은 질적 발전이 있었는지에 대해서는 아직 정교한 실증적 연구가 진행되지 않은 상태이다. 한국학 연구가 기하급수적으로 증가하면서 중국학계 내에서도 그동안 기존 연구문헌들에 대한 색인 작업 및 연구동향 분석들이 두루 진행되어 온 것은 사실이다. 그러나 대체로 문헌 색인목록 정리의 차원에서 진행된 연구,[209] 한국학 개념의 정립과 언어·문화적 측면에서의 발전과제에 관한 연구[210] 등이 주를 이루고 있다. 또한 총체적인 시각에서 한국학 전체의 시기별, 학문별 연구경향을 분석하고 추론적 전망을 제시하는 연구논문이[211] 대부분이었다. 이는 그동안 중국학계가 한국학 연구에서 쌓아온 성과들을 대집성했다는 측면에서 가히 긍정적 평가를 받을 수 있다.

---

209) 黄季寬 編, 『中韓关系中文论著目录』, 台北: 台北汉学研究资料及服务中心, 1987; 沈善洪 编, 『韩国研究中文文献目录(1912－1993)』, 杭州: 杭州大学出版社, 1994.

210) 李得春, 「韩国学和中国的韩国学」, 『东疆学刊』, 2006年 第3期; 蔡美花, 「东亚韩国学方法之探索」, 『东疆学刊』, 2008年 第4期.

211) 朴健一, 「90年代以来中国朝鲜半岛研究状况」, 『当代亚太』, 2001年 第8期; 沈定昌 编, 『朝鲜半岛相关文献目录(1992~2005)』, 沈阳: 辽宁民族出版社, 2008; 郑成宏, 「当代中国的韩国学研究现状与趋势」, 『中国社会科学院研究生院学报』, 2003年 第1期; 徐文吉, 「中韩关系的回顾与中国的韩国学研究」, 『东北亚研究』, 2008年 第2期.

그러나 기존 연구들은 지나치게 거시적이고 포괄적이라는 측면에서 한계를 지닌다. 특히 특정 학문영역, 그중에서도 정치학 영역의 연구성과들에 대해 구체적이고 세부적인 평가를 진행한 연구는 거의 없다. 정치적 영역을 일정 정도 비중 있게 다룬 연구들도 일부 있으나[212] 역시 시대적 배경을 전제로 정치학 연구주제의 변화를 큰 틀─정치, 경제, 문화, 역사 등─내에서 분석하였다. 또 연구 내용뿐만 아니라 학자 간 교류, 연구센터 설립, 학술대회 개최와 같은 한중 간 학술적 교류 측면까지 포괄하는 등 거시적인 분석방법을 채택했다. 다시 말해서 정치학 자체도 논의의 수준에 따라 다양한 학문 분야 및 영역으로 구분될 수 있고, 또한 연구기법상 자료 활용, 방법론 등 구체적 분석을 진행할 필요가 있음에도 불구하고 이에 대한 세분화된 연구는 진행되지 않았다.

이런 맥락에서 볼 때, 중국학계에서의 한국정치 연구의 '발전'을 추구하기 위해서는 이러한 연구들에 대한 지속적인 '돌아보기'(反思, reflection)와 솔직한 자기평가가 필요하다고 본다. 또한 이를 토대로 건설적인 제안을 끊임없이 생산해낼 필요가 있는 것이다. 이러한 맥락에서 이 연구는 중국정치학계의 한국 연구동향을 정리하고, 앞으로의 과제를 제안하는 데 그 목적을 두고자 한다.

---

212) 이러한 연구들로는 朴健一, 위의 논문; 石源华, 「中国韩国学研究的回顾与展望」, 『当代韩国』, 2002年 春季号 등이 있다.

2. 연구 내용 및 방법

1) 연구내용

이 연구는 중국학계의 한국정치 연구동향을 정리하고 앞으로의 과제를 제안하는 데 그 목적을 둔다. 또한 앞에서 제시되었던 선행 연구들이 갖는 한계를 극복하기 위해 정치학 관련 연구성과만을 분석 대상으로 삼고, 이에 대한 보다 세분화된 분석작업을 전개하고자 한다. 그리하여 주로 한국정치에 대한 연구들이 시대적 변화에 따라 관심주제 및 방법론적 차원에서 어떤 변화 및 특징들이 있었는지에 초점을 맞추고자 한다.

특히 본 연구가 주목하고 있는 연구대상은 단지 '한국정치'의 일반적 차원, 즉 한국 국내정치(또는 비교정치)에만 한정된 것이 아니라 '정치사상', '비교정치', '국제정치' 등 넓은 의미에서의 '정치학' 영역 내용들을 포괄적으로 다루고 있음을 밝혀두는 바이다. 또한 중국 내에서 이루어진 연구업적의 평가를 위해 한국학 연구의 대표적 학술지라 할 수 있는 중국사회과학원의(中國社會科學院)의 『당대한국(当代韩国)』(1996~2010)[213]과 상하이(上海) 푸단대학(夏旦大學) 한국연구센터(韓國硏究中心)가 발간하는 『한국연구논총(韩国硏究论丛)』(1996~2010, 이하 『논총』)[214]에 실린 정치학 논문들을

---

213) 『당대한국(當代韓國)』은 중국사회과학원 한국연구센터 주관으로 발행되는 정기간행물이다. 중국사회과학원 한국연구센터는 1993년 5월 20일에 설립, 역시 한중 수교 이후 설립된 최초의 한국연구센터 중 하나다. 1994년 중국사회과학원 한국연구센터와 한국 현대중국연구회 학자들이 협력하여 『당대한국(當代韓國)』을 창간하게 되었다.

214) 『한국연구논총(韓國硏究論叢)』은 중국 푸단대학교 한국연구센터(复旦大学韩国硏究中心) 주

주된 분석대상으로 삼고자 한다. 두 개의 학술지를 선정한 이유는
한 개 학술지에 게재된 논문만을 대상으로 평가할 때 파생될 수 있
는 '주관적' 단정의 위험을 줄이기 위해서이다. 분석내용을 구체적
으로 살펴보면 다음과 같다.

(1) 양적 정향

우선 중국에서의 한국정치 연구가 시대적 변화에 따라 영역별·
주제별로 어떠한 빈도차이를 나타내는지에 대해 분석하고자 한다.
정치학의 연구 분야, 연구주제 분류는 주로 이호철의 분류법을[215]
참조하여 크게 정치사상·정치사·비교정치·국제정치로 대분하
고, 이를 중국학계 특성에 맞도록 각 주제별로 세분화시켜(<표 22>
참조) 연구동향을 파악하고자 한다. 즉 먼저 분류기준에 근거하여
한국정치의 주제별 연구성과들이 시대별로 어떠한 빈도 변화를 가
져왔는지 분석한다. 그리고 이를 바탕으로 정치학 영역별 연구성과
들의 총체적 흐름을 분석한다.

관으로 1995년부터 2010년까지 총 22권 발간되었다. 푸단대학교 한국연구센터도 한중 수교
직후인 1992년 10월에 설립된 중국 내 최초의 한국 전문연구기관 중 하나이다. 동 연구센터
는 주로 ① 한반도문제 및 동북아국제관계와 지역협력연구, ② 정치, 경제, 외교, 안보 등 분
야를 아우르는 당대한국연구, ③ 한국독립운동 및 근대 한중관계 연구, ④ 한국종교·철학
및 동양전통문화연구 등과 관련된 연구들을 중점적으로 진행하고 있다.

215) 이호철, 「한국 정치학 연구의 동향과 과제: 『한국과 국제정치』를 중심으로」, 『한국과 국제정치』,
제26권 제3호, 2010.

(2) 질적 정향

이 논문에서는 중국 정치학계의 한국연구의 질적 정향을 파악하기 위해 크게 세 가지 – 즉 규범성, 자료활용, 방법론 – 단위별로 분석하고자 한다.

먼저, 연구의 규범성은 주로 연구과정이 기본적 규범을 얼마나 지키고 있는지를 의미한다. 그러나 사회과학 연구는 학문적 영역에 따라 다양한 연구절차가 사용되기 때문에 지나치게 획일적이고 엄격한 기준을 세우기 어렵다. 따라서 여기서는 肖唐镖・郑传贵의 연구방법을[216] 토대로 주로 연구가설(개념과 개념 간의 관계), 명확한 문제제기, 연구계획, 선행연구(이론적 대화), 인용문헌 등 규범들을 얼마나 지켰는지를 기준으로 규범성 정도를 확인하게 될 것이다.

둘째, 참고자료 활용은 연구과정에서 저자가 외부 학계와의 학술적 대화가 어느 정도 진행되었는지를 평가하는 중요 지표가 될 수 있다. 또한 이러한 자료들을 주석으로 제시하는 것은 원 저자의 기여에 대한 사의의 표시이자, 동료 연구자 및 독자들에게 구체적인 정보의 원천을 제공한다는 측면에서 매우 중요한 의미를 갖는다.[217] 따라서 여기서는 참고문헌 활용 비중을 분석하고, 특히 한글 및 중문자료와 기타 외국어 자료 인용 상황을 알아보고자 한다. 그리고 연구논문 편당 주석 수와 참고문헌 수를 계산하여 참고문헌 활용 빈도를 측정해보고자 한다.

---

216) 肖唐镖・郑传贵,「主题, 类型和规范: 国内政治学研究的状况分析」,『北京行政学院学报』, 2005年 第2期.

217) 정재호,「한국에서의 중국정치 연구 재고찰」,『국제정치논총』, 제45집 제2호, 2005, p.120.

마지막으로, 연구방법은 각 학문영역 연구성과의 질적 수준을 평가할 수 있는 가장 기본적인 요인으로 간주될 수 있다. 그러나 이 연구는 중국의 정치학 연구가 방법론적으로 "미국 정치학에서의 행태주의 혁명 이전의 수준"에 놓여 있고, 경험연구는 아직 '맹아기'(萌芽期)에 놓여 있다는 점[218]을 감안하고자 한다. 肖唐镖·郑传贵(2005)의 분석방법을 토대로 주로 연구방법, 자료수집방법, 자료분석방법 등 세 가지 형태로 나누어 분석하게 될 것이다.

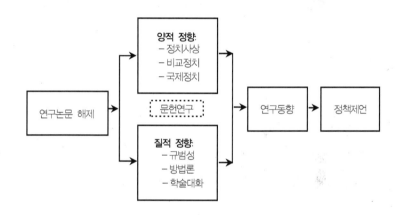

<표 22> 분석지표

주제	영역	분석단위	분류기준
양적 정향	정치사상	이론·사상	정치사, 정치사상, 정치이론
	정치사	정치사	고대사, 근대사
	비교정치	정치제도	국가권력구조, 연방제도, 개헌논의, 중앙-지방관계
		정치과정	선거, 정당, 이익집단, 정치지형, 이념갈등, 정책결정
		정치발전	민주화, 정치개혁, 혁명, 정치변동, 체제전환
		정치문화	민족주의, 지역주의, 반미주의 등
		정치경제	국가 자율성, 동아시아모델

---

218) 謝韜·Sigelman, Lee, 「中美政治学研究方法之比较」, 『浙江社会科学』, 2008年 第5期, p.8.

		국제정치사	정치관계사, 외교사
양적 정향	국제정치	외교정책	외교정책, 정책결정과정, 외교행태, 안보전략, 군사전략
		외교관계	한미관계 등 양자관계, 동맹관계, 지역질서, 분쟁과 협상
		안보	전통적 안보, 비전통적 안보
		국제협력	지역협력, 지역통합, 국제기구, 국제레짐, 에너지 협력
		한반도문제	북핵문제, 남북관계, 남북통일
질적 정향	규범성		연구가설, 명확한 문제제기, 연구계획, 이론적 대화, 인용문헌
	방법론	연구방법	현장조사, 통계조사, 문헌연구
		자료수집방법	참여관찰, 심층인터뷰, 설문조사, 문헌수집
		자료분석방법	통계분석, 기존통계자료분석, 이차분석, 현지조사정성분석, 역사문헌분석, 문헌정성분석
	자료활용	자료 출처	한국문헌(원문, 역서), 중국문헌, 외국문헌
		자료활용 빈도	1매당 주석 및 참고문헌 출현 빈도

2) 분석방법

(1) 자료수집

이 연구는 주로 중국 최대 학술지 검색사이트 중 하나인 '중국지식기초시설공정'(CNKI)에서 제공되는 웹 DB인 '中國知網(http://www.cnki.net)을 토대로 수집될 것이다. 누락된 논문이 있을 경우 대학도서관에서 제공하는 원문자료 내지는 발행기관에 직접 의뢰하는 방식으로 보완하고자 한다.

(2) 분석절차, 기준 및 방법

첫째, 코딩으로, MS Excel을 이용하여 수집자료 목록을 작성한다 (예: 저자, 제목, 연도, 주제어 등).

둘째, 분류로, 작성된 논문 리스트를 <표 22>에 제시된 분석지표에 근거하여 분류작업을 실행한다. 먼저 양적 정향 분석의 경우, 우선 수집된 자료를 정치학 분야와 기타 학문 분야로 구분하고, 정치학 분야에 속하는 연구논문들을 '분석지표'에 근거하여 단위별로 분류한다.[219] 이를 토대로 정치사상, 정치사, 비교정치, 국제정치 등 네 개 영역으로 재분류한다. 마지막으로, 학문 분야별로 계선이 명확하지 않을 경우 해당 분야 전문가들에 대한 인터뷰를 통해 보완하고자 한다.

질적 정향 분석의 경우도 앞의 경우와 유사한 분류과정을 거친다. 단 연구 규범성 측정의 경우에는 위에서 제시된 5가지 기준－연구가설, 명확한 문제제기, 연구계획, 선행연구, 인용문헌－중 한 가지 요건을 충족시켰을 경우 1점씩 부여하는 방식을 취한다. 즉 1가지 요건을 충족시켰을 경우 '1점'을 부여하고, 5가지 요건을 모두 충족시켰을 경우 '5점'을 부여한다. 자료 활용빈도 분석의 경우는 관련 해당 변수를 계량화하여 통계분석을 위한 토대를 마련한다.

(3) 분석

분류작업 완료 이후 본 연구의 분석단위에 근거하여 분석결과를 토대로 한국정치학 연구의 경향과 특징 및 문제점들을 제시한다.

마지막으로, 이 연구는 비록 실증주의적 입장에서 한국 정치 연구동향과 추세를 전반적으로 밝혀내기 위해 노력했지만, 연구자 자

---

219) 예컨대 "민주화", "정치개혁", "혁명", "정치변동", "체제전환" 등에 해당하는 연구는 비교정치에서의 "정치발전" 카테고리에 포함시킨다.

체의 학문적 한계가 있고 또한 평가과정에서 수백 편의 논문을 속독하여 판단한 것이기 때문에 주관적 판단 및 오차가 있을 수 있음을 이 부분에서 특히 밝히는 바이다. 그러나 필자의 주관성 및 오차를 인정하더라도, 전반적인 연구 정향과 추세를 밝혀내는 데는 큰 문제가 없을 것으로 판단된다.

3. 중국의 한국정치 연구동향

중국에서의 한국정치 관련 연구는 꽤나 오랜 역사를 갖고 있다. 그럼에도 불구하고 중국의 이것이 본격적으로 가동된 것은 무엇보다 1992년 한중수교 이후부터라고 할 수 있다. 즉 한중수교 이후 중국 내에 한국 관련 전문연구기관(한국연구센터)들이 연이어 설립되었고, 전문인력이 전문화·규모화되면서 한국정치 관련 연구성과들도 폭발적으로 늘어나기 시작했다.

따라서 이 연구에서는 중국에서의 한국정치 관련 연구업적들에 대한 보다 정밀한 평가를 위해 앞에서 제시한 대로 한국연구의 대표적 학술지라고 할 수 있는 『한국연구논총』(이하 '『논총』')과 『당대한국』을 분석대상으로 선정했다. 두 학술지에 대한 분석을 토대로 중국학계 한국정치 연구를 정리하면 다음과 같다.

1) 한국학 연구개관

이 연구는 우선 1996년부터 2010년까지 15년간『논총』과『당대한국』에 실린 연구논문 각각 483편과 630편을 수집하여, 연구자 국적별 그리고 학문별로 분류하여 한국학 연구의 일반 동향을 개관했다.

먼저 한국학 관련 국가별 연구자 구성을 보면,『논총』의 경우 중국학자들의 연구논문이 419편으로 전체 483편의 86.7%를 차지해 절대적 비중을 차지했다. 그러나『당대한국』의 경우는 전체 정규 논문 총 630편 가운데 중국학자들의 논문이 381편으로 60.5%를 차지했으며, 한국학자들의 논문이 245편으로 전체의 38.9%를 차지하여 상대적으로 높은 비중을 나타냈다. 특히『당대한국』은 최장집, 정재호, 이희옥 등 한국 정치학자들의 연구논문이 비중 있게 다루어진 것이 특징적이다.

둘째, 중국학자들의 한국학 연구 현황을 학문 분야별로 살펴보면, 우선『논총』과『당대한국』에 실린 중국학자들의 한국학 연구논문 419편, 381편에서 정치학 관련 논문이 각각 전체의 57.5%(241편)와 33.8%(129편)를 차지하여 가장 높은 비중을 차지했다.『논총』은 상대적으로 정치, 역사, 철학, 경제 분야에 대한 연구가 집중된 반면,『당대한국』은 정치, 경제, 문학 영역을 중심으로 하되 다양한 학문영역의 논문들이 고르게 분포되는 특징을 보여주었다. 그럼에도 불구하고 학문별 연구논문의 증가추세를 보면 두 학술지 모두 정치학 관련 연구논문의 비중이 유일하게 급증하는 특징을 보여주었다.

<표 23> 학문 분야별 연구논문 분포현황

(N, %)

연도 분류	1996~2000		2001~2005		2006~2010		합계	
	논총	당대한국	논총	당대한국	논총	당대한국	논총	당대한국
역사/고고	15	5	13	9	32	14	60(14.3)	28(7.3)
철학/종교	34	6	10	11	17	4	61(14.5)	21(5.5)
문학/언어/문화	2	14	3	32	10	39	15(3.6)	85(22.3)
정치/행정	67	17	50	19	124	93	241(57.5)	129(33.9)
경제/경영	10	37	7	18	14	21	31(7.4)	76(19.9)
사회/복지/여성	0	5	1	3	4	7	5(1.2)	15(3.9)
교육	2	6	0	5	1	2	3(0.7)	13(3.4)
언론매체/문헌정보	0	3	3	3	0	1	3(0.7)	7(1.8)
예술/체육	0	0	0	7	0	0	0	7(1.8)
합계	130	93	87	100	202	181	419	381

2) 양적 정향

이 연구는 중국학계의 한국학 정치 분야 연구의 양적 정향을 살피기 위해『논총』과『당대한국』에서 중국학자들이 발표한 정치학 연구논문 각각 241편과 129편에 대해 집중분석했다.

(1) 기고자 특성

첫째, 기고자 국가별 특성을 보면,『논총』의 경우 중국학자 분야 논문 총 283편 가운데 중국학자의 논문은 241편으로 전체의 85.2%를 차지했고, 한국학자 논문은 38편으로 13.4%를 차지했다. 그러나『당대한국』은 총 222편 가운데 중국학자 기고논문이 129편으로 전체의 58.1%를 차지했고 한국학자 논문은 91편으로 41%를 차지했다.

둘째, 중국 내 기고자들의 지역별 분포를 보면, 『논총』은 주로 상해(上海), 북경(北京), 길림(吉林) 등 16개 지역 기고자들의 논문들이 게재되었으며, 그중 상해 지역 기고자의 논문이 154편으로 중국학자 정치학 연구논문 전체의 63.9%를 차지함으로써 지역적 편중성을 나타냈다. 『당대한국』의 경우는 정치학 논문 129편이 역시 상해, 북경, 길림 등 20개 지역[성(省)·시(市)] 연구자들에 의해 기고되었다. 이 가운데 북경지역 학자의 논문은 33편으로 전체 논문의 25.6%를 차지하였으나, 『논총』에 비해 상대적으로 균형적인 지역적 분포 특징을 보였다(<그림 13> 참조).

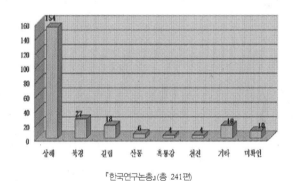

『한국연구논총』(총 241편)

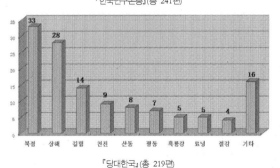

『당대한국』(총 219편)

<그림 13> 정치학 논문 중국 기고자의 지역별 분포(1996~2010)

제1저자를 기준으로 집계할 경우,[220] 『논총』에 1편 이상의 정치학 논문 게재자는 총 148명이었으며, 이 중 2편 이상 논문 게재자는 39명에 달했다. 『당대한국』은 1편 이상의 정치학 논문 게재자 총 98명이었고, 이 중 2편 이상 정치학 연구논문 게재자는 총 19명이었다. 만약 양 학술지 모두에 논문을 기고한 연구자 21명을 감안할 경우, 실제로 15년간 양 학술지에 연구논문을 게재한 학자는 220명 내외로 집계된다.

셋째, 학자들의 기관별 분포특징을 보면, 두 학술지 모두 대학교 및 (중앙/지방)사회과학원 소속 교수와 연구원들이 90% 가까이 되었으며, 특히 대학 소속 학자들의 연구논문이 70% 이상을 차지했다. 따라서 중국 내 한국정치 관련 연구는 주로 상기 두 기관들에 의해 진행됨을 알 수 있다.

요컨대 중국학자들의 지역별 기고자 특성을 보면, 주로 상해, 북경, 길림 등 지역을 포함하여 중국 내 20개 지역의 연구자들이 논문을 기고했다. 15년간 두 학술지에 논문을 게재한 학자는 대체로 220명 내외로 집계되며, 현재까지 주로 상해·북경·길림 등 세 지역 학자들의 논문 기고율이 높은 것으로 나타났다. 한편 『논총』은 『당대한국』에 비해 보다 높은 지역 편향성을 나타냈다.

(2) 연구영역

중국학계 정치학 분야에서의 한국연구는 어찌 보면 지역연구 영역 중의 하나라고 할 수 있다. 따라서 본 연구에서는 학계에서 일

---

220) 제2, 3저자는 집계 범위에 포함시키지 않음.

반적으로 논의되고 있는 수준에 근거하여, 한국 관련 정치학 연구 영역을 일차적으로 정치사상, 정치사, 비교정치(한국정치), 국제정치 등 네 개로 분류하고 정치학 분야의 연구영역별 동향을 파악하고자 했다(<표 24> 참조).

첫째, 『논총』과 『당대한국』 모두 국제정치 연구가 가장 높은 비중을 차지했다. 영역별 논문비중을 보면, 『논총』의 경우 국제정치, 정치사, 비교정치, 정치사상의 순으로 나타났다. 그중 국제정치 관련 논문이 62.7%를 차지해 상당히 높은 비중을 차지했고, 다음으로 근현대 정치사 관련 연구논문이 44편으로 전체의 18.3%를 차지했다. 『논총』을 발간하고 있는 상해 푸단대학은 1964년에 국제정치학과가 설립되어 상대적으로 오랜 역사적 전통을 갖고 있는 대학이다. 또한 일제강점기 대한민국 상해 임시정부가 동 지역에서 활발한 독립운동을 전개했다는 점을 고려할 때, 국제정치 및 정치사 연구가 활발하게 진행되었음은 가히 이해될 수 있는 부분이다. 그러나 국제정치 분야나 근현대 정치사 분야에 비해 응당 현실의 한국 관련 정치학 연구에서 중심을 이루어야 할 비교정치, 즉 좁은 의미에서의 한국정치 연구가 지난 15년간 겨우 41편으로 17.0%에 불과하다는 것은 다소 예상외의 결과였다.

『당대한국』의 경우 국제정치 영역의 논문이 57편(44.2%)으로 가장 많았고, 다음으로 비교정치 분야 37편(28.7%), 공공정책(행정) 분야 13편(10.1%) 등의 순으로 나타났다. 『당대한국』 역시 국제정치 연구가 높은 비중을 차지했지만, 『논총』에 비해 상대적으로 한국 국내정치에 높은 관심을 보이고 있는 것으로 판단된다.

<표 24> 영역별 연구논문 분포현황

(N, %)

순서	한국연구논총			당대한국		
1	국제정치	151	62.7	국제정치	57	44.2
2	정치사	44	18.3	비교정치(행정)	37(13)	28.7(10.1)
3	비교정치	41	17.0	정치사	12	9.3
4	정치사상	5	2.1	정치사상	5	3.9

* 1) 괄호 안은 한국 행정제도 관련 논문 수치, 이 부분은 분석의 범위에서 제외.
  2) 『당대한국』의 경우 법 관련 분야 논문 5편은 분석에서 제외.

둘째, 영역별 연구논문의 시대별 변화추세를 살펴보면, 국제정치 관련 논문이 기존에 비해 급격히 증가하는 반면 기타 영역들은 감소 또는 정체되는 추세를 보였다. 정치학 연구의 시기별 연구동향을 파악하기 위해 본 연구는 각 영역별로 학술지의 권당 게재논문 수의 평균을 확인하고자 했다. 분석결과 두 학술지 모두 국제정치 관련 논문이 급격히 증가했다(<그림 14> 참조).

『논총』은 창간 초기 권당 5.2편에서 2006년 이후로는 권당 9.2편의 국제정치 논문이 실렸다. 정치사상 연구는 큰 변화폭이 없었지만, 비교정치의 경우는 2000년 이전의 3.3편에서 최근에는 1.6편 정도로 감소하는 추세를 보였다. 『당대한국』에 실린 국제정치 연구는 초기의 권당 0.2편에서 2000년대 후반기는 권당 2.3편으로 증가했다. 비교정치 연구 또한 창간 초기의 0.3편에서 1.4편 정도로 증가했다. 특히 최근 몇 년간 『당대한국』에 실리는 비교정치(한국정치) 관련 연구가 계속해서 증가하고 있는 것으로 나타났다.[221]

---

221) 『당대한국』은 창간 초기 한국 소개 중심의 저널 형식을 띠었기에 정규논문보다 한국 관련 소개, 논문요약, 서평 등 다양한 성격의 문헌들이 게재되었다. 대체로 2006년 이후 전문학술지로 전환하면서 보다 많은 정규논문들이 실리게 되었다.

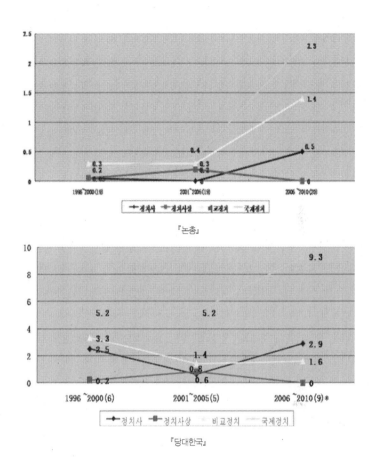

<그림 14> 시대별 정치학 분야 연구영역 변화 추이(1996~2010)

요컨대 양 학술지 모두 최근 들어 국제정치 분야의 논문 증가세가 가장 높았으며, 이는 전체 정치학 영역별 분포에서도 제일 높은 비중을 차지했다. 국제정치를 제외하면, 『논총』은 한국 근대사 영역, 특히 중국에서의 한국 독립운동 등에 대해 학문적 우세를 보여주었고, 『당대한국』은 비교정치, 공공정책 등 현재 한국의 국내 정치 상황에 보다 높은 관심을 보였다.

(3) 연구주제

연구주제별 연구동향은 주로 두 학술지에 게재된 정치학 관련 논문 중 '비교정치'와 '국제정치' 두 영역의 연구들을 보다 세부적으로 분류하여 분석했다. 분류방법은 이호철(2010)의 분류법을 토대로, 중국학계 특성을 감안하여 보다 구체화하는 방식을 취했다 (<표 22> 참조).

<표 25> 주제별 연구논문 분포현황

	순위	한국연구논총			당대한국		
비교정치	1	비교정치경제	15	36.6	정치발전	14	37.8
	2	정치문화	12	29.3	비교정치경제	11	29.7
	3	정치발전	9	22.0	정치과정	7	18.9
	4	정치과정	4	9.8	정치제도	3	8.1
국제정치	1	한반도문제	72	47.7	외교관계	16	28.1
	2	국제정치사	34	22.5	외교정책	13	22.8
	3	외교관계	18	11.9	국제정치사	11	19.3
	4	국제협력	15	9.9	한반도문제	9	15.8

우선, 비교정치 분야에 대한 연구의 주제별 특성을 살펴보면 다음과 같다(<표 25> 참조). 『논총』에 게재된 비교정치 분야 연구논문은 총 41편으로, 그중 비교정치경제 분야가 15편(36.6%)으로 가장 많았고 다음으로 정치문화 12편(29.3%), 정치발전 9편(22.0%), 정치과정 4편(9.8%), 정치제도 1편(2.4%)의 순으로 나타났다. 특히 비교정치경제, 정치문화, 정치발전 세 분야의 논문이 비교정치 전반에서 차지하는 비중은 90%에 가까웠다.

먼저 비교정치경제 분야를 볼 때, '한강의 기적' 또는 '동아시아모델'로 일컬어지는 한국의 급속한 경제발전에 대한 원인 규명 관련 논의가 2000년 이전에 집중되었다. 그러나 2000년대 이후로는 동아시아 금융위기 재성찰 문제를 넘어, 신농촌 건설, 국가(정부)와 기업의 관계 등 문제들이 보다 많이 논의되었다. 정치문화 분야의 경우는 주로 유교문화, 권위주의, 보수주의, 반미주의 등의 사조가 국내외 정치에 미치는 영향에 관한 연구들이다. 정치발전에 관한 연구는 한국의 정치체제 전환 및 정치개혁에 관한 논의가 주를 이루고 있다. 그러나 정치선거, 정책결정 등을 다루는 정치과정 분야 연구는 4편, 국가권력구조 등 정치제도 관련 연구는 단 1편에 불과했다.

『당대한국』의 경우를 보면, 창간 초기부터 2005년까지 총 10편의 비교정치 논문이 게재되었으나, 2006년 이후 들어와 27편이 실리면서 일정한 증가세를 보였다. 이는 무엇보다 『당대한국』이 전문학술지 성격을 띠면서 정규논문이 대폭 증가한 것과 연관이 있다. 전체적으로 정치발전 분야가 14편(37.8%)으로 가장 많았고, 다음으로 비교정치경제 11편(29.7%), 정치과정 7편(18.9%), 정치제도 3편(8.1%), 정치문화 2편(5.4%) 등의 순으로 나타났다. 그중 정치발전, 비교정치경제, 정치과정 세 분야의 논문들이 전반 비교정치에서 차지하는 비중은 86% 이상을 차지했다.

이를 주제별로 보았을 때, 선거·정당 등을 아우르는 정치과정 연구에 집중하는 한국학계의 성향과는 달리, 중국학자들은 무엇보다 민주화를 중심으로 한 한국의 정치발전에 관련된 연구에 보다 많은 관심을 갖고 있다. 특히 정치발전 분야 연구논문은 1990년대 후기에 겨우 2편에 불과했으나, 2005년을 기점으로 2010년까지 총 12편이 게재된 것으로 나타났다. 큰 틀에서 보면 한국 해방 이후의 정국과 정치 민주화 간 관계를 다루고 있지만, 그중에서도 시민사회, 노동자계급, 중산층, 재벌집단, 여성 등 사회의 다양한 계층이 민주화 과정에 미치는 영향과 무엇보다 국가와 사회관계라는 측면에서 한국의 민주화 과정을 고찰하는 데 보다 많은 관심을 갖고 있었다. 비교정치경제 분야 연구논문은 11편으로, 주로 국가 – 시장관계 속에서 국가 – 기업 및 한국 경제성장을 분석한 연구논문이 3편, 새마을 운동 관련 연구가 3편, 지구화시대 동아시아 모델의 변형을 다룬 연구가 3편으로 상기 세 부류 연구가 주를 이룬다. 그 외에 정치과정에 관한 연구는 총 7편으로, 특히 그중 5편의 연구는 주로 2006년 이후에 발표된 논문들이다. 여기에는 이익집단의 정치참여 문제에 관한 연구가 2편, 지역투표 등 선거 관련 연구 2편이 포함되었다. 2006년 이후 한국 정당정치 관련 연구는 1편에 불과했다. 정치학의 고전적 연구주제라 할 수 있는 정치제도에 관한 연구는 3편(8.1%)으로 여전히 매우 낮은 비중을 차지했다.

이처럼 비교정치영역에서의 연구논문들은 주로 정치발전, 비교정치경제, 정치과정 세 분야에 집중되는 성향을 보였다. 특히 정치과정에 보다 집중하고 있는 서구국가들의 정치학 연구 특징과 달리, 후발산업국으로서의 중국은 무엇보다 정치발전, 정치경제 등의 측면에 보다 많은 관심을 갖고 있는 것으로 나타났다. 이는 중국학계의 한국정치 연구동향이 중국 내 정치학의 유행성을 크게 따르고 있다는 의미로 해석될 수 있다. 환언하면 비교정치 분야에서 반영된 중국학자들의 한국정치 연구는 주로 현재 중국이 처한 정치적 상황에 대한 고민을 반영한 것이다. 즉 중국경제의 급속한 발전과정에서 나타나는 일련의 사회문제들에 착안점을 두고 시장경제와 민주화, 국가와 시장, 국가와 사회의 측면에서 한국의 경험을 사례로 국가주도하의 경제성장과 안정적인 정치체제전환의 문제에 보다 많은 관심을 갖고 있음을 알 수 있다.

다음으로, 국제정치 분야에 대한 연구의 주제별 특성을 국제정치사, 외교정책, 외교관계, 안보, 국제협력, 한반도문제 등 6가지로 구분하여 살펴보면 다음과 같다. 『논총』의 경우 한반도문제연구가 72편(47.7%)으로 가장 많았고, 다음으로 국제정치사 34편(22.5%), 외교관계 18편(11.9%), 국제협력 15(9.9%), 외교정책 12편(8.0%)의 순으로 나타났다.

『당대한국』의 경우도 2006년 이후 국제정치 연구가 급격한 증가세를 보였다(총 47편). 그러나 『당대한국』은 『논총』에 비해 주제별 분포는 상대적으로 고르게 나타나고 있다. 한중관계 중심의 외교관계 연구가 16편으로 28.1%를 차지하였고, 한국 대외정책 연구가 13편으로 22.8%를 차지하는 등 한국 중심의 외교관계 및 외교정책 연구가 전체 국제정치 연구의 50% 이상을 차지했다. 이어서 국제정치사 연구 11편(19.3%), 한반도문제 연구가 9편(15.8%), 국제협력 연구가 8편으로 14.0%를 차지했다.

주제별 주요 특징을 귀납하면 다음과 같다(<표 26> 참조).

<표 26> 연구주제: 국제정치

	1996~2000		2001~2005		2006~2010		소계(%)	
	논총	당대한국	논총	당대한국	논총	당대한국	논총	당대한국
국제정치사	19	0	6	3	9	8	34(22.5)	11(19.3)
외교정책	3	2	1	0	8	11	12(7.9)	13(22.8)
외교관계	2	0	3	3	13	13	18(11.9)	16(28.1)

국제협력	2	1	1	1	12	6	15(9.9)	8(14.0)
한반도문제	5	0	25	0	42	9	72(47.7)	25(15.8)
소계	31	3	36	7	84	47	151(100)	잘못된 계산식 (100)

첫째, 2000년 제1차 남북정상회담 이후 한반도문제에 관한 연구가 급격히 증가했는데, 이러한 경향은 『논총』에서 보다 두드러지게 나타났다. 예컨대 1996~2000년까지 권당 평균 0.8편의 한반도 관련 연구논문이 실렸으나, 2001년 이후로 권당 평균 5편이 게재되었으며 이러한 비중은 2010년 현재까지 유지되었다. 2006년 10월 북한 제1차 핵실험 이후에는 북핵문제 해결을 위한 연구들이 집중적으로 증가했다. 단 북핵문제를 중심으로 대국관계, 반도 평화체제, 북미관계 등 국제체제 수준에서 진행된 연구가 56편으로 한반도문제 연구의 77.8%(56편)를 차지한 반면, 한반도 자체-북한개혁, 남북관계, 남북통일-와 관련된 연구는 전체의 20%에도 미치지 못했다. 특히 남북통일과 관련된 연구는 2000년 남북 정상회담을 계기로 증가되는 듯했으나, 2006년 북핵실험 이후로는 더 이상 논의되지 않았다.

『당대한국』에 게재된 한반도문제 연구는 2006년 이후 9편에 불과해 예상보다 낮은 비중(15.8%)을 차지했다. 역시 국제체제론적 시각에서 북핵문제를 논한 연구가 5편으로 가장 많았으며, 남북관계 연구는 2편에 불과했다. 특히 2008년 이후로는 한반도문제가 게재되지 않았다는 점도 이례적이다.

둘째, 외교관계 영역에서의 연구는 한중관계 관련 연구가 주를 이루며, 그 외에 한국과 동북아 역내 국가들과의 관계에 보다 많은 관심을 갖고 있다. 『논총』에 게재된 외교관계 관련 연구는 총 18편으로 국제정치 논문 전체의 11.9%를 차지했다. 구체적으로 한중관계를 다룬 연구가 9편으로 제일 많았고, 한일관계(4편), 한미관계(2편), 한미일 삼자관계 2편 등의 순으로 나타났다. 특히 한중관계 연구에서 2007년 이전까지는 대부분 한중관계를 긍정적인 시각에서 바라보는 연구가 다수였지만, 2008년 이후로는 한중관계에 존재하는 문제점 또는 제약요인에 주목하고 있다는 점이 특징적이다.

『당대한국』에 실린 외교관계 관련 연구는 16편으로, 국제정치 관련 논문 전체에서 가장 높은 비중(28.1%)을 차지했다. 세부적으로는 『논총』과 마찬가지로 한중관계를 주제로 한 연구가 11편으로 가장 많았는데, 양국 간 전략적 협력관계를 다룬 연구가 5편에 달했고, 양자적 측면에서 한중관계 발전의 내면에 존재하는 갈등요인을 다룬 연구가 3편으로 이들 연구는 주로 2008년 이후에 출현했다. 그 외 한중 간 FTA 협상과 관련된 연구가 2편 게재되었다. 한미관계는 한미동맹 관련 연구가 1편, 미국의 대한국 개발원조 관련 연구가 2편 존재했다.

셋째, 외교정책을 주제로 한 연구들은 주로 시기별, 정권별 또는 국제정세 변화에 따른 한국의 대외정책 조정에 대한 연구가 대부분을 차지했다. 먼저 『논총』에 게재된 외교정책 관련 연구는 총 12편으로 그중 한국 외교정책을 직접 다룬 연구는 15년간 7편에 불과해 낮은 비중(4.6%)을 나타냈다. 구체적으로 보면, 한국의 안보전략 연구가 3편, 한국의 대중정책 1편, 노무현 정부 평화번영정책과 이명박 정부 '신아시아 외교'를 다룬 연구가 각각 1편씩 있었다.

『당대한국』의 경우, 노무현 정부와 이명박 정부의 대외정책 및 국제정세 변화에 따른 한국 대외전략 변화 등에 관한 분석이 9편을 차지했다. 그러나 한국 외교정책 결정과정에 관한 연구는 단 1편에 불과했다. 이와 같이 두 학술지 모두 시기별 국가 행태 차원에서의 정세분석이나 정권별 대외정책 특성에 보다 많은 관심을 가지고 있었으며, 정책결정과정 등 정치이론 일반화 연구들은 찾아보기 힘들었다. 『당대한국』에 게재된 국제정치 연구 중 한국 중심의 외교관계 및 외교정책 주제를 다룬 논문이 50% 이상을 차지하여 『논총』보다는 훨씬 높게 나타났다.

넷째, 국제정치사 관련 연구가 상대적으로 높은 비중을 차지하고 있다. 『논총』에 게재된 국제정치사 관련 연구는 총 34편(22.5%)으로 한반도문제 다음으로 높은 비중을 차지했고, 『당대한국』의 경우도 11편(19.3%)으로 동 학술지 국제정치 연구 중 제3위를 차지했다. 『논총』을 기준으로 분석해보면, 1990년대에는 주로 '임오병변'(壬午兵變, 임오군란)과 한중관계, 한국의 독립운동과 중국 정부 간 관계, '조미조약'과 청정부 관계 등 근대 국제관계 및 외교사 연구가 대표적이었다. 그러나 2000년대에 들어서는 1945년 이후의 시기, 즉 한국전쟁과 냉전시기 국제관계사·외교사 연구가 주를 이루었다. 2000년대 이후 발표된 20편의 '국제정치사' 관련 연구 중에서 한국전쟁과 관련된 논문이 8편이었고, 냉전체제와 한반도의 관계를 분석한 논문도 8편에 달했다.

3) 질적 정향

중국에서의 한국정치 연구의 질적 정향을 파악하기 위해서, 본 연구는 연구의 규범성, 자료활용, 방법론 등 세 가지 측면에서 알아보고자 했다.

(1) 규범성

규범성은 주로 연구 과정이 기본적 규범을 얼마나 지키고 있는가를 의미한다. 이를 위해 본 연구는 두 학술지에 게재된 비교정치·국제정치 영역의 중국학자들의 논문을 주요 분석 대상으로 삼았다. 분석결과 두 학술지 모두 시간의 흐름에 따라 규범성 정도가 지속적으로 상승해왔음이 확인되었다(<표 27> 참조).

첫째, 연구가설, 명확한 문제제기, 연구계획, 선행연구, 참고문헌 활용 등 부문들에서 모두 선명한 증가세를 나타내고 있다.

<표 27> 규범성: 국제정치 & 비교정치

시기\기준	1996~2000				2001~2005				2006~2010			
	논총		당대한국		논총		당대한국		논총		당대한국	
	N	%	N	%	N	%	N	%	N	%	N	%
연구가설	1	2.0	0	1	6	14.0	0	0	26	26.5	20	27.3
문제제기	32	62.7	5	62.5	32	74.4	10	76.9	80	81.6	57	78.1
연구계획	2	4.0	0	0	2	4.7	1	7.7	17	17.3	15	20.5
선행연구	6	11.8	1	12.5	5	11.6	0	0	25	25.5	30	41.1
참고문헌	47	92.2	5	62.5	39	90.7	10	76.9	96	98.0	71	97.3
합계(평균)	51(1.73)		8(1.38)		43(1.95)		13(1.62)		98(2.49)		73(2.64)	

둘째, 수준별 연구논문의 변화추세를 보면, 앞에서 제시한 규범성의 5개 기준 중 2~3개의 요건을 충족시키는 연구가 여전히 높은 비중을 차지한다. 그러나 가장 선명한 변화는 기존 연구규범을 전혀 지키지 않았거나 단지 참고문헌을 다는 정도에만 그치던 수준의 연구들이 대폭 하락했고, 대신 연구가설, 문제제기, 선행연구 검토 등 각 요건을 충족시키는 4~5점 수준의 연구가 점차적으로 증가했다.

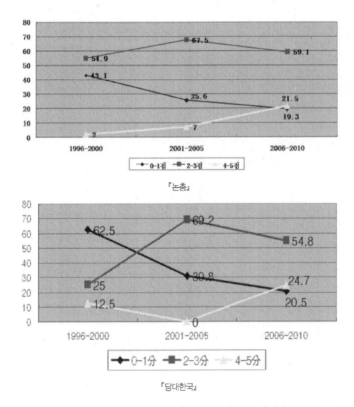

<그림 15> 규범성 변화 추이: 비교정치 · 국제정치

이는 <그림 15>에서와 같이 두 학술지 모두에서 공통된 특징으로 나타났다. 그러나 시기별 편당 규범치를 볼 경우 규범성이 상당한 제고를 보인 것은 사실이나, 현재까지 각각 2.49, 2.64점의 수준으로 5점 만점의 중간 정도에 머무르고 있다. 『당대한국』이 최근 몇 년간 정규학술지로 전환되면서 『논총』에 비해 상대적으로 높은 연구 규범성을 보이고 있다(<표 27> 참조).

(2) 참고문헌 활용

참고문헌 활용은 연구과정에서 저자와 외부와의 학술적 대화 정도를 나타내는 중요한 지표이다. 『논총』과 『당대한국』 두 학술지의 비교정치·국제정치 관련 논문을 집계한 결과, 『논총』은 192편의 논문에 총 4,393개로 편당 약 22.9개의 주석이 사용되었고, 『당대한국』 94편의 논문에는 총 1,709개로 편당 약 18.2개의 주석이 사용되었다. 그러나 일부 국제정치사 분야의 논문들에 상대적으로 주석 및 참고문헌이 과도하게 집중되었고, 이로 인해 전체적으로 주석이나 참고문헌의 평균치가 '과대계상'될 가능성이 존재했다.

이러한 문제점을 극복하기 위해, 참고문헌 활용을 주로 한국의 현실정치 연구에 집중된 비교정치 연구논문에만 한정하여 집계해 보았다. 결과적으로 『논총』에 게재된 비교정치 논문 41편이 인용한 참고문헌은 총 751건으로 편당 18.3건에 달했고, 『당대한국』의 경우 37편의 비교정치 논문에 인용한 참고문헌은 총 630건으로 편당 평균치는 17건에 달하였다. 2009년 중국 내 정치학 관련 유명학술지의 편당 평균 참고문헌 수 17.3건과[222] 비슷한 수준을 나타냈다.

참고문헌 어종(語種)별 시대적 변화를 보면 <표 28>과 같다. 두 학술지 모두 번역서와 기타 외국문헌(영문문헌 제외)의 인용 비중이 하락세를 보인 반면, 현재까지 중문문헌과 한글문헌, 그중에서도 특히 한글문헌의 인용비중이 크게 증가했다. 예컨대 『논총』의 경우 한국문헌 인용비중은 창간 초기의 19.3% 수준에서 최근에는 39.0%로 증가했고, 『당대한국』도 18.3%에서 31.4%로 증가했다.

<표 28> 참고문헌 활용: 비교정치

『논총』	중문문헌	한글문헌	영문문헌	번역서	기타문헌	합계
1996~2000	115(31.8)	70(19.3)	45(12.4)	56(15.5)	76(21.0)	362
편당 평균	5.8	3.5	2.3	2.8	3.8	18.2
2001~2005	40(24.8)	45(28.0)	45(28.0)	27(16.8)	4(2.5)	161
편당 평균	5.7	6.4	6.4	3.9	0.6	23
2006~2010	89(39.0)	89(39.0)	21(9.2)	19(8.3)	10(4.4)	228
편당 평균	6.36	6.36	1.5	1.4	0.7	16.3
합계	244(32.5)	204(27.2)	111(14.8)	102(13.6)	90(12.0)	751
편당 평균	6.0	5.0	2.7	2.5	2.2	18.4
『당대한국』	중문문헌	한글문헌	영문문헌	번역서	기타문헌	합계
1996~2005	27(26.0)	19(18.3)	14(13.5)	44(42.3)	0(0)	104
편당 평균	2.7	1.9	1.4	4.4	0	10.4
2006~2010	208(39.5)	165(31.4)	88(16.7)	65(12.4)	0(0)	526
편당 평균	7.7	6.1	3.3	2.4	0	19.5
합계	235(37.3)	184(29.2)	102(16.2)	109(17.3)	0(0)	630
평균	6.4	5.0	2.8	2.9	0	17.1

그러나 이러한 결과로 중국학계 내 한국정치 연구에 있어서 한글문헌이 보편적으로 활용되고 있다고 평가하는 것은 섣부른 판단

---

222) 史晉川·张育浩, 「经济学, 社会学, 法学和政治学研究的开放与知识共享」, 『浙江大学学报 (人文社会科学版)』, 2012年 第1期, p.181.

이다. 실제로 『논총』의 41편 비교정치 연구논문 41편에서 한글문헌을 사용하지 않은 연구가 17편에 달했다. 그 외, 한글문헌을 5건이상 인용한 13편의 연구논문 가운데 조선족 학자들의 논문이 무려 7편에 달했다.223) 『당대한국』도 37편의 논문 중 한글문헌을 사용하지 않은 연구가 21편으로 전체의 56.8%에 달했다. 한글문헌을 5건 이상 인용한 9편의 연구논문 중 조선족 학자들에 의해 연구된 논문이 4편에 달했다. 다시 말해서 한글문헌 인용도가 양적으로 증가했음에도 불구하고, 중국학자들의 한글문헌 접촉능력은 여전히 상당한 한계가 있는 것으로 볼 수 있다.

(3) 방법론

연구방법이란 연구과정에서 새로운 현상 및 사물을 발견하거나 새로운 이론과 관점을 제기하고 사물의 내적 규칙을 밝혀내는 도구 또는 수단이다. 연구방법은 각 학문영역 연구성과의 질적 수준을 평가할 수 있는 가장 기본적인 요인으로 간주될 수 있다.

그렇다면 방법론의 잣대에서 중국학계의 한국 연구를 어떻게 평가할 수 있을 것인가. 우선 결론부터 제시하면, 중국의 개방도(開放度) 향상과 더불어 정치학 발전에 큰 변화가 일어난 것은 사실이지만, 방법론적 측면에서 한국정치 연구의 성과를 평가할 경우 양적 확대에도 불구하고 질적 도약이 이루어졌다고 평가하기는 어렵다. 이 연구는 『논총』과 『당대한국』에 게재된 비교정치·국제정치 분

---

223) 예컨대 푸단대학 한국연구중심 박창근(朴昌根) 교수가 발표한 「韩国新村运动成功经验简析」, 2007年 第4期 등이 대표적이다.

야 논문 각각 192편과 94편을 주요 분석대상으로, 연구방법·자료
수집방법·자료분석방법 등 세 가지 수준에서 중국학계 한국 정치
관련 연구의 방법론적 특성을 알아보았다.

<표 29> 방법론

분류	연구방법	자료수집방법	자료분석방법
『논총』	현장조사: 0 통계조사: 1 문헌연구: 180 기타: 11	참여관찰: 0 심층인터뷰: 0 설문조사: 1 문헌수집: 180 무자료수집: 11	통계분석: 1 기존 통계자료분석: 20 이차분석: 0 현지조사 정성분석: 0 역사문헌 분석: 44 문헌 정성분석: 116
『당대한국』	현장조사: 1 통계조사: 0 문헌연구: 84 기타: 9	참여관찰: 0 심층인터뷰: 1 설문조사: 0 문헌수집: 84 무자료수집: 9	통계분석: 0 기존 통계자료분석: 21 이차분석: 0 현지조사 정성분석: 1 역사문헌 분석: 18 문헌 정성분석: 45

분석결과, <표 29>와 같이 절대 대부분 연구가 '문헌연구'(Literature
research) 또는 '비개입적 연구'(unobstrusive research)를 통해 진행되었으
며, 심지어 구체적 연구방식과 참고문헌을 밝히지 않은 연구논문도
있었다. 이에 따라 자료수집방법에 있어서도 설문조사 1편과[224] 심
층인터뷰 1편[225]이 있었을 뿐 대부분이 문헌수집을 통해 연구가 이

---

224) 푸단대 방수옥(方秀玉)은 2001년 12월 1,500명의 한국 일반국민, 공무원, 기업인을 상대로
부패문제에 대한 인식도 조사를 진행하였다. 그러나 구체적인 통계 기법에 있어서는 빈도수
만 측정하여 비교하는 기초통계의 방법만 사용하였을 뿐, 인과관계를 설명하는 회귀분석 등
보다 높은 수준의 통계기법을 사용하지는 않았다. 方秀玉, 「韩国社会的腐败现象及其对策」,
『韩国研究论丛』, 2003年 第1期.

225) 푸단대 치화이가오(祁怀高)는 지역사례를 통해 산동지역과 한국 간의 교류가 한중 양국 수
교과정에 어떤 영향을 미쳤는지에 대해 분석했다. 그러나 심층인터뷰를 통한 자료수집 및
분석을 통해 연구를 완성했으나 인터뷰에 사용된 설계(protocol)를 밝히지 않았을 뿐만 아니
라 인터뷰 대상도 단지 1명에 불과했다는 점을 감안할 때, 동 연구는 어디까지나 인터뷰 방

루어졌다. 자료분석방법에 있어서는 문헌정성분석이 가장 많았고, 역사문헌분석과 기존통계자료분석이 다음 순을 차지했다.

보다 구체적으로 알아보기 위해 謝韜·Lee의 방법을[226) 채택하여 연구논문들에 도표·그림·수치 등이 어느 정도 사용되었는지를 관찰했다. 그 결과 <표 30>과 같이 상당수의 연구논문들이 도표, 그림을 사용했음을 알 수 있다.

<표 30> 양적 자료 사용현황: 국제정치와 비교정치

(N, %)

분류 \ 연도	한국연구논총				당대한국			
	1996~ 2000	2001~ 2005	2006~ 2010	합계	1996~ 2000	2001~ 2005	2006~ 2010	합계
수치	24(47.1)	14(32.6)	30(30.6)	68(35.4)	5(62.5)	7(53.8)	36(49.3)	48(51.1)
도표	5(9.8)	3(7.0)	17(17.3)	25(13.0)	2(25.0)	3(23.1)	19(26.0)	24(25.5)
그림	2(3.9)	2(4.7)	7(7.1)	11(5.7)	-	-	13(17.8)	13(13.8)
회귀분석	-	-	-	-	-	-	-	-
전체	51	43	98	192	8	13	73	94

주: 1) '전체'는 특정 시기(예: 1996~2000)에 발표된 국제정치, 비교정치 관련 논문 총수.
　　2) 괄호 안은 '전체' 논문에서 '수치' 등을 인용한 비중.

그러나 계량적 분석을 통한 가설검증이라는 보다 엄격한 의미에서 양적 연구를 이해할 때, 이러한 연구논문들은 비록 통계자료를 인용하였다 하더라도 실제 실증연구로 보기는 어려웠다. 일반적으로 구체적 수치 및 백분율 등을 기술적으로 나열하는 방식이 사용되었으며, 상관관계분석, 요인분석, 회귀분석 등 중·고급 통계를

식을 하나의 보조적 수단으로 사용했다고 평가할 수 있다. 祁怀高, 「中国地方政府对中韩建交的影响－以山东省的作用为例」, 『当代韩国』, 2010年 第4期.

226) 謝韜·L. Sigelman, 앞의 논문.

활용한 연구논문은 찾기 어려웠기 때문이다.

　물론 방법론적 측면에서 양적연구가 정치학 연구논문의 수준을 결정한다고는 보기 어렵다. 그러나 중국학계의 한국정치 연구에서 양적연구가 부재하다는 것은 어디까지나 '한국 이해'를 위한 다양한 방법론적 사고가 아직 많이 부족함을 의미한다고 평가될 수 있다.

　주로 다음의 몇 가지 원인들이 이러한 현상을 출현하게 했다. 첫째, 중국 정치학계 내에 실증주의적 연구전통이 아직 충분히 형성되지 못한 것과 관련된다. 즉 "중국 정치학연구는 대부분 사변적(思辨的) 방식, 경전해석, 규범적 정성연구, 제도와 기구에 대한 기술, 역사적 연구방식이 주를 이루고 있다. 따라서 정치학 연구방법의 갱신은 상당히 어려운 과제가 되고 있다"[227]는 것이다. 이러한 점에서 볼 때『논총』에 반영된 한국 관련 정치학 연구도 실지로는 중국학계 연구전통의 반영이라고 하겠다.

　둘째, 연구비용의 한계이다. 실제로 현장조사, 설문조사, 인터뷰는 본디 막대한 연구비용과 인력이 소요된다. 그러나 한중 간 경제발전 수준의 차이로 인해, 중국학자들이 상대적으로 낮은 연구비용으로 소비 수준이 높은 한국에서 조사 보조인력 등을 동원하여 미시연구를 실행하기에는 본질적 한계가 있다.

　셋째, 오로지 비교정치 영역의 측면에서만 보면, 무엇보다 중요한 것은 연구 어젠다(research agenda)가 연구방법에 미치는 영향이라 할 수 있다. 환언하면 중국학계의 한국정치에 대한 관심영역은 현재 중국이 처한 정치상황과 직결된다는 것이다. 그리고 현재 중

---

227) 肖唐镖·陈洪生, 앞의 논문.

국정치가 직면한 가장 우선적 문제는 바로 경제체제, 정치체제 전환의 문제이다. 따라서 현재의 미국이나 한국처럼 행태주의, 합리적 선택주의에 기반을 둔 미시적 연구 – 예컨대 선거정치 – 보다는 정치, 사회, 경제 체제 전환과 관련된 비교정치경제학적 연구가 중국 내에서 보다 관심을 받고 있다. 이런 맥락에서 방법론에 있어서도 양적 분석보다는 정성분석이 보다 선호되는 추세를 보이고 있는 것이다.

4. 학문적 이해 증진을 위한 제언

이 연구는 한중 수교 20년간 중국학계의 한국학 연구, 그중에서 정치학 분야에 대한 연구가 어떠한 양적, 질적 변화를 가져왔는지를 검토하는 데 주목적을 두었다.

분석결과, 『한국연구논총』과 『당대한국』 두 학술지 모두 정치학 관련 논문이 유일하게 급증하면서 높은 비중을 보였다. 기고자 특성의 경우, 전국 20여 개 지역들에 기고자가 널리 분포되어 있지만 주로, 상해, 북경, 길림 등에 집중되어 있으며 학자층이 두텁지 못하다. 연구 주제별 특성을 보면, 국제정치 분야 논문이 급격히 증가하여 가장 높은 비중을 보이고 있다. 비교정치 분야에서는 정치발전 등 연구가 주를 이루고 있으나, 당대 한국 현실정치에 대한 연구는 취약하다. 국제정치의 경우도 한반도문제 및 한중관계에 보다 집중하고 있지만, 일반적으로 국제체제론적 시각, 즉 역내 강대국 관계라는 틀 속에서 북핵문제를 논의한 연구가 높은 비중을 차지하였을 뿐, 한반도 자체－북한개혁, 남북관계, 남북통일－와 관련된 주제에 대해서는 크게 관심을 갖고 있지 않다. 단 한중관계의 안정적 관리라는 차원에서 대체로 2008년 이후부터 양국 간 갈등 상황 해소를 위한 학계 고민들이 점차 증가하는 추세를 보였다.

연구의 질적 정향을 살펴보면, 논술과정의 논리성과 사변성(思·辨性)을 강조함에도 불구하고 연구 규범성에 대한 자아요구가 높지 않다. 참고문헌의 어종별 특징을 살펴보면, 외국학계와의 학술적 대화가 갈수록 활발하게 전개되고 있음을 확인할 수 있다. 한편 한글 문헌의 인용도가 점차 증가하고 있는 추세를 보였으나, 중국 내 한족 학자들의 한글문헌 접촉능력은 여전히 상당한 한계를 나타내고 있는 것으로 집계되었다. 방법론적인 측면에서 보았을 때, 절대 대부분이 정성연구를 토대로 기술(記述)주의적 논술방식을 택했고, 기존 이론 및 가설 검증이나 새로운 이론 창출의 노력은 상대적으로 약하다. 최근 들어 엄격한 연구 규범성에 기반을 두어 실증주의 연구논문들이 젊은 학자들에 의해 게재되고 있지만, 아직까지도 그 비중은 상당히 낮다.

결론적으로 그동안 중국학계의 한국 정치 연구는 상당한 성과를 가져온 것으로 평가될 수 있지만, 그럼에도 불구하고 중국학계의 한국학, 특히 정치학 분야의 연구는 아직까지 연구역량, 분야 및 주제, 방법 등 다양한 측면들에서 상당한 문제점들이 존재하고 있는 것도 사실이다. 이에 따라 여기서는 앞에서 진행된 분석을 토대로 한국연구 심화의 차원에서 필자의 몇 가지 소견을 밝히고자 한다.

우선, 중국 내 한국학 발전이라는 총체적 측면에서 바라볼 때, 무엇보다도 다양한 학문영역의 균형적 발전이 필요하다. 개혁개방 이후, 특히 한중 수교 이후 중국의 한국학 연구는 이미 인문학 범주를 뛰어넘어 인문·사회과학 영역을 아우르는 보다 넓은 의미에서의 학문영역으로 지평이 확대되었다. 그러나 앞에서 분석되었듯이, 정치학의 경우 아직 양적인 성장에도 불구하고 질적인 변화는 이루어내지 못한 것으로 평가된다. 뿐만 아니라 비전통 영역이었던 사회, 교육, 예술, 커뮤니케이션학 등 분야는 아직 한국학 연구에서 본격적인 학술적 분위기조차 형성되지 못하고 있는 실정이다. 예컨대 한중 간 갈등요인의 진원지가 온라인 사회라는 점을 고려할 때, 무엇보다 사회학적, 커뮤니케이션학적 접근을 시도함으로써 양국 간 문화교류 패턴을 재성찰하고 갈등요인 해소 대책을 강구할 필요성이 존재한다. 따라서 전통 연구 분야인 인문학 연구의 지속적인 발전을 추구해야 함과 동시에, 정치·경제 등 새로운 분야에 대해서는 무엇보다 질적 발전을 추구해야 하며, 또한 새로운 학문 분야에서의 한국연구를 끊임없이 개척, 권장함으로써 한국학 연구영역의 지평을 지속적으로 확대해나가야 할 필요가 있다.

다음으로, 정치학 분야에서의 한국학 발전의 문제를 바라보면 주로 다음과 같은 과제들이 제기된다. 첫째, 한국정치 분야의 전문인력 양성이 필요하다. 한중 수교 이후 중국학계의 한국학 열기가 일어나면서 한국을 대상으로 한 연구기관 및 전문인력이 급증해온 것은 사실이다. 초보적인 통계를 보면, 중국의 한국연구기관은 67개, 4년제 대학들에 설립된 한국학 전문연구기관은 40여 개 정도 된다.[228] 그러나 양적으로 증가했다고는 하나 이들 연구기관이 실질

---

228) 刘宝全, 「近三年来中国的韩国学研究」, 『当代韩国』, 2009年 春季号.

적으로 어떤 역할을 하고 있는지에 대해서는 단정적 결론을 내리기는 쉽지 않다.

『논총』과 『당대한국』에 반영된 연구인력 특징을 살펴보면, 1996년부터 2010년 동안 상기 학술지와 논문집에 연구논문을 게재한 기고자는 통합 220명 내외에 불과했고, 또 기고자의 대부분이 북경이나 상해 지역에 집중되어 있었다. 이는 두 가지 가능성을 의미한다. 하나는 발행기관과 타 연구기관들 간의 네트워크 활성화 정도가 낮을 수 있고, 다른 하나는 타 지역 연구기관의 한국(정치)연구가 그만큼 취약함을 의미한다. 특히 후자가 중요한 원인이 될 수 있다. 중국의 한국연구 기관들 중에는 실질적으로 학술역량을 조직하여 연구를 심도 있게 진행하는 기관도 있겠지만, 명칭만 가진 채 실체적 기능을 하지 못하는 기관도 존재하기 때문이다. 또한 일부 기관에서는 어학 전공자가 한국의 정치, 경제, 사회 전반을 다루는 경우도 상당 부분 있어서 한국정치 연구에 대한 비전문성의 문제도 존재한다.

따라서 한국에 대한 객관적 인식과 이해를 증진하기 위해서는 선택과 집중의 원칙에 근거하여 한국 실정에 친숙한 핵심 연구자들을 중심으로 전문학술단체 형성을 지원함으로써 무엇보다 연구의 질을 높이는 데 보다 많은 심혈을 기울여야 할 것이다. 전문연구 인력의 양성은 단지 중국 내 한국에 대한 이해증진 기능에서 벗어나, 한중학자 간 학술적 대화의 질을 높여 한국학자들이 자신의 문제를 객관적으로 보지 못하는 한계를 극복하는 데도 기여할 수 있도록 목표를 두어야 한다.

둘째, 연구주제의 다양성을 강조할 필요가 있다. 한국정치 연구의 연구주제별 변화를 보면, 대체로 국제정치 영역 연구들이 급격히 증가하는 데 비해 한국정치의 핵심을 이루는 비교정치 분야 연구는 오히려 미진한 상태에 놓여 있다. 중국학계의 한국정치 연구는 무엇보다 비교정치경제학적 시각에서 체제 전환 또는 정치발전의 문제에 깊은 관심을 갖고 있다. 이는 물론 중국의 국내정치 상황을 근본 출발점으로 하고 있다는 점에서 가히 이해될 수 있는 부분이다. 그러나 문제는 한국 현실정치가 안고 있는 고민에 대해서는 별로 깊은 관심을 갖고 있지 못하다는 것이다. 여기서 유의할 점은 국제관계는 어디까지나 국내정치의 연장선상에 놓여 있다는 점이다. 동북아 정치구도 내에서의 양국 간 협력과 신뢰구도 구축의 당위성에도 불구하고, 한중 갈등이 날로 정치화되고 있음을 고려할 때, 중국학계는 응당 한국 현실정치에 대해 충분한 관심을 가질 필요가 있다.

정치학 연구에서 날로 높은 비중을 차지하는 국제정치 연구경향을 보아도 그러하다. 한반도 긴장정세가 지속적으로 악화되면서 한반도의 지정학적 가치가 중국 내에서 급격하게 상승하는 추세를 보였고, 이에 따라 한반도문제를 둘러싼 국제정치 영역의 논문들이 급증하고 있다. 그러나 대부분이 국제체제 결정론적 시각에서 한반도문제 해결을 위한 논의들이 다수를 차지할 뿐, 한반도 자체나 한국의 대외정책에 관한 보다 심도 있는 논의들이 활발히 전개되지 않고 있다. 극단적인 표현일수도 있겠지만, "한국정치 연구에는 한국이 없다"는 인상을 강하게 받게 되는 이유도 바로 여기에 있다. 이러한 점들을 고려할 때, 응당 비교정치·국제정치 영역들에서 다양한 주제들에 대한 논의들이 균형적으로 발전해야 할 필요가 있으며, 특히 한국 현실정치에 대한 중국학계의 관심을 이끌어내는 것이 무엇보다 중요하다.

셋째, 한국의 우수 학술저서들에 대한 중국어 번역작업 등 양국 한중학자 간의 학술적 대화를 강화하기 위한 조치들이 강구되어야 한다. 우선 참고문헌 활용에 관한 논의에서 제기되었듯이 중국학자들의 해외학계와의 교류는 날로 활성화되고 있는 추세를 보이고 있다. 그러나 실제 그 내면을 보면, 일부 조선족 학자들과 소수 한국 유학파 학자들을 제외하고는 중국학자들의 한글문헌 접촉능력은 상당히 낮다고 평가될 수 있다. 특히 일부 한국 정치인이나 학자들의 번역서 인용률이 상당히 높았다는 점은 중국학계 내에서 한국 관련 저서들에 대한 수요가 그만큼 있다는 것을 의미한다. 그러나 현재까지 몇몇의 도서들을 제외하면 이렇다 할 중국어 번역서들이 존재하지 않는다. 따라서 한국 내의 일부 영향력 있는 정치학 관련 저서들을 중국어로 번역하는 작업을 프로그램 형식으로 개발함으로써 한국의 관점을 중국학계에 직접 소개할 경우, 양국 간 상호 인식 증대에 상당히 좋은 효과를 줄 것으로 기대된다. 그 외에도 한국학자들의 중국 내 유수 학회지 논문발표를 일정 수준 연구실적으로 인정해주는 등 한국 학문의 중국 진출을 적극 권장할 필요가 있다.

넷째, 젊은 학자 층을 중심으로 다양한 형태의 한중교류 프로그램을 개발하는 것이 중요하다. 국제학술행사 지원 등과 같은 프로그램은 학자 간 교류를 증진시킨다는 의미에서 단기간에 가시적 효과를 나타낼 수 있는 좋은 방식이다. 그러나 일부의 경우 국제학술행사는 단지 이벤트성의 상징적 의미를 가질 뿐, 학자 간 인식 및 교류를 심화시킴에 있어서는 실질적인 효과를 보기 어렵다.

정치학 연구는 어디까지나 현장조사, 심층인터뷰, 설문조사 등 질적·양적 연구를 통한 실증주의 연구가 강조될 때라야만 보다 객관적인 차원에서의 설득력 있는 견해들이 제시될 수 있으며, 정치현상의 이론화 작업도 효과적으로 전개될 수 있다. 그러나 앞에서 제시되었듯이 이러한 연구들은 막대한 연구인력과 비용을 요구하기 때문에, 중국학자들 차원에서 실질적으로 추진되기 어려운 점이 존재한다. 따라서 보다 중장기적 차원에서 잠재력 있는 중국의 젊은 학자들을 발굴하고, 이들이 한국 현지에서 실증연구를 할 수 있는 기반을 마련하는 것은, 보다 객관적인 시각에서 한국을 인식할 수 있는 '지한파'(知韓派)를 양성하고 또한 의미 있는 연구결과를 창출해내는 효과를 동시에 가져오게 될 것이다.

한글문헌

공동사설, 「위대한 김정일동지의 유훈을 받들어 2012년을 강성부흥의
　　　전성기가 펼쳐지는 자랑찬 승리의 해로 빛내이자」, ≪조선신
　　　보≫, 2012.1.1. 참조.
김근식, 「사회주의 체제전환과 북한 변화: 비교사회주의 관점에서」,
　　　『통일과 평화』, 제2집 2호, 2010.
김정은, 「위대한 김정일동지를 우리당의 영원한 총비서로 높이 모시고
　　　주체혁명 위업을 빛나게 완성해 가자」, ≪로동신문≫, 2012.4.19.
김치관, 「북, 제한조치 대폭 완화된 투자법을 올해 공표」, 『민족21』, 2011.
김현욱, 「오바마 2기 행정부의 대외정책 전망」, 『주요국제문제분석』,
　　　2012-36, 국립외교원, p.9.
김형국, 「중국 자동차산업과 정책변화: 사회주의 발전국가의 정책자
　　　율성과 구조적 한계」, 『한국정치학회보』, 제36집 제3호, 2002.
대외경제정책연구원, 「주요국의 대몽골 경제협력 현황과 한국의 진
　　　출방안」, 『KIEP지역경제포커스』 제4권 25집, 2010.6.3.
대한민국 청와대, 『한·중 어업협정 해설전문』, 1999.4, p.4.
류길재, 「새정부의 대북정책과 한반도 통일외교 비전」 학술회의, 한
　　　국평화문제연구소 주최(2012년 1월 28일, 세종호텔).
박동준 외, 「개혁·개방 이후 중국의 경제적 위상 변화와 향후 전망」,

『한은조사연구』, 12호, 2009.

박동훈, 「두만강지역 개발과 국제협력: 중국 '창지투 선도구' 건설의 국제환경 분석」, 『한국동북아논총』, 제57호, 2010, p.192.

_____, 「개혁·개방기 중국 국가성격 변화에 관한 연구: 발전국가 론적 검토」, 전남대학교 박사학위논문, 2008, p.63.

박윤환, 「2011년 남북교역·북중무역 동향비교」, 『Trade Focous』, Vol.11, No.17, 한국무역협회, p.16.

박재영·최종화, 「한중어업협정의 평가 및 향후과제」, 『수산경영론집』, Vol. XXXI, No.2, 2000, p.69.

박종철 외, 「한반도 평화와 북한 비핵화: 협력적 위협감축(CTR)의 적용 방안」, 『KINU연구총서』, 2011-01, 서울: 오름, 2011.12, p.108.

박형중, 「김정은통치연합의 출범과 특징」, 통일연구원, 『Online Series』, 12-18, 2012.4.23, p.3.

박희진, 「김정일 체제의 경제적 유산과 북한경제 전망: 거점개방과 반개혁의 이중주」, 『KDI경제리뷰』, 2012년 5월호.

배종렬, 「최근 개정된 북방특구법제의 개혁·개방성: 라선경제무역 지대법을 중심으로」, 『수은북한경제』, 2012년 봄호.

백승욱, 「중국과 동아시아 발전모델」, 한국산업사회연구회 편, 『노동과 발전의 사회학』, 서울: 한울, 2003.

서진영, 『21세기 중국 정치: '성공의 역설'과 중국적 사회주의의 미래』, 서울: 폴리테리아, 2008, p.241.

신상진, 「중국의 대북정책과 6자회담」, 『북한경제리뷰』, 1월호(2011, 겨울), p.40.

심의섭·박광훈, 『두만강 개발 10년 평가와 전망』, 지역연구회시리즈 01-06, 2001, pp.110~111.

유현정, 「북한의 대외경제 관련 법규정비 평가」, 『세종정책연구』, 2012-18, 2012.

윤덕민, 『'개혁·개방·3000구상'의 과제와 전망』, 외교안보연구원, 2009.

윤승현, 『두만강지역의 신개발 전략과 환동해권 확대 방안』, 강원발전연구원, 2009, p.10.

이기현, 「중국의 대북정책과 북·중동맹의 동학」, 『JPI정책포럼』, 2011-15(2011
봄), p.10.

이무철, 「사회주의 체제전환과 북한의 발전전략: 비판적 평가」, 『韓國
政治外交史論叢』, 제33집 1호, 2011.

이병조·이중범, 『국제법 신강』, 일조각, 1997, p.856.

이상신, 「2011 통일의식조사 발표: 통일의식과 통일준비」, 서울대학
교 통일평화연구원 학술심포지엄, 2011.9.21, p.71

이수훈, 「탈냉전·세계화·지역화에 따른 동북아 질서 형성과 남북
관계」, 『한국과 국제정치』, 제25권 3호, 2009, pp.1~31.

이재영 외, 「러시아의 동부지역 개발전략과 한국의 확대방안: 에너지
부문을 중심으로」, 대외경제정책연구원, 2006, p.34 재인용.

이정태, 「조어도 분쟁에서 '무주지 선점론'과 '역사적 주권론'」, 『국
제정치연구』, 제14집 1호, 2011, p.260.

이호철, 「한국 정치학 연구의 동향과 과제: 『한국과 국제정치』를 중
심으로」, 『한국과 국제정치』, 제26권 제3호, 2010.

이희옥, 「동북공정의 정치적 논란에 대한 비판적 해석」, 『동아연구』,
제55집, 2007, p.10.

_____, 「중국의 부상과 한중관계의 새로운 위상」, 『한국과 국제정
치』, 제28권 제4호, 2012년 겨울, p.11.

장용석, 「천안함 이후 남북관계 관리 방향」, 흥사단 민족통일운동본
부 주최 『천안함 사태에 대한 막북의 입장·대응의 평가와
출로의 모색: 남북한 군사대화 복원과 북핵해결·평화체제
구축방향』 학술회의(서울, 2010년 7월 6일).

정여천 편, 「러시아 극동지역의 경제개발 전망과 한국의 선택」, 외교
통상부, 2008, p.34.

정재호, 「한국에서의 중국정치 연구 재고찰」, 『국제정치논총』, 제45집
제2호, 2005, p.120.

조 민, 「북한 김정은 체제와 한반도 통일전략」, 『한반도의 외교·
안보·통일환경 변화와 우리정부의 대응책』, (사)한국평화연
구학회 2012 동계학술회의, 2012.11.23.

조선중앙통신,「김정은동지 담화『위대한 김정일동지를 우리 당의
　　영원한 총비서로 높이 모시고 주체혁명위업을 빛나게 완성해
　　나가자』」, 4월 19일.
조성렬,『뉴한반도 비전・비핵 평화와 통일의 길』, 서울: 백산서당,
　　2012, pp.188~205; 조민, 위의 논문에서 재인용.
최완규・최봉대,「사회주의 체제전환 방식의 비교연구」, 윤대규 편,『사
　　회주의 체제전환에 대한 비교연구』, 서울: 한울, 2008, pp.9~78.
황지환,「미국 차기정부의 한반도정책과 우리의 선택」,『미국의 대통
　　령선거와 동북아 지역 협력』, 서울대학교 통일평화연구원・평
　　화재단 공동포럼(서울, 2012.11.8).
时殷弘, 한국 국립외교원 주최「한・중 수교 20주년의 한반도와 중
　　국」, 한중 학술회의(2012.8.22).

외국문헌

Bill Gertz, "China Policy Fight", The Washington Times, October 21, 2010.
Bonker Frank, Klaus Miller and Andreas Pickel. "Cross Disciplinary Approaches
　　to Postcommunist Transformation: Context and Agenda", Frank Bonker
　　et al.(ed.), Postcommunist Transformation and the Social Science: Cross-
　　Disciplinary Approaches. Lanham, MD: Rowman & Littlefield, 2002.
BP, Statistical Review of World Energy 2009, 2009.
Edward. N. Luttwak, From Geopolitics to Geoeconomics: Logic of Conflict,
　　Grammar of Commerce, the National interest, 1990(20): 17-23.
Frank Bonker, Klaus Miller and Andreas Pickel, "Cross-Disciplinary Approaches
　　to Postcommunist Transformation: Context and Agenda", pp.4~5.
G. John Ikenburry, "The Rise of China and the Future of the West:
　　Can the Liberal System Survive?", Foreign Affairs, Vol 87, No.
　　1, Jan/Feb 2008.
IMF, World Economic Outlook Database, September 2011, April 2012.

János Kornai, The Socialist System: The Political Economy of Communism, Princeton: Princeton University Press, 1992, pp.382~392.

Kevin Brown, "Consumer Spending starts slow shift east", Financial Times, January 27, 2010.

Nicholas J. Spykman, The Geography of the Peace, New York: Harcourt Brace Jovanovich, 1944, p.43.

R. Gilpin, War and Change in World Politics, Cambridge: Cambridge University Press, 1981, pp.11~12.

Rosemary Foot, The Practice of Power: U.S. Relations with China Since 1949, Clarendom Press, 1995, p.11781.

William Tow, "America's Asia-Pacific Is Out of Kilter", Current History, September, 2007, pp.281~282.

財團法人霞山會,『日中關係基本資料集』, 1998年 9月, p.416.

蔡美花,「东亚韩国学方法之探索」,『东疆学刊』, 2008年 第4期.

陈东林,「20世纪50-70年代中国的对外经济引进」,『上海行政学院学报』, 2004年 第6期.

戴二彪,「中国における地域間所得格差の動向(1978~2008年)」, 国際東アジア研究センター, Working Paper Series Vol.2010-07, 2010.

戴 旭,『C型包圍: 內憂外患下的中國突圍』, 上海: 文匯出版社, 2010年.

鄧小平,『鄧小平文選』, 第3卷, 北京: 人民出版社, 1993, p.105.

董向荣・王晓玲・李永春,「韩国公众对中国崛起的认知与态度分析」,『现代国际关系』, 2010年 第10期.

段进军・陆大道,「论大国东亚地缘经济战略与东亚地区经济合作」,『经济地理』, 1999年 第2期.

方秀玉,「韩国社会的腐败现象及其对策」,『韩国研究论丛』, 2003年 第1期.

高兴伟・潘忠歧,「钓鱼岛主权之争的三个国际法问题」,『辽宁大学学报(哲学社会科学版)』, 2012年 第2期.

郭文君,『东北增长极: 图们江区域合作开发』, 吉林人民出版社, 2010年, p.231.

黄季宽 编,『中韩关系中文论著目录』, 台北: 台北汉学研究资料及服务中心, 1987.

解中韩渔业纠纷中方需政治智慧, 联合早报(香港), 2011-12-16.

居占杰・刘兰芬,「我国沿海渔民转产转业面临的困难与对策」,『中国渔业经济』, 2010年 第3期.

孔　軍,「中国对朝鲜经济援助内幕」,『上海譯报』, 2009.6.17.

李得春,「韩国学和中国的韩国学」,『东疆学刊』, 2006年 第3期.

李建中,「1956-1966年农村社员小私有问题研究」,『史学月刊』, 2010年 第1期.

李正华,『改革开放的酝酿与起步』, 当代中国出版社, 2002年版, p.269.

刘宝全,「近三年来中国的韩国学研究」,『当代韩国』, 2009年 春季号.

刘江永,「论中日钓鱼岛主权争议问题」,『太平洋学报』, 2011年 第3期, pp.81～82.

刘艳军,「我国产业结构演变的城市化相应研究: 基于东北地区的实证分析」, 东北师范大学, 2009年, pp.25～34.

刘子奎・王作成,「美国政府对中国发展核武器的反应与对策(1961-1964)」,『中共党史研究』, 2007年 第3期.

羅歡欣,「論9・7釣魚島事件中的國家責任問題」,『政法學刊』, 2010年 第6期.

毛泽东,『目前抗日统一战线中的策略问题』, 人民出版社, 1975, pp.8～9.

欧焕康・虞聪达,「渔船'双控'制度成效研究」,『浙江海洋学院学报(自然科学版)』, 2011年 第30卷 第5期.

朴健一,「90年代以来中国朝鲜半岛研究状况」,『当代亚太』, 2001年 第8期.

朴英姬,「韩国・朝鲜及东北亚铁路连接与物流合作」, 王胜今・朱显平 主编,『图们江区域合作开发研究』, 吉林人民出版社, 2010, p.325.

祁怀高,「中国地方政府对中韩建交的影响－以山东省的作用为例」,『当代韩国』, 2010年 第4期.

上海譯报, 2009.6.17.

沈定昌　编,『朝鲜半岛相关文献目录(1992-2005)』, 沈阳: 辽宁民族出版社, 2008.

沈善洪 编, 『韩国研究中文文献目录(1912-1993)』, 杭州: 杭州大学出版社, 1994.

石明山, 「长吉图开发开放先导区打造东北新增长极」, 『科学时报』, 2009.9.21.

石源华, 「中国韩学研究的回顾与展望」, 『当代韩国』, 2002年 春季号.

石源华, 「中韩民间文化冲突的评估, 解因和应对」, 2009年 夏季號, p.41.

史晋川·张育浩, 「经济学, 社会学, 法学和政治学研究的开放与知识共享」, 『浙江大学学报(人文社会科学版)』, 2012年 第1期, p.181.

宋玉祥, 「中日钓鱼岛争端的解决方式问题」, 『中国海洋法学评论』, 2006年 第1期, pp.57~58.

苏 浩, 「地缘重心与世界政治的支点」, 『现代国际关系』, 2004年 第4期, p.55.

苏晓宏, 「大国为什么不喜欢国际司法」, 『中国海洋法学评论』, 2006年 第1期, pp.57~58.

孙相东, 「'地缘政治学'概念研究」, 『东方论坛』, 2008年 第6期, p.123.

滕建群, 「论中美关系中的第三方因素」, 『国际问题研究』, 2011年 第1期.

汪偉民, 「李明博的外交新思維與中韓關係」, 2008年 冬季號; 魏志江, 「李明博政府对朝政策调整及其影响」, 『现代国际关系』, 2008年 第8期.

王 晖, 「朝美关系: 剑拔弩张的背后」, 『世界知识』, 2011年 第2期, 第29页.

王缉思, 「中国的国际定位问题与'韬光养晦, 有所作为'的战略思想」, 『国际问题研究』, 2011年 第2期.

王兰洁, 「中国改革开放的'侦察兵': 1978年的出访高潮与改革开放的酝酿」, 『廣東黨史』, 2009年 第3期.

王玫黎·宋秋婵, 「論新形勢下釣魚島爭端的解決策略: 以法律手段爲視覺」,『西南政法大學學報』, 2011年 第4期.

王秀英,「中日釣魚島爭端解決方法探析」,『中國海洋大學學報』, 2011年 第2期, p.32

王元周,「韩国人的历史观与中韩关系」,『國際政治研究』, 2009年 第4期; 王生,「试析当代韩国民族主义」,『現代國際關係』, 2010年 第2期.

王在邦・李軍,「朝鮮第二次核試探源與外交思考」,『現代國際關係』, 2009年 第7期, pp.38～41.

吳 昊・闫涛,「长吉图先导区: 探索沿边地区开发开放的新模式」,『東北亞論壇』, 2010年 第2期,

吳 輝,「从国际法论中日钓鱼岛争端及其绝决前景」,『中国边疆史地研究』, 2001年 第1期.

蕭詩美,『鄧小平戰略學』, 北京: 當代世界出版社, 2004, p.320.

肖唐镖・郑传贵,「主题, 类型和规范: 国内政治学研究的状况分析」,『北京行政学院学报』, 2005年 第2期.

谢 韬・Sigelman, Lee,「中美政治学研究方法之比较」,『浙江社会科学』, 2008年 第5期, p.8.

阎学通,「对中美关系不稳定性的分析」,『世界政治與經濟』, 2010年 第12期, pp.4～30.

阎学通,「朝核迷局猜想」,『领导翠文』, 2009年 第9期, p.135.

杨洁勉,「新时期中美合作的动力和阻力」,『國際問題研究』, 2010年 第5期.

楊 堅 외,「關與沿海漁民轉產轉業情況的調查報告」,『中國漁業經濟』, 2001年 第1期.

于迎麗,「朝美關係正常化的可能及其對中國的影響」,『韓國研究論叢』, 2009年 第20輯, p.181.

詹小洪,「中韓關係16年」,『韓國研究論叢』, 2008年 第20輯; 張玉山,「中韓關係的回顧與展望」,『當代韓國』, 2010年 春季號.

张树军・高新民,『中共十一届三中全会历史档案』, 北京: 中国经济出版社, 1998, p.13.

张小稳,「近期美国升高西太平洋紧张局势的战略意图及其影响」,『东北亚论坛』, 2011年 第1期, p.55.

郑成宏,「当代中国的韩国学研究现状与趋势」,『中国社会科学院研究生院学报』, 2003年 第1期; 徐文吉,「中韩关系的回顾与中国的韩国学研究」,『东北亚研究』, 2008年 第2期.

鄭繼永,「后朝核時代中國的朝鮮半島政策選擇」,『韓國研究論叢』, 2009年 第20輯, p.159.

中国商务部・统计局・国家外汇管理局,『2010年度中国对外直接投资公报』, 2011年.

中國發展和改革委員會東北振興司,「俄總理普京稱遠東2025年發展戰略獲得通過」,『俄羅斯對外經濟合作動態信息(82)』, 2010年.

钟飞腾,「周边的战略地位与中国外交走势」,『中国周边安全形势评估2012』, 社会科学文献出版社, 2012年 1月, p.20.

钟龙彪,「保护中国公民海外安全与权益研究综述」,『求知』, 2011年 第11期.

周洪钧,「我国应尽快批准海洋法公约」,『法學』, 1995年 第3期.

朱　芹,「李明博政府的內外政策與中韓關係學術研討會綜述」,『韓國研究論叢』, 2008年 第20輯.

金燦榮・董春玲,「中國外交現狀與發展戰略」,『當代世界』, 2009年 第9期.

인터넷 자료

"'극에 달한 中 어선 횡포', 中 '인도적 대우를'… 사과는 커녕 오만 불손한 요구",《국민일보》(2012.12.13).

"2009年中国石油消费量超4亿吨, 居世界第二", 中国石油期货网: http://www.oilprice.cn/news/ShowNews.aspx?newsId=230083&classId=44(검색일 2010.6).

"Economic and financial indicators," The Economist, April 10, 2010, p.93.

"构建新型大国关系 中美要有新思考",《香港经济》,

http://www.hkfe.hk/article/show/894.html(검색일 2012.11).

"韩国为何在跨界渔业纠纷上小题大做?", ≪深圳卫视≫, 2011.12.14.

"오만방자한 중국, 한국이 그리 만만한가", ≪국민일보≫, 2011.12.13.

"解决中韩渔业纠纷须了解深层原因", ≪凤凰卫视≫, 2011.12.28.

"解中韩渔业纠纷中方需政治智慧", ≪联合早报≫(香港), 2011.12.16.

"警惕误判与偏执冲击中美关系大局", ≪人民日报≫, 2010.8.12.

"초점은 조미핵전쟁의 처리방식: 군사대결의 청산을 위한 대화와 협
        상", ≪조선신보≫, 2013.4.22.

"绿地集团, 招商局等国企组团投资中朝经济区",
        http://business.sohu.com/20120817/n350885423.shtml(2012.8.17).

"突破禁区', 为四个现代化大干贸易", ≪经济导报≫, 第1600期, 1978.12.20.

"中 정부는 자국 어선 '깡패 조업'을 부추기는가", ≪동아일보≫, 2011.11.11.

"中韩渔业纠纷或被外部蓄意利用", ≪羊城晚报≫, 2011.12.15.

"中 선장 해경특공대 살해, '피'가 끓는 격랑의 민심에도… 정부는 또
        '어물쩍 외교'", ≪문화일보≫, 2012.12.13.

"中어선 '붙박이 조업'서 '메뚜기 조업'으로", ≪동아일보≫, 2011.11.11.

WTO, "International Trade Statistics 2010",
        http://www.wto.org/english/res_e/statis_e/its2010_e/its10_toc_e.ht
        m(검색일 2011.8.10).

"10억弗 규모 차관 장성택 中에 요청", ≪조선일보≫, 2012.8.15.

"금강산국제관광특구 기업 창설, 운영규정 시행세칙", "금강산국제관
        광특구지도국 지시 제1호, 2011년 11월 5일", ≪통일뉴스≫,
        2012.2.13. 작

"朝鲜欲建高铁在京招商 称可保障投资者权益", ≪信息时报≫, 2012.9.25.

"세계의 비핵화를 떠난 조선반도 비핵화는 없다", ≪로동신문≫, 2013.2.1.

"오바마 2기 적극적 대북정책 예고", ≪연합뉴스≫, 2012.11.16.

"辽宁西洋集团投资2.4亿元铁矿项目遭朝鲜毁约", ≪中国选矿技术
        网≫, 2012.8.16.

"张成泽访华受关注 传要向中国借10亿美元", ≪大公报≫,
        http://www.takungpao.com/news/content/2012-08/16/content_94

3432.htm.

≪環球時報≫, http://world.huanqiu.com/roll/2010-06/846311.html(검색일 2010.6.12).

≪産經新聞≫, 1978.4.15.

≪로동신문≫, 2010.1.19.

≪環球時報≫, 2010, "环球时报社评: 韩国休把美航母带入黄海", http://opinion.huanqiu.com/roll/2010-06/846455.html(06.12).

≪網易新聞≫, 2008, "李明博冷落中国 中韩关系出现'寒流'", http://news.163.com(2010.4.7).

농림수산식품부 보도자료, "불법 중국어선, 우리 바다에 발 못 붙인다!", http://www.mifaff.go.kr(2011.11).

朝鮮投資事务所, http://www.cestcenter.com/firm.aspx(검색일 2012.8.30).

鄧小平, "完整地准确地理解毛泽东思想", 『鄧小平文選』, http://bbs.zhongcai.com/zzwj/dxp/wx/b1120.html.

鳳凰網, "解放军少将: 动武底线是日本自卫队进入钓鱼岛", http://news.ifeng.com/mainland/special/diaoyudaozhengduan/content-3/detail_2012_09/15/17632111_0.shtml(검색일 2012.9.15).

鳳凰網: "中国无力挑战美国全球领导地位", http://news.ifeng.com/mainland/special/xijinpingfangmei/content-1/detail_2012_02/16/12554807_0.shtml?_from_ralated(검색일 2012.2.16).

高浩荣·张滨阳, "朝鲜宣布将采取3项措施应对联合国安理会决议", 新华网: www.sina.com, 2009.5.27(검색일 2011.8.15).

高浩荣·张滨阳, "朝鲜对韩加入'防扩散安全倡议'采取强硬军事措施", 新华网: www.sina.com, 2009.5.27(검색일 2011.8.15).

環球網: "外交部官员:我国坚持谈判和平解决与邻国争端", http://world.huanqiu.com/regions/2012-09/3126095.html(검색일 2012.9.18).

吉林省人民政府, "国务院调研组为图们江地区合作开发献计献策", 吉林省人民政府网: http://www.jl.gov.cn/(검색일 2010.8).

李成仁, "深化睦邻友好,促进全面合作", 中國共産黨新聞網:
　　　http://cpc.people.com.cn/GB/68742/187710/13175231.html(검색
　　　일 2011.8.10).

人民网: "美韩同盟从'美主韩从'到'对等伙伴'",
　　　http://world.people.com.cn/GB/13791083.html.

网　易: "经济危机动摇全球力量对比美国调整战略"心系太平洋",
　　　http://news.163.com/10/1231/16/6P8BLB3400014AED.html.

戰略網: "中国应该怎么反制日本购岛闹剧?",
　　　http://www.chinaiiss.com/vote/307.html(검색일 2012.10).

中國新聞網: "习近平: 中国致力于通过谈判和平解决领土争端",
　　　http://www.chinanews.com/gn/2012/09-21/4201986.shtml(검색일
　　　2012.9. 21).

中华人民共和国国务院新闻办公室, 『中国的和平发展』, 中国政府网,
　　　http://www.gov.cn/zwgk/2011-09/06/content_1941258.htm(검색
　　　일 2012.10).

박동훈

2008년 전남대학교 정치외교학과 박사 졸업, 정치학 박사학위 취득
2009년~현재) 연변대학교 국제정치학과 부교수
2013년~현재) 연변대학교 아세아연구센터 부주임
2012.09.~2013.08. 서울대학교 중국연구소 방문학자

글로벌
금융위기 이후의
중국과 한반도

초판인쇄   2014년 6월 25일
초판발행   2014년 6월 25일

지은이   박동훈
펴낸이   채종준
펴낸곳   한국학술정보㈜
주소   경기도 파주시 회동길 230(문발동)
전화   031) 908-3181(대표)
팩스   031) 908-3189
홈페이지   http://ebook.kstudy.com
전자우편   출판사업부   publish@kstudy.com
등록   제일산-115호(2000. 6. 19)

ISBN   978-89-268-6159-2 93340